국역

밀주지리인물문한지

국역 밀주지리인물문한지

권정원 국역·주해 / **하강진** 해제·감수

경진출판

1. 이 책은 1986년 밀양문화원에서 영인한 『향토사료집』 제1집(137~205쪽)에 수록된 『밀주지리인물문한지』를 대본으로 하였다.

2. 이 책은 '번역문-원문-원전(우철)' 순으로 수록하였는데, 이는 대본의 원형을 보이고 자 해서이다.

3. 원전의 오탈자(誤脫字)는 『신증동국여지승람』, 『밀양지』(신익전), 『밀주지리인물문 한지』 이본 9종과 대조하여 수정하고 각주에 설명을 붙였다. 이 책의 해제에서 『밀주 지리인물문한지』의 이본 양상과 선본에 대해 종합적으로 다루었다.

4. 원전은 종서(縱書) 체제로 되어 있으나, 편의상 횡서(橫書) 체제로 편집하여 가독성을 높이고자 하였다.

5. 원전에 소자쌍행(小字雙行)으로 된 작은 글씨는 편의상 '≪ ≫'로 표기하였다. 지명과 인명 다음에는 ' : '를 붙여 항목과 설명을 구별하였다.

6. 원전의 지명 중 이칭이 있거나 해당 지역에 널리 쓰이는 이름이 있는 경우 괄호 속에 덧붙였다.

7. 편차는 원전 형태를 따르는 것을 원칙으로 하되, 문맥과 가독성을 위해 번역자가 재량으로 단락을 나눈 경우도 있다. 특히 시의 경우는 줄을 바꿔 편집하였다.

8. 원전의 연대(年代)는 중국 연호로 표기되어 있으나, 편의상 서기연대(西紀年代)를 기준으로 삼고 괄호 안에 해당되는 왕대(王代)와 간지(干支)를 부기하였다.

9. 각주는 독자의 이해를 돕기 위해 역자가 붙인 것이다. 특히 본문에 소개된 시와 기문 등은 원출전을 찾아 밝혔다.

10. 각주는 번역문에 표기하고, 원문에는 각주를 붙이지 않았다. 오자(誤字)의 경우 고쳐 기록하고, 각주에 밝혔다.

11. 원문의 띄어쓰기 및 표점은 역자가 붙인 것이다.

12. 이 책을 번역하는 데 참고한 문헌은 아래와 같다.

밀양군, 『밀리벌의 얼(밀양의 전통)』, 경남인쇄공업협동조합, 1983.

밀양문화원, 『밀양지』, 신흥인쇄주식회사, 1987.

밀양문화원, 『밀양지명고』, 태화출판인쇄사, 1994.

류창목 역, 이운성 교열, 『국역 밀주지』(지리편), 밀양문화원, 2001.

정경주 편역, 이운성 교열, 『영남루제영시문』, 밀양문화원, 2002.

정경주 편역, 손팔주 교열, 『밀양명승제영』, 밀양문화원, 2004.

이운성 편저, 『밀양향교지』, 밀양향교지간행위원회, 2004.

밀양문화원 부설 향토사연구소, 『삼랑진읍·무안면 마을지 자료집』, 밀양문화원, 2010.

밀양문화원 부설 향토사연구소, 『하남읍·초동면 마을지 자료집』, 밀양문화원, 2011.

밀양문화원 부설 향토사연구소, 『상남면·부북면 마을지 자료집』, 밀양문화원, 2012.

밀양문화원 부설 향토사연구소, 『상동면·산외면 마을지 자료집』, 밀양문화원, 2013.

정경주 역, 『국역 밀주징신록』(안병희 저), 밀양문화원, 2013.

밀양문화원 부설 향토사연구소, 『단장면 마을지 자료집』, 밀양문화원, 2014.

밀양문화원 부설 향토사연구소, 『산내면 마을지 자료집』, 밀양문화원, 2015.

김병권·하강진 역, 『역주 광주김씨세고』, 세종출판사, 2015.

부산대 점필재연구소, 『역주 점필재집』, 도서출판 점필재, 2016.

남권희·전재동 역, 『영남루시운』, 경북대 출판부, 2018.

하강진, 『밀양 천년의 인물계보와 고전학』, 밀양문화원, 2021.

하강진 외, 『들려주고 싶은 삼랑진 이야기』, 경진출판, 2022.

　밀양(密陽)은 북동쪽으로는 가지산과 운문산, 남쪽으로는 재악산이
자리하고 있고, 낙동강과 밀양강을 끼고 있는 천혜의 자연환경을 가
지고 있다. 부산과 대구의 중간 지점이고 울주·청도와 경계를 이르고
있기에 옛 영남대로의 길목이었고, 경부선이 통과하는 교통의 요지이
기도 하다. 또 예로부터 밀양은 유일하게 안동을 보고 웃을 수 있는
고장이라 하여, 소(笑)안동이라 불리기도 했다. 영남 유림의 종장(宗匠)
이라 불리는 점필재 김종직 선생이 후학을 양성하던 곳이니 그럴 만
도 하다. 이렇듯 밀양은 천혜의 자연환경, 교통의 요충지는 물론 풍부
한 전통문화유산에 대한 자긍심이 높은 도시이다.

　밀양은 자연환경이 사람이 거주하기에 알맞기에 선사시대 이래로
사람들이 터를 잡고 살았다. 밀양이 하나의 행정구역으로 설정된 것
이 신라시대부터였으니, 천 년 이상의 역사를 가지고 있는 도시이다.
천년 동안의 밀양의 지리와 인물, 역사 전통을 살필 수 있는 읍지(邑誌)

또한 이른 시기부터 간행되었고, 그 수도 적지 않다. 국가 차원에서 간행된 관찬 읍지는 차치하고 사찬(私撰) 읍지도 여러 종이 있는데, 그중 주목할 만한 것이 바로 『밀주지리인물문한지(密州地理人物文翰誌)』이다.

『밀주지리인물문한지』는 지리·인물·문한의 세 영역으로 분류하여 기술되었다. 이는 종래의 읍지가 산천·방리·요역·군액·봉수·역참·누정 등 항목을 세분화해서 서술된 것과는 다른 양상으로, 이 읍지만의 특징이라 하겠다. '지리'는 17세기 당시의 면(面) 단위를 기준으로 마을의 세부 항목을 설정해 주요 특징을 서술하였고, '인물'은 명신(名臣)·향현(鄕賢)·효자(孝子)·효부(孝婦)·열녀(烈女)·충렬(忠烈)·명장(名將)·명현(名賢)·사환(仕宦)·관안(官案)으로 분류하여 기록하였다. 따라서 밀양의 옛 행정지역과 지명, 그리고 인물 등에 관해 상세하고도 체계적인 정보를 담고 있기에, 밀양 향토사를 이해하는 중요한 자료로서의 의미가 크다고 하겠다.

『밀주지리인물문한지』는 편찬자를 알 수 없다. 하지만 현재 9종의 이본이 존재한다. 이본이 많다는 것은 그만큼 필요성이 컸다는 것이고, 이를 통해 지역 정보의 변천사를 확인할 수 있다. 이 책은 9종의 이본 중 향토사료집 제1집(1986)에 『밀주구지(密州舊誌)』라는 이름으로 수록된 것을 대본으로 하였다(〈해제의 ⑦〉). 무술년 중양절(1838년 9월 9일)에 완성된 것으로, 현재 진주류씨문중에 소장되어 있다. 표지 제목은 '밀양구지'이지만 속 제목은 '밀주지리인물문한지'라 되어 있다. 원 제목일 뿐만 아니라, 지리·인물·문한 세 영역으로 분류하여 상세한 정보를 제공한다는 특징을 보이기 위해 이 책의 서명을 『밀주지리인물문한지』라 하였다.

밀양이 전통문화도시를 자부하는 데는 점필재 김종직 선생의 몫이 크다. 그래서 부산대학교 밀양캠퍼스에는 점필재연구소가 있다. 나는 점필재연구소 연구원으로 몇 년간 밀양을 오가곤 했다. 밀양은 부산과 근접해 있어서, 일뿐만 아니라 관광으로도 자주 오가던 곳이기에 나에게는 무척 친숙한 곳이다. 그래서 밀양 읍지를 번역하는 일을 선뜻 맡았던 듯하다. 그런데 막상 번역 작업을 하면서 많은 난관에 부딪쳤다. 친숙하다고 생각했던 밀양에 대해, 내가 너무 아는 것이 없었던 것이다. 『밀주지리인물문한지』 속 밀양은 역사 속의 밀양이었고, 밀양에서 나고 자란 인물에 대한 삶과 문학이 고스란히 담겨있었다. 그래서 밀양의 역사와 전통, 지리와 인물에 대한 지식 없이 외지인의 호기심만으로는 해결되지 않는 것이 많았다. 결국 이 책의 번역은 외지인이 밀양의 역사와 전통을 익혀가는 과정이었다고 하겠다. 그래서 번역 과정에서 모르는 지명이나 사건, 인물과 작품이 나오면 다른 문헌들을 참고하여 보완하고자 하였다.

그 결과 『밀주지리인물문한지』는 번역문-원문-원전의 순으로 수록하였다. 읍지의 원형을 보이고자 해서이다. 원전은 종서(縱書) 체제로 되어 있으나, 편의상 횡서(橫書) 체제로 편집하여 가독성을 높이고자 하였고, 소자쌍행(小字雙行)으로 된 작은 글씨는 편의상 '≪ ≫'로 표기하였다. 본문에 소개된 시와 기문은 원출전을 찾아 밝혔고, 해석에 도움이 되고자 어려운 용어나 전고는 각주를 붙였다. 특히 지명 중 이칭이 있거나 해당 지역에 널리 쓰이는 이름이 있는 경우는 괄호 속에 덧붙였다. 간혹 원전에 오자(誤字)가 있는 경우는 일일이 고쳐 표기하였다. 이 모든 작업은 이 책을 읽는 독자들이 밀양의 지리와 인물, 전통과 역사를 보다 잘 이해할 수 있기를 바라는 마음에서 비롯된 것이다.

한문학을 전공하고 한문 번역하는 일을 하곤 한다. 한문 번역은

늘 어렵지만 지금처럼 지역의 읍지를 번역하는 일은 단순 번역 이상의 요건이 필요하다. 지역에 대한 애정과 지식 있어야 가능한 일이다. 지역의 지명과 지리, 인물의 출신과 이력 등은 그 지역에 대한 깊이 있는 지식 없이는 정확한 번역을 하기가 어렵다. 나름의 노력을 기울였지만 밀양에 대한 지식이 천근하여 번역에 미흡한 점이 있으리라 생각한다. 역자의 부족한 부분은 밀양 출신 하강진 교수님에게 큰 도움을 받았다. 하 교수님의 도움이 없었다면 책꼴을 갖출 수 없었을 것이다. 여러모로 신경 써 주시고 조언해 주신 데 대해 깊은 감사의 마음을 전한다.

번역에 오역이 있거나 고증에 실수가 있는 부분은 모두 역자의 부족한 역량 탓이다. 앞으로 밀양에 대한 공부를 충실히 해나가면서 보완하고자 한다. 끝으로 이 책이 밀양을 연구하거나 밀양에 관심 있는 이들에게 조금이나마 도움이 되길 기대한다.

2024년 1월
역자 권정원

『밀주지리인물문한지』의 해제

하강진(동서대 교수, 동양한문학회장)

1. 밀양 천년의 역사를 담은 밀양지 개요

　'밀양(密陽)'은 삼한시대 변진 12소국의 하나인 미리미동국(彌離彌凍國)에 연원을 둔다. 신라 505년(지증왕6) 이곳에 추화군을 설치했고, 757년(경덕왕16) 밀성군(密城郡)으로 개칭했다. 고려 995년(성종14) 밀주(密州)로 바꾼 뒤 1018년(현종9) 창녕군, 현풍현, 풍각현(豐角縣), 수산현을 속현으로 귀속시켜 밀성군으로 변경했다. 1271년(원종12) 밀양 사람이 진도의 삼별초에 호응한 탓으로 5년 뒤 귀화부곡(歸化部曲)으로 강등해 경주에 소속시켰고, 1285년(충렬왕11) 밀성군으로 승격 환원되었다. 1366년 청도현을 청도군으로 복귀시켰고, 1390년(공양왕2) 공양왕의 증조할머니 박씨의 고향이라는 명분으로 밀성현을 승격해 밀양부(密陽府)로 고쳤다. 조선조 1415년(태종15)에 밀양도호부(密陽都護府)가 되었다.

명칭의 생성과 소멸은 행정구역의 조직과 개편을 반영한다. 관할 범위의 측면에서 고미면과 청도면이 주목된다. 고미면(古彌面)은 역사서에 기록된 고매부곡(古買部曲)으로 줄곧 밀양의 월경지로 존속했다. 1906년 9월 전국의 월경지를 정리할 때 청도군 동이위면에 귀속된 뒤 1914년 청도군 운문면과 매전면의 일부가 되었다.

청도면(淸道面)은 이와 반대의 길을 걸었다. 1018년부터 밀양에 속했던 풍각현이 1684년(숙종10) 대구부 속현으로 이관된 뒤 1832년(순조32) 청도군 외서면으로 바뀌었다. 갑오개혁 일환으로 1895년 5월 26일(칙령 제98호)부터 대구관찰부 밀양군으로 개편되었고, 1896년 8월 4일(칙령 제36호) 경상도를 남북으로 분리할 때 경상남도 밀양군이 되었다. 그러다가 1914년에 무려 230년간 밀양의 공식 역사에서 배제된 옛 풍각현 일부를 청도면으로 개칭해 밀양군 13개 면의 하나로 부활시켰다.

그리고 1908년 천화면(穿火面)이 용암산과 승학산을 경계로 천화산내면과 천화산외면으로 분리되었고, 1918년 3월 밀양·산내·산외·초동·이동의 5개면 명칭을 새로 부여했다. 1928년 4월 1일 하동면(下東面)을 삼랑진면으로 개칭했고, 1933년 1월 이동면과 하서면을 합쳐 무안면(武安面)을 신설했다. 그리고 밀양면은 1931년 4월, 삼랑진면은 1963년 1월, 하남면은 1973년 7월에 각각 읍으로 승격되었다. 1989년 1월 밀양읍을 밀양시(密陽市)로 승격시켜 밀양군과 병존하는 체계였다가, 1995년 1월 시군을 합쳐 '통합 밀양시'(5행정동 2읍 9면) 체제로 출범해 오늘에 이르고 있다.[1]

---

1) 하강진의 『밀양 천년의 인물계보와 고전학』(밀양문화원, 2021, 17~18쪽)과 「밀양시의 연혁」(공저, 『들려주고 싶은 삼랑진 이야기』, 경진출판, 2022, 21~26쪽)을 재인용함.

이러한 밀양의 역사는 조선시대부터 근대에 이르기까지 세상에 나온 관찬이나 사찬의 읍지에 근거해 구성한 것이다. 밀양을 더욱 세밀히 이해하기 위해서는 여러 종류의 밀양지를 응당 살펴보아야 할 것이다.

2. 전통 밀양 읍지의 두 유형

전통 읍지는 근대 이전의 정형화된 읍지 형식을 채택한 기술된 지방지를 말한다. 밀양 읍지는 편찬 주체에 따라 관찬과 사찬으로 구분할 수 있다. 『경상도지리지(慶尙道地理誌)』, 『경상도속찬지리지(慶尙道續撰地理誌)』, 『신증동국여지승람(新增東國輿地勝覽)』, 『여지도서(輿地圖書)』, 『경상도읍지(慶尙道邑誌)』, 『영남읍지(嶺南邑誌)』 등에 수록된 『밀양도호부지(密陽都護府誌)』가 여기에 속한다. 이들 읍지는 왕명에 따라 국가 차원에서 엮은 것이다.

1425년(세종7) 변계량(卞季良)·하연(河演) 등이 편찬한 『경상도지리지』를 저본으로 삼아 1454년 편찬된 것이 『세종실록지리지(世宗實錄地理志)』이다. 경상도는 경주부, 안동대도호부, 상주목, 진주목의 4대 계수관(界首官)으로 구분했고, 이 중 밀양도호부(密陽都護府)는 경주부 관할 지역의 하나로 편성되어 있다. 밀양은 지방관의 등급과 인원, 연혁, 산악, 하천, 거리, 호구, 성씨, 토지와 전결, 토의(土宜), 토공(土貢), 약재, 토산(土山), 자기소(磁器所), 도기소(陶器所), 영남루, 역, 봉화, 산성, 대제(大堤), 사찰 등의 항목으로 구분해 간략히 서술했다.

1469년(예종1) 정월 예종의 편찬 지시에 따라 동년 3월에 완성된 『경상도속찬지리지』이다. 여기서 '속찬'은 『세종실록지리지』를 보완했다는 뜻이다. 이 중 밀양도호부의 세부 항목은 공세(公稅), 제언(堤堰), 연대봉화(煙臺烽火), 참역(站驛), 정표문려(旌表門閭), 도진(渡津), 정도(程途), 종양약재(種養藥材), 어량(魚梁), 자기소(磁器所)·도기소(陶器所), 세공(歲貢), 원우(院宇), 누대(樓臺) 등으로 구성되어 있다. 그리고 영남루의 제영으로 초은 이인복, 도은 이숭인, 양촌 권근, 호정 하륜, 관찰사 권진, 무송 윤자운, 체찰사 이석형, 교리 서거정 등의 시를 수록했다. 행정구역의 변동, 경제 상태의 변화 등을 반영해 항목이 증가했다.

그리고 1530년 간행된 『신증동국여지승람』은 전국의 지리 정보를 집성했는데, 당시까지의 정치·경제·행정·민속 등 지방사회 모든 방면의 정보를 통합했다. 밀양도호부는 인근 행정구역과의 거리, 건치연혁, 속현, 관원, 군명, 성씨, 풍속, 형승, 산천, 토산, 성곽, 봉수, 누정, 학교, 역원, 교량, 불우(佛宇), 사묘(祠廟), 고적, 명환, 인물, 우거(寓居), 효자, 열녀, 제영 등의 항목으로 편성되어 있다. 항목 편제는 세분되었고 수록 범위와 내용은 정교해졌다. 1899년 최후의 관찬인 『경상남도 밀양군읍지』도 『신증동국여지승람』을 모델로 삼고 있다.

다음으로 사찬의 밀양 읍지로 17세기 중엽인 1652년(효종 3) 6월 밀양부사 신익전(申翊全, 1605~1660)이 저술한 『밀양지(密陽志)』가 최초이다. 이 단독 읍지는 『신증동국여지승람』에 나오는 밀양도호부의 정보를 취사선택하되, 밀양 지역사회의 특징을 심층적으로 이해할 수 있는 핵심 내용을 많이 보강하였고, 임진왜란과 병자호란을 치른 이후에 나타난 밀양 관아의 변모나 향촌 사회의 동향을 반영함으로써 종합적인 향토지로서의 성격을 보이고 있다. 신익전의 집필 동기는 밀양부사로서 선정을 베풀려는 의식과 강하게 결부되어 있다. 『밀양지』 결말 부분에 말한 바와 같이, 큰 전란을 치른 후 황폐한 지역

상황에도 백성에 대한 수탈은 지속되고 있어, 이러한 문제점을 깊이 성찰하고 개선하고자 밀양 지역에 관한 폭넓은 정보 수집이 우선 필요하였던 것이다.

19세기에는 고산자 김정호(金正浩)가 전국의 지리적 특징을 망라한 『동여편고(東輿便考)』와 『대동지지(大東地志)』를, 최석봉(崔錫鳳)이 1876년 전하지 않는 『영남여지(嶺南輿誌)』를 저본으로 삼아 저술한 『영지요선(嶺誌要選)』을 저술했다. 일제강점기 때인 1938년에 이병연(1894~1976)은 『조선환여승람(朝鮮寰輿勝覽)』을, 1940년 정원호(鄭源鎬)는 『교남지(嶠南誌)』를 각각 저술하였다. 이런 유형의 읍지는 그 이전의 지방지와 마찬가지로 여러 면을 아우르는 방면(坊面) 중심으로 기술한 까닭에 밀양의 장소성이나 인물, 시문들을 다양하게 수록하지 못한 한계가 있었다.

밀양의 사찬 읍지에서 주목할 만한 것이 19세기 후반에 집중적으로 나온 『밀주지리인물문한지(密州地理人物文翰誌)』이다. 밀주구지(密州舊誌)로 알려진 이 읍지는 종래의 편차 항목을 대폭 축소해 지리, 인물, 문한의 세 영역으로 분류했다. 면 단위별로 방리(坊里), 곧 마을의 세부 항목을 설정해 주요 특징을 서술함으로써 개성적인 읍지를 보유하게 되었다. 편찬 주체가 개인이라는 점보다는 체제상의 특징이 있기에 밀양 읍지의 또 다른 유형으로 보고자 하는 것이다.

이러한 특성을 이어받아 나온 읍지가 1932년 손병현(1878~1961)의 『밀주승람(密州勝覽)』, 1932년 박수헌(朴秀憲)의 『밀주지(密州誌)』, 1936년 안병희(1890~1953)의 『밀주징신록(密州徵信錄)』이다. 밀양 출신인 편찬자들은 일제의 강요로 지역사회가 급속히 해체되는 모습을 지켜보면서 밀양의 전통문화를 보존하려는 의식으로 읍지 출판을 기획한 것이었다.

3. 『밀주지리인물문한지』의 이본 양상과 선본

편찬자를 알 수 없는 『밀주지리인물문한지』는 여러 이본이 존재한다. 밀양문화원에서는 1986년부터 연차 사업의 일환으로 8종 이본을 영인해 『향토사료집』 1~8집을 발간했다. 밀양시립도서관에서는 자체 소장한 이본 1종과 더불어 기존 읍지를 전자문헌으로 구축해 e-향토원문자료실을 통해 제공하고 있다. 밀양의 문화적 기억이 저장된 이 읍지들의 성격과 선본(善本)를 검토하는 일은 근대 이전의 밀양 사회를 분석하고 이해하는 데 필수적이다. 우선 개요를 표로 보이면 아래와 같다.

내제	표제	필사기	향토사료집 영인	소장처
①밀주지리인물문한지	밀주지	황저적토월	4집 『밀주지』Ⅰ 6집 누락분	박순문
②밀주지리인물문한지	-	-	7집 『밀주지』	밀양시립박물관 (안병희 구장)
③밀주지리인물문한지	-	-	7집 『밀양도호부지리』	부산대
④밀주지리인물문한지	밀주지	-	3집 『밀주지』	안연수家
⑤밀주지리인물문한지	-	-	1집 『밀주지』	이익성家
⑥밀주지 (밀주지리인물문한지)	-	-	7집 『밀주지』	하영구家
⑦밀주지리인물문한지	밀주구지	무술 중양	1집 『밀주구지』	진주류씨문중
⑧밀주지리인물문한지	밀주구지	신유 정월	향토원문자료실 PDF	밀양시립도서관
⑨밀주지리인물문한지	밀주지	-	4집 『밀주지』Ⅱ	박순문

①『**밀주지리인물문한지**』: 『향토사료집』 제4집(2016)에 밀주지Ⅰ과 그 누락분을 『향토사료집』 제6집(2017)에 영인했고, 박순문 소장본이다. 표제는 '밀주지(密州誌)'이고, 그 우측에 '황저적토월권여(黃猪赤兎月權輿)'라 필사되어 있다. 저(猪, 돼지)는 간지로는 '해(亥)'이다. 천간은

오방색에 따라 다섯까지 색깔이 있고, 누른색은 무(戊)와 기(己)에 배당한다. 곧 황저년, 곧 누런 돼지해는 1899년(기해)에 해당한다. 그리고 토(兎)는 월건법에서 '묘(卯)'이므로 음력 2월을, 권여는 일의 시초를 말한다. 따라서 이 읍지는 1899년 2월에 필사를 시작했음을 알 수 있다.

분권 형태로 권1의 지리(地理)편을 수록했고, 인물(人物)편은 권2를 표시하지 않고 고미면 뒤에 이어 썼다. 새로운 항목이 시작될 때 줄을 바꿔 가독성이 높으나 세부 항목을 표시한 세모(△) 표시는 눈에 잘 띄지 않는다. 내용상 큰 특징은 부내면(府內面)의 읍치와 방리 지역으로 구분하지 않고 통합해 서술한 점이다. 이에 수북리·남정촌·남정원이 읍치의 누교(樓橋) 다음에, 치소 공간 내의 향교·대성전·신좌·동배·서배·승배·명륜당·독서루·소루·재실·자미정·교동을   구대(仇代) 뒤에 각각 배치하였다. 그리고 풍각현(豐角縣)을 현북, 현남, 현동, 고미의 4개면으로 편차해 해당 정보를 담았다. 이 풍각현은 신익전의 『밀양지』(1652)에 각북·각남·고미 세 면으로 기술되었고, 이후 각북은 현북으로, 각남은 현남과 현동으로 개칭된 바 있다.

그리고 '형승(形勝)' 항목은 없지만 김주의 「영남루기」(1365), 신숙주의 「영남루기」(1460), 신광한의 「영남루중수기」(1542)와 「능파당중창기」(1542), 권기의 「소루기」(1442) 전문을 실었다. 김종직의 「밀양향사의재기」를 수록하였다. 또 부내면의 남정원(南亭院)을 제재로 지은 임사홍의 시에 차운한 김종직(金宗直)의 작품을 수록했고, 중동면의 경우 손기양(孫起陽)의 석골사 시 두 편을 실었다.

인물편은 명신(名臣)→향현(鄕賢)→효자(孝子)→충렬(忠烈)→명장(名將)→열녀(烈女)→명현(名賢)→명환(名宦)의 순서로 서술했다. 효자(孝子) 중 조광익(曺光益)의 가계와 효우, 청효사(淸孝祠), 오봉서원(五峯書

院), 강동구비(江東邱碑), 문집 등 서술 분량이 꽤 길고 다른 이본에는 없는 내용이다. 1780년 창건된 청효사는 1795년 성균관의 공인을 받았고, 강고 류심춘(1762~1834)이 조광익 묘갈명을 1834년에 찬술했다고 언급한 사실은 이 읍지의 필사 주체와 필사 시기를 가늠하게 하는 단서가 된다. 맨 끝에는 청효사 제영시가 첨부되어 있다. 그리고 명환(名宦)으로는 고려조의 정운경·유희·윤송균, 조선조의 류두명·이교연·성순조·임수창·허계·이세전·이세응·이언적·어득강·최개국·한성원·하진보·최기·정기룡·변흡·여우길·정두원을 수록했다.

② 『밀주지리인물문한지』: 『향토사료집』 제7집(2018)에 『밀주지』로 실려 있고, 표지는 없다. 원본은 『밀주징신록』의 저자 안병희 구장본으로 현재 밀양시립박물관에 소장되어 있다.

이 읍지는 ①과 대비할 때 체제나 문장 구성이 조광익 항목을 제외하면 동일본에 가깝다. 하지만 현남면의 내용이 일부 낙장되었고, 명환(名宦)으로 고려의 정운경·유희·윤송균과 조선의 류두명·이교연·성순조·허계·이세전까지 수록하고 16세기 이후는 수록하지 않음으로써 결본 상태이다.

끝에는 1820년 대성전과 향교를 이건한 밀양부사 이현시(李玄始)의 관련 글, 1826년 사마소를 중수한 뒤 육영재로 개명한 밀양부사 이화연(李和淵)의 관련 글, 1835년 세자사양소(世子辭讓疏) 등을 추가했다. 이는 향촌 사회 지식인들이 널리 공유한 역사적 사실이다. 필사자가 저본을 등서하되 밀양 흥학 시설의 변동과 당대 정국 동향을 전수하려는 기록 의식을 보여주는 것이라 하겠다.

③ 『밀주지리인물문한지』: 『향토사료집』 제7집(2018)에 『밀양도호부

지리』로 실려 있고, 표지는 없다. 원본은 부산대학교 고문헌실에 소장되어 있다. 내제는 '밀주지리인물문한지'이고, 영인 서명은 내제의 지리편 하나만 지칭하므로 부적절하다.

이 읍지는 ②와 체제나 문장 구성이 동일하다. 가독성을 높이기 위해 항목을 대두하고, 세부 항목에는 동그라미(○)를 붙였다. 하지만 글자 누락이나 낙장이 매우 많은 결본이다. 즉 부내면의 공진관부터 전사포까지의 문장이, 중동면의 석동·대암·고예·재악산·영정사가, 부남면의 남수정이, 상서면의 적동·조곡·고사을지·인교·성덕원·모로곡·둔지리가, 하서면의 곡량동·죽동·지사역·근개리·소고율·안마곡·호법현이 누락되었다. 그리고 풍각현의 4개 면 중 치소 공간과 현북면 전체가 낙장이고, 현남면은 솔동과 대산사만을, 현동면과 고미면은 동리 모두가 수록되어 있다. 혹시 영인할 때 누락되었을 수도 있겠는데 차후 확인할 부분이다. 단순 누락이라면 이 읍지는 ②를 그대로 등사한 것이라 하겠다.

④『밀주지리인물문한지』: 『향토사료집』 제3집(1988)에 『밀주지』로 수록했고, 부북 사포의 안연수家 소장본이다. 지리편의 8개 면과 인물편의 항목을 행 구분 없이 서술했고, 세부 항목을 나누는 동그라미 표시가 누락된 곳이 더러 있으나 글씨체가 매우 반듯한 특징이 있다.

체제와 내용면에서 ②와 거의 같다. 다만 성씨 다음에 '형승(形勝)' 항목을 추가해 김주, 성원도, 권기의 글 중에서 핵심 구절을 인용했고, 하동면의 율동리가 항목에서 빠졌다. 또 부남면의 어정은 풀이는 있으나 항목이 설정되지 않았으며, 정남정 항목이 빠졌다. 또 인물편 중 명환 전체가 누락된 결본이다.

⑤『밀주지리인물문한지』: 『향토사료집』 제1집(1986)에 『밀주지』라는 이름으로 영인했다. 대본은 퇴로의 이익성家에 소장된 석판본이고, 이 석인본의 저본은 하재유(河載裕) 장서였다. 표제가 '밀주지(密州誌)'이고, 내제는 '밀주지리인물문한지'이다. 권1 지리편과 권2 인물편으로 분권했다. 2001년 밀양문화원에서 권1을 번역한『국역 밀주지(지리편)』를 배포했는데, 편집하면서 원전에 없는 일부 항목을 추가했는데, 풍각현을 4개 면으로 재편집했음을 밝혀둔다.

체재와 항목 선정이 ②와 유사하지만 풍각현을 3개면으로 설정한 것이 다르다. 그리고 항목의 세부 정보를 생략한 곳이 다수 발견된다. 인물편 향현(鄕賢)조의 박중영을 완결짓지 못했고, 그 이하의 인물도 누락함으로써 결본이 되었다.

참고로 제1면 우측 하단에 있는 "숙묘년대찬(肅廟年代纂)" 간기에 따라 이 읍지의 편찬 시기를 통상 숙종대(1675~1720)로 간주하나, 이본들과의 관계로 볼 때 실은 순조대(1801~1834) 이후라는 사실이다.

⑥『밀주지리인물문한지』: 『향토사료집』 제7집(2018)에 『밀주지』로 실려 있고, 표지는 없다. 하영구 구장본으로 본문 첫머리에 '밀주지(密州誌)'를 붙였고 내제를 '밀주지리인물문한지'로 적었다. 체재와 내용이 ⑤와 완전 흡사하다. 다만 필사자가 여러 항목에 걸쳐 '생략' 표시하고 설명글은 아예 적지 않음으로써『밀주지리인물문한지』에서 강조하는 '지리', '인물', '문한'으로서의 성격이 크게 약화되고 말았다.

⑦『밀주지리인물문한지』: 『향토사료집』 제1집(1986)에 『밀주구지』 이름으로 수록했고, 본 번역서 대본이다. 표지 서명 '밀주구지(密州舊誌)' 우측에 '무술중양획린(戊戌重陽獲麟)'이라는 필사기가 있다. 김이

탁(金履鐸)이 1785년까지 밀양부사를 지낸 사실로 보아 필사기의 무술년은 1838년 아니면 1898년에 해당한다. 중양은 음력 9월 9일을 지칭하며, 획린은 필사를 끝냈다는 뜻이다. 이본들의 상호 관계나 장정 실체를 볼 때 필사 시기는 1898년이 거의 확실하다.

분권 표시는 없고, '밀주지리인물문한지' 제하에 밀양의 행정구역과 인물(人物)편으로 구성하였다. 행정구역은 부내면, 부북면, 상동면, 중동면, 하동면, 부남면, 상서면, 하서면, 풍각현, 현북면, 현남면, 현동면으로 나누었다.

'형승(形勝)' 항목은 따로 두지 않았고, 영남루 기문 중 신광한의 「능파당중창기」만 수록했다. 부북면 적항리의 장종국(蔣宗國) 일화가 추가되었고, 대항리의 나현(羅峴)이 삭제되었다. 상동면의 경우 조우인의 박연정 기문이 삭제되었고, 상서면 둔지리에 석경일의 풍경호(風景好)와 손예갑의 일화가 추가되었고, 그리고 부내면(府內面)의 치소 공간을 설정해 향교 부속건물인 대성전, 신좌, 동무, 서무, 승배, 명륜당, 독서루, 소루, 재실, 자미정을 서술했다. 그리고 요선관(邀仙館), 옥(獄)도 시설의 하나로 수록했다. 반면 부내면 방리에 교동, 수북리, 남정원을 배치했다. 또한 풍각현(豐角縣)은 부내면과 마찬가지로 치소 공간을 설정했고, 현북·현남·현동 순으로 3개 면을 배치하고 관련 내용을 서술했다.

인물편은 명신(名臣)→향현(鄕賢)→효자(孝子)→효부(孝婦)→열녀(烈女)→충렬(忠烈)→명장(名將)→명현(名賢)→사환(仕宦)→관안(官案) 순으로 수록했다. 향현 중 장문익(蔣文益)은 없고, 효부는 노조이(魯召史) 한 사람만 등재했다. 관안은 1517년 재임 중 밀양현감으로 강등된 박진(朴譜)부터 시작해서 김이탁(金履鐸)으로 끝을 맺었다. 말하자면 고려와 조선 초기의 밀양부사는 전혀 수록하지 않았다.

⑧ 『밀주지리인물문한지』: 표지 이름이 '밀주구지(密州舊誌)'이고, 내제는 '밀주지리인물문한지'이다. 표지 우측에 '신유정월십삼일(辛酉正月十三日)'이라는 필사기가 있다. 이 읍지는 본 번역서 대본인 ⑦을 그대로 후사(後寫)한 것이고, 따라서 신유년은 필사 시기는 1921년임을 유추할 수 있다.

구체적으로 검토하자면 체재와 내용, 소자쌍행(小字雙行)의 세주 방식이 『밀주구지』와 모두 동일하다. 약자나 속자를 비롯해 심지어 '밀양군(密陽郡 - 경덕왕대 개칭)' '밀산군(密山君 - 밀양의 고호)', '여의역(與義驛 - 홍건적과의 격전지)', '함안군(咸安郡 - 김종직의 벼슬)', '동문수어(東門粹語 - 김종직의 문집)', '밀산군(密山君 - 밀양의 옛터인 운전)' 등에 보이는 오류까지 같다는 점이다. 다만 일부의 오자는 수정했는데, 예컨대 하동면의 장문익(蔣文益)의 세주 "후언학(後焉學)"을 "후학언(後學焉)"으로, 명장(名將)조의 김태허 서술에 있는 "좌좌도병사(左左道兵使)"를 "좌우도병사(左右道兵使)"로 각각 고쳤다.

⑨ 『밀주지리인물문한지』: 『향토사료집』 제4집(2016)에 『밀주지』Ⅱ로 영인 수록하였다. 박순문 소장본이다. 표지 이름이 '밀주지(密州誌)'이고, 내제는 '밀주지리인물문한지'이다. 책 상단이 불에 타서 본문의 일부 글자가 보이지 않는다. 항목을 구분하기 위해 네모(□)를 둘러치고 내용을 이어서 기술하였다.

분권 표시는 따로 하지 않았다. 필사자가 추가하거나 생략한 세주와 본문이 여러 군데에서 발견된다. 즉 성씨 다음에 '형승(形勝)' 항목을 추가해 김주, 성원도, 권기의 글 중에서 핵심 구절을 인용했다. 그러면서도 영남루 기문 중 신광한의 「능파당중창기」만 수록했다. 그리고 부남면의 류도(柳島), 상서면의 벌음(伐陰)을 설정했고, 옥(獄)

항목의 누락했다. 또 공진관의 한자를 '控辰館'으로, 벌원을 '伐院'으로 각각 표기했다. 아울러 부북면 적항리 장종국(蔣宗國)의 일화는 실린 이본 중에서 화소 분량이 제일 길다. 이러한 문헌 변화 양상에 의거할 때 이 읍지는 여러 이본에서 세부 항목을 취사선택해 편찬한 것으로 판단된다. 필사의 독자적인 기록 의식이 엿보이나 하서면 이하부터 누락되어 풍각현의 정보를 전혀 알 수 없을뿐더러 인물편 전체가 낙 장되었다. 결본이기는 하나 전반적인 서술 방식으로 볼 때 ⑦과 유사 한 범주에 속한다.

다음으로 위에서 검토한 9종 이본의 선본(善本)과 상호 관계에 대해 살펴보고자 한다. 『밀주지리인물문한지』의 이본은 대략 부내면의 치 소 공간을 독립적으로 설정했는가, 부북면 적항리에 장종국(蔣宗國) 일화가 들어있는가, 상서면 오방동의 조광익(曺光益)의 서술 내용은 어떠한가, 향현 중 장문익(蔣文益)은 들어있는가, 효자 중 조광익의 서술 내용은 어떻게 다른가, 효자와 열부의 등재 인물은 누구인가, 밀양부사 명부가 어떠한가 등의 기준에 따라 계열 설정이 가능하다.

위의 기준에 근거해 분석한 결과 이본은 세 계열로 분류할 수 있다. Ⅰ계열에 속하는 것은 이본 ①이다. 한 권이지만 이렇게 독립계열로 처리한 것은 효자 조광익에 관한 서술이 다른 이본들과 매우 다르고, 또 명장(名將) 항목에 있는 박융의 작품을 이본 중에서 유일하게 박홍 신을 추모한 만시(挽詩)로 기술했기 때문이다. 그리고 Ⅱ계열의 이본 은 ②~⑥이고, Ⅲ계열의 이본은 ⑦~⑨이다. 세 계열에서 텍스트의 완 결성을 갖춘 이본은 ①, ⑦, ⑧이다. Ⅱ계열은 이본 중에서 완결본은 없지만, ②가 비교적 선본에 속한다. Ⅲ계열의 선본은 ⑧이나, ⑦을 본 번역서 대본으로 삼은 것은 내용상 변화가 거의 없고 먼저 필사된

점을 고려했다.

이렇게 이본 계열을 상정하는 경우 세 계열의 필사 바탕이 된, 어떤 선행본을 생각해보지 않을 수 없다. I계열은 기존 저본을 바탕으로 조광익과 박홍신의 내용을 재서술했고, II계열은 I계열과 유사하나 조광익과 박홍신에 대한 서술 내용이 확연히 다르다. 이러한 문헌 차이는 저본 존재를 강하게 시사하는 대목이라 하겠다.

특히 III계열은 선행본을 참고하되 수정 보완이 대폭 이루어졌다는 사실이다. 곧 효자의 경우에 신동현, 손약해, 권건리, 김유부, 석수도, 배영세, 오영달, 김유식, 박양춘, 손지겸, 윤갑생, 윤홍신, 윤선치, 박지화를 삽입했다. 또 열녀의 경우에도 이조이(李召史), 서씨, 이씨, 윤자화, 강아지를 첨입했다. 이 추가 인물들은 '신지(新誌)'에서 인용한 것이라 했는데, 대부분 출처가 『여지도서』(1765)나 『경상도읍지』(1770년대 후반)이다. 그리고 사환(仕宦)이라는 새 항목을 설정해 박언부 외 76명을 기술했다. 여기에다 밀양에서 출생해 학자로서 명성을 얻은 심익, 이명기, 손만중, 류봉명, 신유한 5명을 신증(新增)했다. 게다가 관안(仕宦)에 16세기 이후 부임한 밀양부사를 서술함으로써 '인물'지의 한 축을 체계적으로 구성했다.

결론적으로 『밀주지리인물문한지』는 애초 18세기 후반 혹은 19세기 초반에 편찬된 책이 있었고, 이 저본을 바탕으로 필사된 세 계열의 이본이 근대에 이르기까지 지역사회에 유포되었다고 하겠다.

4. 『밀주지리인물문한지』의 성격과 가치

이상의 분석을 통해 『밀주지리인물문한지』의 문헌적 성격을 들고

자 한다. 첫째, 읍지 내용을 독특하게 지리(地理), 인물(人物), 문한(文翰)의 세 범주로 구분해 문화적 기억을 저장하고자 했다. 이 중 전통 읍지의 제영(題詠)에 해당하는 문한은 독립시키지 않고 지리와 인물의 관련 항목 속에 넣었다. 이에 읍지 형태를 지리편과 인물편으로 구분했고, 대개 분권을 표시할 경우 권1과 권2로 기재했다. 곧 지리편은 권1이고, 인물편은 권2가 된다.

둘째, 대개 지방지가 여러 방면(坊面)을 아우르는 전형적인 항목을 설정한 데 비해 이 읍지는 밀양의 방리(坊里) 중심으로 풍부한 시문을 수록함으로써 인물과 장소성을 부각하려고 한 편찬자의 의식을 반영한 것이다. 이런 유형의 읍지의 생성과 유포는 다른 지역에서 흔치 않은 사례에 속하고, 일제강점기 때 나온 밀양 단독의 읍지에 영향을 주었다.

셋째, 이 읍지는 18세기 후반까지 밀양의 지리와 인물의 주요 특징을 담고 있다. 관안(官案)에 수록한 밀양부사가 김이탁으로 서술이 끝난다는 점, 수록한 인물이 모두 19세기 이전의 인물이라는 점이다. 아울러 9종의 이본 모두 이궁대 동쪽에 있는 고강정(高江亭)이 당시 사라졌다고 표현했는데, 1806년 중건하면서 곡강정(曲江亭)으로 개칭한 사실을 반영하지 않은 것으로도 알 수 있다. 물론 이본 ①의 조광익 묘갈명(1834)과 이본 ②의 세자사양소(1835)처럼 예외가 있기는 하지만 나머지 이본 모두는 수록 정보가 18세기까지로 한정되었다.

넷째, 이 읍지는 행정구역을 부내면, 부북면, 상동면, 중동면, 하동면, 부남면, 상서면, 하서면, 풍각현으로 나누었다. 그런데 18세기 후반에 나온 때『여지도서』(1765)를 보면 부남면을 상남면과 하남면으로, 중동면을 중초동면·중이동면·중삼동면으로, 상서면을 상서초동면과 상서이동면으로 각각 분리했고,『밀양부읍지』(1780)에서 중삼동면을 단장면으로 개칭했다는 점이다. 아울러 1832년 편찬된 『밀양부읍지』를 보면 중초동면과 중이동면을 천화면으로 개칭했다. 이런 사실을 반영하지 않고 밀양의 하위 면을 8개로 나눈 것은 신익전의 『밀양지』(1652) 체제를 그대로 수용한 결과이다. 그리고 풍각현이 1684년 대구부로 이관되었지만 그대로 밀양의 속현처럼 서술되었다. 행정구역의 변화에도 풍각현을 기술한 것은 그곳에 녹아 있는 밀양의 역사와 문화를 망각하지 않으려는 필사자의 의도가 표출된 것이라 하겠다.

다음으로 『밀주지리인물문한지』가 밀양 읍지에서 차지하는 가치이다. 첫째, 이 읍지는 문한에 한층 초점을 둠으로써 밀양 문인들의 시문을 보충하는 역할을 한다는 점이다. 예컨대 특정한 항목에 들어있는 김종직의 여러 편 시는 『점필재집』에 수록되지 않은 것이다. 향토의 장소 사랑이 각별했던 김종직의 문학세계를 이해하고 『점필재집』을 보완하는 데 이 읍지가 기여하는 바가 크다고 하겠다.

둘째, 시문을 수록하면서 작가를 '고인(古人)'이라 한 곳이 많은데, 작가 실체는 알 수 없지만 이들이 남긴 시는 밀양의 장소성을 폭넓게 섭렵하고 다양한 인물을 접하는 데에 기초 자료가 된다는 사실이다. 이 읍지가 아니었다면 핵심 장소에 저장된 문화적 기억이 다채롭지 못했을 것이다.

셋째, 이 읍지에 실린 문한이 후대의 읍지에 인용됨으로써 밀양의 정체성 형성에 이바지했다는 점이다. 반야암을 소재로 한 밀양 문인의 시화, 채문장 시화, 석경일의 풍경호(風景好) 시화 등은 관찬이나 사찬의 읍지에도 흥미 있는 이야기로 채택되었다.

넷째, 효자와 열녀, 사환(仕宦) 등에 등장하는 인물 중 다른 읍지에 나오지 않는 예도 더러 있다. 전통 윤리 의식의 강화와 인간성의 회복 차원에서 주목할 만하다고 하겠다.

이처럼 해제에서 다룬 편찬자 미상의 『밀주지리인물문한지』는 밀양의 전통과 문화를 폭넓게 수록함으로써 지역사회를 이해하는 데 요긴한 정보를 담고 있다. 이 번역본과 함께 이본들을 비교해서 읽고 다른 유형의 읍지도 함께 살펴본다면 밀양에 대한 이해도가 한층 깊어질 것이다. 그리고 종래 밀양읍지와의 구체적인 차별성은 차후의 과제로 남긴다.

차례

(원문) 밀주지리인물문한지(密州地理人物文翰誌)

密州地理 ··· 231

|府內面| 坊里 ·········· 241 |府北面| 坊里 ·········· 249

|上東面| 坊里 ·········· 251 |中東面| 坊里 ·········· 254

|下東面| 坊里 ·········· 261 |府南面| 坊里 ·········· 264

|上西面| 坊里 ·········· 272 |下西面| 坊里 ·········· 279

|豊角縣| 坊里 ·········· 281 |縣北面| 坊里 ·········· 283

|縣南面| 坊里 ·········· 286 |縣東面| 坊里 ·········· 288

密州人物 ··· 290

|名臣| ·········· 290 |鄕賢| ·········· 296

|孝子| ·········· 298 |孝婦| ·········· 302

|烈女| ·········· 303 |忠烈| ·········· 306

|名將| ·········· 307 |名賢| ·········· 310

|仕宦| ·········· 315 |官案| ·········· 320

(원전) 밀주지리인물문한지(密州地理人物文翰誌)

28   국역 밀주지리인물문한지(密州地理人物文翰誌)

(국역) 밀주지리인물문한지
(密州地理人物文翰誌)

무술년(戊戌年) 중양일(重陽日)에 글을 마침

밀주 지리

응천(凝川): ≪도호부(都護府) 성 남쪽에 있다.≫ 그 발원이 세 군데 있는데, 하나는 부성 동쪽 재약산(載藥山)에서 나오고, 하나는 청도군(淸道郡) 동쪽 운문산(雲門山)에서 나오며, 하나는 풍각현(豊角縣) 북쪽 비슬산(琵瑟山)에서 나온다. 이 세 물줄기가 합류하여 부성을 빙 돌아서 남쪽으로 삼랑진(三郞津)[1]에 들어간다. ≪점필재(佔畢齋) 김종직(金宗直)의 시는 다음과 같다.[2]

---

[1] 삼랑진(三郞津): 해제에서 다룬 9종 중 원전과 이본 ①·⑨에는 '랑(浪)'이라 되어 있고, 나머지 이본은 '랑(郞)'이라 되어 있다.

난간 밖 맑은 강은 드넓은 구름 같아서,　　　　　　檻外澄江百頃雲,

화려한 배 횡단하니 주름 무늬 일어나네.　　　　　畫船橫渡皺生紋.

저물녘 반쯤 취한 채 상앗대 짚어 쳐다보니,　　　　晚來半醉撑篙看,

양측 언덕 푸른 산이 더욱 선명하구나.　　　　　　兩岸靑山更十分.≫

동쪽 경계로 양산군(梁山郡) 경계까지 49리에 달하고, 언양현(彦陽縣) 경계까지 93리에 달한다. 남쪽 경계로는 김해부(金海府) 경계까지 47리에 달하고, 수산현(守山縣) 창원부(昌原府) 경계까지 50리에 달한다. 서쪽 경계로는 영산현(靈山縣) 경계까지 38리에 달한다. 북쪽 경계로는 청도군(淸道郡) 경계까지 31리에 달하고, 풍각현(豊角縣) 북쪽 성주목(星州牧) 경계까지 90리에 달한다. 서울과 거리가 총 812리나 된다.

고을의 설치와 연혁: 본래 신라 추화군(推火郡)이었다. 경덕왕(景德王)이 밀성군(密城郡)3)으로 개칭하였다. ≪살펴건대 『동사(東史)』에 이르기를 "경덕왕 16년에 구주(九州)를 설치하여 군현을 분할 통합하고, 군을 바꿔 현으로 만들었다." 하였다.≫ 고려 초에는 이를 그대로 따랐다. 성종(成宗)이 밀주자사(密州刺史)로 변경하고, 현종(顯宗)이 도로 밀성군(密城郡)으로 칭하였다. 충렬왕(忠烈王) 원년(1275)에 귀화부곡(歸化部曲)으로 강등시켜 계림(鷄林)에 부속시켰다. 그 후에 밀성현(密城縣)으로 칭하다가, 충렬왕 11년(1285)에 군(郡)으로 승격시켰다. 공양왕(恭讓王) 3년(1391)에 그 증조모인 익양후(益陽侯) 박씨(朴氏)의 고향이라는 이유로 밀양부(密

---

2) 김종직(金宗直)의 시는 「영남루하범주(嶺南樓下泛舟)」이다. 김종직의 문집 『점필재집(佔畢齋集)』 시집 권3에 수록되어 있다.

3) 밀성군(密城郡): 원전과 이본 ⑧에는 '밀양군(密陽郡)'이라 되어 있으나, 『신증동국여지승람』을 비롯해 다른 이본들에서 밀성군으로 되어 있으므로 고쳐 번역했다.

陽府)로 승격시켰다.

본조에 이르러 태조(大祖)가 도로 밀성(密城)으로 칭하였다. 그 후에 중국에 입조한 환관 김인보(金仁甫)의 고향이라는 이유로 다시 부(府)로 승격시키면서 지금의 명칭으로 변경되었다. 태종(太宗) 때에 도로 군이 되었고, 뒤에 전례로 도호부(都護府)가 되었다. 선조(宣祖) 때에 방어영(防禦營)을 신설하고, 부사가 전례로 이를 겸하였다. 1569년(宣祖2, 己巳)에 이를 도로 폐지하였다. 1581년(宣祖14, 辛巳)에 토포사(討捕使)를 겸하게 하였다. 1609년(光海1, 己酉)에 이를 도로 폐지하였다. 거느린 현(縣)은 『신라지리지(新羅地理誌)』를 살펴보면 "밀성군의 속현은 다섯 군데인데, 상약(尚藥)·밀진(密津)·오악(烏岳)·형산(荊山)·소산(蘇山)이 그것이다." 하였다.

○『동국여지승람(東國與地勝覽)』 「영산(靈山) 연혁」의 주(註)에 이르기를 "신라 경덕왕(景德王)이 상약(尚藥)을 밀성군의 속현으로 삼았다. 고려 원종(元宗)이 감무(監務)를 설치하였다." 하고, 「청도(淸道) 연혁」의 주에 이르기를 "경덕왕이 오악·형산·소산을 전부 밀성군의 속현으로 삼았다. 고려 초에 다시 세 지역을 합쳐 청도군이라 하고 밀성에 소속시켰다. 예종(睿宗)이 감무(監務)를 설치하였다." 하였다.

○살피건대 『고려지리지(高麗地理誌)』에 이르기를 "밀성군의 속군이 두 군데이고 속현이 네 군데인데, 창녕군(昌寧郡)·청도군(淸道郡)·현풍현(玄風縣)·계성현(桂城縣)·영산현(靈山縣)·풍각현(豊角縣)이 그것이다." 하였다. 『동국여지승람』 「현풍 연혁」의 주에 이르기를 "고려 현종(顯宗)이 현풍을 밀성군에 소속시켰다. 공양왕이 감무를 설치하고, 밀성 지역의 구지산부곡(仇知山部曲)을 분할시켜 그에 소속시켰다." 하고, 「창녕 연혁」의 주에 이르기를 "고려 현종이 창녕을 밀성에 소속시켰다. 명종(明宗)이 감무를 설치하였다." 하였다.

○밀진현(密津縣)《일명 죽산(竹山)이다.》에 대해, 『동국여지승람』에 이르기를 "김부식(金富軾)이 말하기를 '경덕왕이 개명하여 밀양의 속현으로 삼았다.' 하나 지금 자세히 알 수 없다. 이제 살피건대 권근(權近)의 『사략(史略)』4) 「신라 지리」 중 〈추화(推火)〉의 주에 '밀양'이라 하고, 〈상약(尙藥)〉의 주에 '영산(靈山)'이라 하고, 〈추포(推浦)〉의 주에 '밀진'이라 하였다. 이로써 보건대 영산의 남쪽 30리 되는 곳에 멸포(蔑浦)가 있는데, '추(推)'자는 '멸(蔑)'자·'밀(密)'자와 방음이 동일하니, 아마도 그 지역인 것 같다. 하물며 고려 시대에는 영산·계성이 전부 밀성의 속현임에랴. 그러니 이 지역도 밀양에 속한 것이 분명하다.

군명(郡名): 추화(推火)·밀성(密城)·밀주(密州)·귀화(歸化)·응천(凝川)·밀산(密山).

성씨(姓氏): 본 도호부의 손(孫)·박(朴)·김(金)·변(卞)·조(趙)·변(邊)·양(楊)·당(唐)《절강(浙江) 명주(明州) 사람으로, 원나라 때 도래하였다.》, 이(李)·최(崔)·윤(尹)·조(曺)《전부 중국에서 도래한 성씨이다.》, 수산(守山)의 서(徐)·손(孫)《금주(金州)에서 왔다.》, 풍각(豊角)의 노(魯)·전(田)·유(劉)·부(斧)·태(苔)·금(金)《청도(淸道)에서 왔다.》, 래진(來進)의 변(卞)·박(朴), 두야보(豆也保)의 백(白)·노(魯)·박(朴)《속성(屬姓)이다.》, 금음물(今音勿)의 제(諸), 이동음(伊冬音)의 제(諸)·윤(尹)《칠원(漆原)이다.》 등의 성씨다.

토산(土産): 지(紙)·적죽(笛竹)·전죽(箭竹)·은구어(銀口魚)·황어(黃魚)·추

---

4) 『사략(史略)』: 권근·하륜·이첨 등이 1403년 편찬한 『동국사략』을 말한다.

어(鰋魚)·농어(鱸魚)·눌어(訥魚)·송점(松簟)·석점(石簟)·석류(石榴)·밤[栗]·마(麻)·복령(茯苓)·천문동(天門冬)·맥문동(麥門冬)·반석(斑石).

읍성(邑城): ≪둘레가 4,670척(尺)이고 높이가 9척이다. 그 내부에 우물 여덟 군데와 연못 세 군데가 있다. 성화(成化) 15년 기해(己亥, 1479)에 축성되었다. 만력(萬曆) 18년 경인(庚寅, 1590)에 부사 신잡(申磼)[5]이 남문 내에 해자를 만들었다. 못을 파서 물을 끌어들여 방어의 계책으로 삼은 것이다. 기해년은 곧 성종(成宗) 10년이고, 경인년은 곧 선조(宣祖) 13년이다.≫

장군정(將軍井, 장군샘): ≪객관(客館)의 동북쪽에 있다. 샘솟고 맑은데, 겨울에 따뜻하고 여름에 차갑다. 깊이가 10여 척이나 되니 가뭄이 극심해도 마르지 않는다. 세상에 전하기로 김석(金碩) 장군의 샘이라 한다. 『동국여지승람』에 나온다.≫

연지(蓮池): ≪객관(客館)의 동쪽에 있다. 1613년(光海5, 癸丑)에 부사 안륵(安玏)[6]이 개설한 곳이다. 이후 1674년(顯宗15, 甲寅)에 부사 이희년(李喜年)[7]이 다시 못을 파고 별관(別館)을 건립하였다.≫

아사(衙舍): ≪내사(內舍)·외사(外舍)·동헌(東軒)·서헌(西軒)·별실(別室) 100

---

5) 신잡(申磼): 신립(申砬)의 친형으로 1590년 11월부터 1591년 6월까지 밀양부사로 재직했다.

6) 안륵(安玏): 1612년 12월부터 1613년 7월까지 밀양부사로 재직했다. 1613년 향사당을 중창했다.

7) 이희년(李喜年): 1672년 2월부터 1675년 9월까지 밀양부사로 재직했다. 1674년 대동청·좌기청을 중수하고, 성황사를 남림(현 삼문동)으로 이전했다. 1675년 용두제를 축조했고, 삼랑창을 창설했다.

여 칸이다. 임진왜란 때 탕진되어 남은 데가 없다. 1611년(光海3, 辛亥)에 부사 원유남(元浴男)[8]이 중건하였다. 부사 정두원(鄭斗源)[9]이 그 벽면에 시를 적었다. 다음과 같다.

연말 원님 생활[10]에 머리 다 희어지고	歲暮銅章兩鬢華,
공무 끝나 한적히 앉으니 해가 서쪽으로 진다.	罷衙閒坐日西斜.
한매(寒梅)[11] 나무 하나 뜨락 앞에 자리하니	庭前只有寒梅樹,
그나마 고산(孤山) 처사(處士)[12] 집 같네.	猶似孤山處士家.≫

객사(客舍): ≪남문 내에 있다. 동상헌(東上軒)·중대청(中大廳)·상서헌(上西軒)·낭청방(郎廳房)·하서헌(下西軒)·좌협실(左夾室)·우협실(右夾室)·포진고(鋪陳庫) 등 전부 100여 칸이다. 임진왜란 때 탕진되었다.≫

교방(敎坊): ≪객사의 동쪽에 있다. 부사 이필영(李必榮)[13]이 중건하였다. 「죽지곡(竹枝曲)」 9장이 있다. 다음과 같다.[14]

---

8) 원유남(元浴男): 1610년 5월부터 1612년 윤11월까지 밀양부사로 재직했다.
9) 정두원(鄭斗源): 원전에는 '정원원(鄭元源)'이라 되어 있으나 정두원의 오기라 고쳤다. 정두원은 1628년 3월부터 12월까지 밀양부사로 재직했다.
10) 원님 생활: 원문의 '동장(銅章)'은 고을 수령이 차는 구리로 만든 관인(官印)으로 지방관을 상징한다.
11) 한매(寒梅): 겨울에 추위를 이기고 피는 매화이다.
12) 고산(孤山) 처사(處士): 북송 때의 은사인 임포(林逋)를 말한다. 고산은 그의 호이다. 서호(西湖) 즉 전당호(錢塘湖)에 은거하면서 매화를 아내로 삼고 학을 자식으로 삼았다는 일화가 전해진다.
13) 이필영(李必榮): 1630년 8월부터 1633년 1월까지 밀양부사로 재직했다.
14) 원 제목은 「응천죽지곡구장서여양왜(凝川竹枝曲九章書與梁娃)」이다. 김종직의 문집 『점필재집』 시집 권1에 수록되어 있다.

풍악 소리 높은 누각, 패옥 소리 울리는데 　　絲管高樓鳴珮環,

연한 향내 갈대꽃 물굽이에 반쯤 둘렀다. 　　輭香半落蓼花灣.

원앙새 촉옥새15) 짝지어 춤추니 　　鴛鴦鸀玉雙雙舞,

시름 겨워 미인 눈썹 다 찡그리게 하네. 　　惹得愁攢八字山.

5월 하늘16) 흐려 비 자주 내리니 　　梅天靄靄雨頻來,

운문산 골짜기 물소리 참 시끄러워라. 　　雲開巖壑水喧雷.

만 갈래 한 흐름 그 뜻을 누가 알랴 　　誰知萬派同流意,

무한한 이별의 슬픔 억누르지 못하네. 　　無限離腸不自裁.

누각 아래 맑은 강, 화려한 배 떠 있어 　　樓下淸江畫鷁浮,

누각의 풍악 소리 늘 갈매기 놀래킨다. 　　樓中簫鼓每驚鷗.

원님이 칙사 잔치 열고 끝냄에 　　使君燕罷皇華使,

깊이 잠긴 누대로 초승달이 드리우네. 　　深鎖樓臺嚲玉鉤.

또다시 강어귀서 제례하는 봄날, 　　又是江頭祓禊春,

한가히 여인 따라 강신께 굿하네, 　　閑追女伴賽江神.

저녁 물가에 물풀 꽃 가득한데 　　江洲日暮蘋花吐,

어찌하면 떠나간 사람17)을 불러볼거나. 　　安得招招捐袂人.

---

15) 촉옥새: 물새이다.

16) 5월 하늘: 원전에는 '해천(海天)'으로 되어 있으나 '매천(梅天)'의 오기로 보아 고쳐 번역
하였다. 매천은 매실이 익을 무렵의 비오는 하늘이라는 뜻으로, 음력 5월을 달리 부르는
말이다.

17) 떠나간 사람: 원전에는 '지몌(指袂)'로 되어 있으나 '연몌(捐袂)'의 오기로 보아 고쳐 번역하
였다. 연몌는 분몌(分袂)의 뜻이다. 참고로 이본 ①~③은 '연몌(捐袂)'이고, 나머지 이본은
'지몌(指袂)'이다.

사월 강어귀 버들 꽃,	四月江頭楊柳花,
꽃잎 날아 강 건너 맑은 물에 아롱진다.	花飛渡江点晴波.
그저 따르는 것은 부평초뿐,	相隨惟有浮萍草,
이 인생 이별의 한 어찌하나.	奈此人生離別何.

금동역[18] 가로 부들이 날아가고	金銅驛邊蒲獵獵,
마산 항구로 물풀이 떠있네.	馬山巷口荇田田.
좋은 시절 십오 또 이팔이라	佳期三五又二八,
앞마을 조개잡이 배 한 번 물어보네.	試問前村採蚌船.

낭군 마음 댓가지 마냥 잘 흔들리니	郎意搖搖如竹枝,
소첩 마음 연뿌리 속 실에 견주지 말라.	妾心休比藕中絲.
댓가지야 본래 굳은 절개 뛰어나나	竹枝從來多苦節,
연실이야 어찌 바늘보다 나을 때 있었던가.	藕絲寧有勝針時.

영정산[19] 정상에 달 솟아날 제	靈井山頭月欲高,
검은 치마 흰 저고리 차림의 신선이 강가에서 우는구려.	
	玄裳羽客唳江皋.
기필코 그대와 함께 중추절 날 밤새	共君須向中秋夜,
의창(艤倉)[20] 나루에 배 띄워 흰 파도 구경하리.	閑艤倉灘看雪濤.

---

18) 금동역: 1423년에 설치된 이동음신역(伊冬音新驛, 현 연금리 외금마을에 위치)의 개칭으로, 성현도의 밀양부 관할 6개 역 중의 하나였다. 1684년 풍각현이 대구로 이속되면서 밀양은 용가, 무흘, 금동, 수안의 5개 속역을 관할했다. 한편 1678년부터 밀양 5개 속역은 성현도에서 황산도 황산역 소속으로 변경되었다. 하강진, 「강봉휴 찰방비가 알려주는 경상도 역제의 변화」, 『들려주고 싶은 삼랑진 이야기』(공저), 경진출판, 2022, 87~94쪽.

19) 영정산: 표충사가 있는 재악산의 이칭이다.

누대 앞 인근에 조수가 몰려들더니   咫尺樓前潮欲到,

잠시 후에 해문으로 돌아간다.   須臾却向海門廻.

장안의 먼 소식 그래도 부칠 만하다   長安遠信猶堪寄,

조수가 오지 않아도 고기가 절로 올 테니.   潮縱不來魚自來.

『점필재집』에 나온다.≫

사창(司倉): ≪관아의 동쪽에 있다. 좌기청(坐起廳)·서원청(書員廳)·억만고(德萬庫)·사방동(四方棟) 등 전부 170여 칸이다. 1588년(宣祖21, 戊子)에 부사 김해(金澥)[21]가 창고의 곡식이 가득 넘쳐 바깥까지 쌓이자 한 동(棟)을 따로 지었는데 35칸이었다. 회내창(會內倉)의 곡물은 황조(荒租)·황두(黃豆)·백미(白米)·조미(糙米)·모맥(牟麥)·목맥(木麥) 등 전부 14만 3,730석이다. 1592년(宣祖25, 壬辰) 4월 18일에 부사 박진(朴晉)[22]이 작원관(鵲院關)에서 패배한 뒤 창고를 불태웠다. 1593년(宣祖26, 癸巳) 5월에 이르러 불길이 비로소 잡혔다. 1606년(宣祖39, 丙午)에 부사 오응태(吳應台)[23]가 두 동(棟)을 중건하였다. 1661년(顯宗2, 辛丑)에 이르러 부사 이지온(李之韞)[24]이 동고(東庫)[25]를 재건하였다. 1668년(顯宗9, 戊申)에 부사 이동직(李東稷)[26]이 좌기청(坐起廳)과 서고(西庫)를 재건하였다.≫

---

20) 의창(義倉): 일명 이창(耳倉)으로, 밀양 남포리에 있던 세곡 창고이다. 영남대로의 길목으로 이곳에 이창원(耳倉院)이 있었다.

21) 김해(金澥): 1587년 봄부터 1590년 가을까지 밀양부사로 재직했다.

22) 박진(朴晉): 1591년 10월부터 1592년 4월까지 밀양부사를 지냈다.

23) 오응태(吳應台): 원전에는 '오억태(吳億台)'라 되어 있으나, 오기라 고쳤다. 오응태는 1606년 1월부터 동년 겨울까지 밀양부사를 지냈다.

24) 이지온(李之韞): 1660년 5월부터 1662년 가을까지 밀양부사를 지냈다.

25) 동고(東庫): 원전에는 '동동(東棟)'이라 되어 있으나, 오기라 고쳤다.

26) 이동직(李東稷): 1666년 9월부터 1669년 2월까지 밀양부사를 지냈다.

관청(官廳): ≪객사의 북쪽에 있다. 진상공물고(進上貢物庫)·호적고(戶籍庫)·탄고(炭庫)·침장고(沈藏庫)·잡물고(雜物庫) 등 전부 130여 칸이다. 임진왜란 때 탕진되었다. 1615년(光海君7, 乙卯)에 부사 성진선(成晉善)[27]이 두 동을 중건하였다. 1632년(仁祖10, 壬申)에 부사 이필영이 동고(東庫)를 재건하였다. 1662년(顯宗3, 壬寅)에 부사 이지온은 청렴과 절약으로 인해 창고의 곡식이 가득 넘치자, 동고(東庫)·서고(西庫) 두 창고 및 좌기청을 재건하였다.≫

대동청(大同廳): ≪관아의 서쪽에 있다. 예전에 대동청이 없었다. 1609년(光海1, 己酉)에 부사 기효복(奇孝福)[28]이 설립하였고, 유사(有司) 3인을 배치하였다. 1674년(顯宗15, 甲寅)에 부사 이희년이 좌기청과 서고(西庫)를 중수하였다.≫

군기청(軍器廳): ≪객사의 동쪽에 있다. 방(房)과 청(廳)이 전부 15칸이다. ○ 속오군(束伍軍)이 전부 8,000여 명이다. 임진왜란 때 탕진되었다. 1608년(宣祖41, 戊申)에 부사 이안직(李安直)[29]이 『선생안(先生案)』[30]을 수정하였다. 오응태가 한 동을 중건하였다.≫

부사(府司)[31]: ≪객사의 북쪽에 있다. 100여 칸으로 임진왜란 때 탕진되었다. 『선생안』이 있었는데, 임진왜란 때 도호부 사람 손시(孫諟)[32]가 수장 보호하여 온전할 수 있었다. 1626년(仁祖4, 丙寅)에 부사 이안직이 『선생안(先生案)』

---

27) 성진선(成晉善): 1613년 11월부터 1615년 여름까지 밀양부사를 지냈다.
28) 기효복(奇孝福): 1607년 9월부터 1610년 5월까지 밀양부사를 지냈다.
29) 이안직(李安直): 1623년 윤10월부터 1626년 여름까지 밀양부사를 지냈다.
30) 선생안(先生案): 역대 밀양부사 명부이다.
31) 부사(府司): 일명 호장청(戶長廳)이라 한다.
32) 손시(孫諟): 고을 호장을 지냈다.

을 수정(修正)하였다.≫

안일반(安逸班): ≪객사의 동쪽에 있는데, 17칸이다. 호장(戶長)을 지낸 자가 아니면 들어가지 못하였다. 임진왜란 때 탕진되었다.≫

서역소(書役所): ≪객사의 동쪽에 있다. 100여 칸이다. 전결(田結)의 수가 12,237결(結) 9부(負) 3속(束)에 달하였다. 임진왜란 후 283결(結)을 썼다. 1632 년(仁祖10, 壬申)에 부사 이필영이 10칸을 중건하였다.≫

노형소(奴刑所): ≪객사의 남쪽에 있다. 일명 사관소(舍館所)라 한다. 왜국 사신을 접견하던 곳이다. 구리·쇠·단목(丹木)·공목(貢木) 등의 창고가 전부 45칸이다. 임진왜란 때 탕진되었다. 이후 중건하며 다시 좌기청을 설치하였 다. 1666년(顯宗7, 丙午)에 부사 홍성구(洪聖龜)[33]가 이치를 헤아려 재물을 모았는데, 잡곡(雜穀) 총 6·700석을 민역(民役)에 보충토록 남겨두었다. 노형 소는 관민국(寬民局)이라 개명하였다.≫

무봉산(舞鳳山): ≪객사의 동쪽에 있다. 산 위에 누대가 있는 까닭에 '무봉대 (舞鳳臺)'라 이름하였다.≫

영남루(嶺南樓): ≪이는 곧 옛 영남사(嶺南寺)의 작은 누각인데, 그 사찰은 사라졌다. 고려 공민왕(恭愍王) 14년(1365, 乙巳)에 김주(金湊)[34]가 지군(知郡)

---

33) 홍성구(洪聖龜): 1664년 9월부터 1665년 10월까지 밀양부사를 지냈다. 참고로 연도가 부사 재임 시기와 일치하지 않는다. 1665년 12월부터 1666년 7월까지 이정(李晸)이, 1666 년 9월부터 1669년 2월까지 이동직(李東稷)이 각각 부사를 지냈다.
34) 김주(金湊): 1365년부터 1366년까지 지군(知郡, 현 군수)을 지냈다.

이 되자 옛 제도대로 개창하고 사찰의 명칭을 가지고 영남루라 이름하였다. 1542년(中宗37, 壬寅)35)에 부사 박세후(朴世煦)가 중건하였다. 임진왜란 때 탕진되었다. 1642년(仁祖40, 壬午)에 능파당을 화재로 잃고, 부사 심기성(沈器成)36)이 일시에 큰 누각과 당을 함께 건립하였다. 1662년(顯宗3, 壬寅)에 부사 이지온이 단청하였다.≫

서거정(徐居正)의 십경(十景) 시37)가 있다. ≪그 각 부제는 다음과 같다. 〈우령한운(牛嶺閑雲)〉, 〈응천조정(凝川釣艇)〉, 〈용벽춘화(龍壁春花)〉, 〈영봉초욱(瑩峯初旭)〉, 〈서교수계(西郊修稧)〉, 〈마산비우(馬山飛雨)〉, 〈삽포어등(鈒浦漁燈)〉, 〈율도추연(栗島秋煙)〉, 〈나현적설(羅峴積雪)〉, 〈남포송객(南浦送客)〉. 또 서거정의 기문, 신숙주(申叔舟)의 기문, 신광한(申光漢)의 기문이 있다.≫

능파당(凌波堂): ≪큰 누각의 동쪽에 있다. 1608년(宣祖41, 戊申)에 부사 기효복이 중창하였다. 1642년(仁祖20, 壬午)에 화재로 전소되자 부사 심기성(沈器成)이 큰 누각과 아울러 재건하였다. 1661년(顯宗2, 辛丑)에 화재로 전소되자 청판(廳板)이 소실되었다. 부사 이지온이 보수하고 단청하였다. ○박세후의 중창기(重創記)38)는 다음과 같다.

누각 동북쪽 모퉁이에 옛 당이 있는데, 그 이름이 망호당(望湖堂)이다.

---

35) 1542년(中宗37, 壬寅): 박세후는 1539년 12월부터 1542년 가을까지 밀양부사를 지냈다. 따라서 원전의 병인(丙寅)은 '임인(壬寅)'의 오류이므로, 고쳐 적었다.

36) 심기성(沈器成): 원문에는 단지 '심(沈)'자만 있으나 관련 기록을 통해 심기성(沈器成)임을 확인해 번역에 반영한다. 그는 1641년 10월부터 1643년 8월까지 밀양부사를 지냈다.

37) 십경(十景) 시: 서거정의 문집 『사가시집(四佳詩集)』 보유(補遺) 3에 「밀양십경(密陽十景)」으로 실려 있다.

38) 중창기: 박세후가 아닌 기재 신광한이 지은 것이다. 「능파당소기(凌波堂小記)」, 『기재집』 권1에 수록되어 있다.

홍치(弘治) 연간(1488~1505)에 부사 김영추(金永錘)[39]가 창건하여 빈객의
연회와 침소로 삼은 곳인데, 참으로 아름다운 제도였다. 다만 당이 낮고
누각이 높은 탓에 빈객 중 이 누각을 거쳐 투숙하는 자들이 오르내리기
몹시 방해되고, 또 세월이 오래되면서 기초가 무너지고 용마루가 기울어
져 거의 흡족하지 못하니, 내가 이를 병통으로 여겼다. 이에 그 옛것을
철거하여 남쪽으로 조금 옮기고 돌을 쌓아 기초를 높이며 그 옛 제도를
관찰해 시렁 한 칸을 더하였다. 그러자 당이 비로소 누각과 기둥이 나란히
이어지게 되었다. 그 세 측면을 수식하여 단청하고, 그 남면을 비위 강물에
임하게 하였다. 이에 능파당(凌波堂)이라 개명하였다. 밝고 청명하며 시원
하니, 이른바 '내 집의 귀한 손님으로 모신다[於焉嘉客]'[40]는 말에 부합한
다고 하겠다.

○당의 동북쪽에 처마가 이어진 방 3칸이 있다. 하나는 심약(審藥)과 검율
(檢律)의 방이고, 하나는 사신의 종자(從者)의 방이고, 하나는 침구와 의약의
창고이다. 임진왜란 때 탕진되었다. 1599년(宣祖32, 己亥)에 부사 이영(李
英)[41]이 옛터에 초가를 지었다. 감사 한준겸(韓俊謙)이 '억석(憶昔)'이라 이름
하였다.≫

침류당(枕流堂): ≪큰 누각의 동쪽에 있다. 부사 안질(安質)[42]이 건립하였다.

---

39) 김영추(金永錘): 1488년 밀양부사로 재직하면서 망호당(능파당의 전신)을 건립했다.
40) 내⋯모신다[於焉嘉客]: 『시경(詩經)』「백구(白駒)」에 "그대의 흰 망아지가 내 밭의 콩잎을
먹었다 핑계 대고는, 붙잡아 매어 두고 오늘 밤 길게 늘여, 저 훌륭하신 분을 나의 좋은
손님이 되게 하련다.[皎皎白駒, 食我場藿, 縶之維之, 以永今夕, 所謂伊人, 於焉嘉客.]"라는
말이 나온다.
41) 이영(李英): 1597년 5월부터 1599년까지 밀양부사를 지냈다.
42) 안질(安質): 1439년 6월에 밀양부사에 제수되었다.

고을 사람들이 소루(召樓)라 칭하였다. 1442년(世宗24, 壬戌)에 도사(都事) 권기(權技)43)가 '소루(召樓)'라 이름하였는데, 이는 소보(召父)·소백(召伯)의 의미를 취한 것이다.

○후에 부사 이충걸(李忠傑)이 옛 제도를 따르되 규모를 더하고 임경당(臨鏡堂)이라 개명하였다. 1542년(中宗37, 壬寅)에 부사 박세후가 중수하면서 규모를 더하고 침류당(枕流堂)이라 개명하였다. 임진왜란 때 탕진되었다. 1608년(宣祖41, 戊申)에 부사 기효복이 중창하였다. 1661년(顯宗2, 辛丑)에 부사44) 이지온이 단청하였다. 권기의 기문이 있다.≫

공진관(拱辰館)45): ≪누각의 서북쪽에 있다. 전패(殿牌)를 소장한 까닭에 이름한 것이다. 임진왜란 때 탕진되었다. 1652년(孝宗3, 壬辰)에 부사 김응조(金應祖)46)가 중창하였다. 1661년(顯宗2, 辛亥)에 부사 이지온이 단청하였다.≫

요선관(邀仙館): ≪예전에는 이 관(館)이 없었다. 1665년(顯宗6, 乙巳) 중에 부사 홍성구가 창건하였다.≫

납청당(納淸堂): ≪누각의 북쪽에 있다. 이를 일러 북별실(北別室)이라 한다. 지금은 사라졌다.≫

---

43) 권기(權技): 양촌 권근의 동생 권우(權遇)의 3남으로 1442년 경상도사를 지냈다. 당시 관찰사는 권맹손(權孟孫)이다.

44) 부사: 원전에는 '사부(使府)'라 되어 있으나, 오기라 고쳤다.

45) 공진관(拱辰館): 원전에는 '공진관(控辰館)'이라 되어 있으나, 이본 6종과 『여지도서』에 '拱辰館'이라 표기되어 있어 오기로 보아 고쳤다.

46) 김응조(金應祖): 1651년 12월부터 1652년 4월까지 재임하면서 예림서원 강당과 신문을 창건했다.

연훈당(延薰堂): ≪누각의 서남쪽에 있다. 이를 일러 남별실(南別室)이라 한다. 지금은 사라졌다.≫

전월당(餞月堂): ≪누각의 서쪽에 있다. 이를 일러 소별실(小別室)이라 한다. 지금은 사라졌다.≫

신당(新堂): ≪누각의 북쪽에 있다. 사신이 본 도호부에 들어오면 부사가 맞이하는 곳이다. 임진왜란 때 누각과 별관 등이 남김없이 탕진되었고, 옛 도로가 황폐해졌다. 1623년(仁祖1, 癸亥)에 부사 박계장(朴啓章)[47]이 담장을 쌓고 옛 도로를 통하게 하였다.≫

옥(獄): ≪도호부 서문 밖에 있다. 1632년(仁祖10, 壬申)에 부사 이필영이 담을 쌓고 중수하였다.≫

연당(蓮堂): ≪객관의 북쪽에 있다. 바로 옛 대장간의 터이다. 1613년(光海5, 癸丑)에 부사 안륵(安玏)이 못을 파고 연꽃을 심었다. 1633년(仁祖11, 癸酉)에 부사 이유달(李惟達)[48]이 해자(垓子)의 중심에 돌을 쌓아 작은 섬을 만들고 대나무를 얽어 집을 지었는데 참으로 정교하다.≫

향사당(鄕射堂): ≪서문 밖에 있다. 임진왜란 때 탕진되었다. 1613년(光海5, 癸丑)에 5칸을 중창하였다. 좌수(座首) 1원과 별감(別監) 3원을 둔다. 향약책(鄕約冊)이 있다. 향약은 1623년(仁祖1, 癸亥)에 부사(府使)[49] 변흡(邊潝)[50]이

---

47) 박계장(朴啓章): 1622년 9월부터 1623년 4월까지 밀양부사를 지냈다.
48) 이유달(李惟達): 1633년 2월부터 1635년 7월까지 밀양부사를 지냈다.

설치한 것이다. 점필재의 「의재기(義財記)」가 있다.51)≫

성황사(城隍祠): ≪성황사의 신(神)은 바로 손긍훈(孫兢訓) 장군이다. 예전에는 추화산(推火山)에 있었다. 1580년(宣祖13, 庚辰)에 부사 하진보(河晉寶)52)가 성내로 이설하였다. 1674년(顯宗15, 甲寅)에 부사 이희년이 남림(南林)으로 이설하였다.≫

사마소(司馬所): ≪도호부 서문 밖에 있다. 임진왜란 때 탕진되었다. 생원(生員)이 집회하는 곳이다.≫

여제단(厲祭壇): ≪예전에는 도호부 동쪽 신원촌(新院村)53)에 있었다. 1580년(宣祖13, 庚辰)에 부사 하진보가 구대촌(仇代村)54) 서쪽으로 이설하였다. 1620년(光海12, 庚申)에 부사 신경진(申景珍)55)이 도호부 북쪽 월산촌(月山村) 동쪽으로 이설하였다.≫

사직단(社稷壇): ≪예전에는 남산(南山) 아래에 있었다. 1580년(宣祖13, 庚辰)에 부사 하진보가 도호부 북쪽 오례촌(鳥禮村) 남쪽으로 이설하였다.≫

---

49) 부사(府使): 원전에는 '사부(使府)'로 되어 있으나 오기라 고쳤다.

50) 변흡(邊潝): 1623년 5월부터 동년 7월까지 밀양부사를 지냈다.

51) 원 제목은 「밀양향사의재기(密陽鄉社義財記)」이다. 『점필재집』 문집 권2에 수록되어 있다.

52) 하진보(河晉寶): 1579년 겨울부터 1583년 여름까지 밀양부사를 지냈다. 밀양 관아 앞에 인정비(1906.2 중수)가 있다.

53) 신원촌(新院村): 밀양 상동면 안인리 신안마을.

54) 구대촌(仇代村): 밀양 용평을 말한다. 추화산 서쪽, 곧 현재 밀양농협 장례식장 뒷산에 구대곡(仇代谷, 구대골)이 있다.

55) 신경진(申景珍): 1619년 2월부터 1622년 가을까지 밀양부사를 지냈다.

누교(樓橋): ≪남문 밖에 있다. 청도·영산·양산(梁山)에서 도호부로 들어오는 자는 다 이 다리를 지난다.≫

율수(栗藪): ≪웅천의 남쪽 기슭에 있다. 속칭 남림(南林)이라 한다. 밤숲이 사방에 있는 까닭에 각기 그 방위로 이름한 것이니, 곧 동림(東林)·북림(北林)·수산림(守山林)·남림(南林)이 그곳이다. 이 숲은 무려 몇 리에 걸쳐 있어 세수(歲收)도 참 많고 그 품질도 참 뛰어나 세칭 밀율수(密栗藪)라 한다. 밤숲 속에 조산(造山)과 건제(乾堤)가 있다. 세상에 전하기로 '본 도호부의 형세가 마치 용 두 마리가 구슬 하나를 두고 다투는 것 같기에 가산을 쌓아 구슬 두 개를 만들고, 연못을 파 간격을 두어, 하여금 서로 다투지 못하게 하였다'고 한다. 용두산(龍頭山)과 마암산(馬巖山)이 곧 용 두 마리의 형상이고, 무봉산(舞鳳山)이 곧 구슬 하나의 형상이다.≫

사문교(沙門郊): ≪밤숲의 서쪽에 있다. 세상에 전하기로 예전에 교외가 영남사(嶺南寺) 사문(沙門) 앞에 있었던 까닭에 이름한 것이라 한다.≫

운례수(運禮藪): ≪도호부 남쪽 5리 되는 곳에 있다. 웅천이 곧장 흘러 들어가 정체되는 곳이 없다. 또 운례촌(運禮村) 앞에 만여 이랑의 밭이 있어서 탱자와 가시나무 등의 초목을 심어서 방비하고, 따로 감고(監考)[56]를 두어 나무를 베거나 목축하는 것을 일절 금하였다. 숲이 울창하여 몇 리에 가득하였는데, 주민들은 감히 그곳에 들어가지 못하였다.≫[57]

---

56) 감고(監考): 조선시대, 궁가나 각 관아에서 금, 은, 곡식 등의 출납과 관리를 보살피거나 지방의 세금과 공물의 징수를 맡아보는 벼슬아치를 이르던 말이다.

57) 운례수 이름은 『동국여지승람』에 나오는데, 세월이 흘러 황폐된 운례숲은 1841년에 복구되었다. 이직신(李稷臣)의 『밀양복수지(密陽復藪誌)』에 따르면, 박세길, 류성로, 안언

마암(馬巖): ≪율수(栗藪, 밤숲)의 서쪽에 있다. 그 바위가 응천으로 쑥 들어가 그 모양이 물을 마시는 말과 같은 형상인 까닭에 이름한 것이다. 일명 어기(漁磯)라고도 한다. 그 아래에 깊은 연못이 있는 까닭에 '마암연(馬巖淵)'이라 이름하였다. 점필재가 민규(閔奎)에게 준 시가 있다.[58]

> 응천의 옛 낚시터 무심히 방치하니 閑却凝川舊釣磯,
>
> 거원(蘧瑗)의 지비(知非)[59]를 다시금 깨쳤다. 更輸蘧瑗早知非.
>
> 쏘가리 이제 이른 봄 냇가에서 뛸 텐데 鱖魚已躍桃花水,
>
> 외딴 바위에서 비옷 짜던 일 부질없이 떠오른다. 空憶隈巖織雨衣.≫

용두산(龍頭山): 밤숲의 동쪽에 있다. 자씨산(玆氏山)≪혹 영봉(塋峰)이라 한다.≫ 자락에서 내려와서 용머리처럼 일어나는 까닭에 이름한 것이다. 민간에서 전하기로 이는 잠든 용의 형상이므로 예전 자씨산에 사찰을 건립하여 종과 북을 쳐서 잠든 용을 깨웠다 한다. 사찰은 바로 옛날의 영원사(塋原寺)이다.

우도(牛島): ≪『동국여지승람』에 이르기를 "응천의 한가운데 있다. 응천의 물줄기가 나뉘다가 다시 합쳐지는 까닭에 섬이 그 한가운데 생긴 것이다."라

형 등 운례촌 주민들이 숲 복구를 호소하자 밀양부사 조운표가 경상도 관찰사 홍재철에게 상신하여 다시 조성했다고 한다. 밀양 관아 앞에 홍재철의 복수선정비(1841.9)와 조운표의 복수선정비(1841.9)가 있다. 현 양림간의 예림제방에 숲이 있었다.

58) 원 제목은 「자태묘모우환사도민선생규소혜시차운이복이수(自太廟冒雨還舍覩閔先生奎所惠詩次韻以復二首)」인데, 해당 시는 두 번째 수이다. 『점필재집』 시집 권20에 수록되어 있다.

59) 거원(蘧瑗)의 지비(知非): 거원은 춘추 시대 위(衛)나라의 어진 대부로 자는 백옥(伯玉)이다. 『회남자(淮南子)』「원도훈(原道訓)」에 "거백옥은 나이 오십이 되어서 사십구 년 동안의 잘못을 알았다.[蘧伯玉年五十, 而知四十九年非.]"라는 말이 나온다.

하였다.≫

기우연(祈雨淵): ≪용두산 아래에 있다. 그 산천(山川)이 영험한 까닭에 극심한 가뭄이 들면 이곳에서 기우제를 지낸다. 1628년(仁祖6, 戊辰) 여름에 극심한 가뭄이 들자 부사 정두원이 경건히 재계하며 기우제를 지내니, 곧 하늘에 비가 내렸다. 고을 사람들이 이름하기를 '태수의 비[太守雨]'라 하였다. 예전에 폭우가 내려 홍수가 넘치면 밤숲으로 마구 흘러가 내를 이루는 까닭에 농토의 피해가 많았고, 또 고을의 지세(地勢)가 견고하지 못하여 술사(術士)가 기피한 까닭에 제방을 쌓아 이를 방지한 것이다. 임진왜란 후에 그 훼손이 극심하였다. 1631년(仁祖9, 辛未) 봄에 부사 이필영이 관찰사에게 청원하여 여덟 고을의 군인과 장정을 동원해 대대적으로 보수 축조하였으나 불과 몇 년 만에 다시 무너졌다. 1668년(顯宗9, 戊申)에 부사 이동직이 도호부의 군정(軍丁)을 동원해 추가로 보수 축조하였으나 얼마 지나지 않아 다시 무너졌다. 1675년(肅宗1, 乙卯)에 부사 이희년이 경내의 군정을 동원해 대대적으로 보수 축조하였으나 그 후 또 무너졌다.≫

향교(鄕校): ≪도호부 북쪽 5리 되는 곳에 있다.≫ 예전에 정수홍(鄭守弘)[60]의 「중신기(重新記)」가 있었다. 임진왜란 때 소실되었다.

대성전(大成殿): 3칸인데 앞에 계단 2군데가 있었다. 임진왜란 때 모두 전소되었다. ≪1602년(宣祖35, 壬寅)에 부사 최기(崔沂)[61]가 중창하였다.≫

---

60) 정수홍(鄭守弘): 1415년 3월 밀성군에서 밀양도호부로 승격했고, 정수홍은 동년 9월 이간(李暕)에 이어 밀양부사로 부임해 2년간 재임한 것으로 보인다. 이운성 편저, 『밀양향교지』, 밀양향교지 편찬위원회, 2004, 237~240쪽.

61) 최기(崔沂): 1602년 2월부터 동년 6월까지 밀양부사를 지냈다. 용가리의 소실된 대성전

신좌(神座): 대성지성문선왕(大成至聖文宣王) 공자(孔子)이다.

동배(東配): 연국 복성공 안씨(兗國復聖公顔氏)와 기국 술성공 공씨(沂國
述聖公孔氏)이다.

서배(西配): 성국 종성공 증씨(郕國宗聖公曾氏)와 추국 아성공 맹씨(鄒國
亞聖公孟氏)이다.

동종사(東從祀): 비공 민손(費公閔損)·설공 염옹(薛公冉雍)·여공 단목사
(黎公端木賜)·위공 중유(衛公仲由)·위공 복상(魏公卜商)이다.

서종사(西從祀): 운공 염경(鄆公冉耕)·제공 재여(齊公宰子)·서공 염구(徐
公冉求)·오공 언언(吳公言偃)·영천후 전손사(潁川侯顓孫師)이다.

동무(東廡): 도국공 주돈이(道國公周敦頤)·낙국공 정이(洛國公程頤)·홍유
후 설총(弘儒侯薛聰)·문성공 안유(文成公安裕)·문경공 김굉필(文敬公金宏
弼)·문정공 조광조(文正公趙光祖)·문순공 이황(文純公李滉)이다.

서무(西廡): 예국공 정호(預國公鄭顥)·휘국공 주희(徽國公朱熹)·문창후 최
치원(文昌侯崔致遠)·문충공 정몽주(文忠公鄭夢周)·문헌공 정여창(文獻公
鄭汝昌)·문원공 이언적(文元公李彦迪)이다. ≪1614년(光海君6, 甲寅)에 부사
성진선이 동무(東廡)·서무(西廡)를 중건하여 13현인의 위판을 봉안하였다.≫

___

을 교동에 중창했다.

신문(神門): 3칸이다.[62] ≪문묘(文廟)의 남쪽에 있다.≫ 서쪽에 제기(祭器)·제복(祭服)의 창고가 있고, 또 신주(神廚) 3칸이 있다.

승배(陞配): 1714년(肅宗40, 丁酉) 10월 초7일, 안팎으로 명하여 송조(宋朝) 육현(六賢)을 대성전 안에 승배하게 하였다.

≪도국공(道國公) 주돈이(周敦頤)를 위국공(衛國公) 복상(卜商)의 아래에 봉헌하고, 예국공(豫國公) 정호(程顥)를 영천후(潁川侯) 전손사(顓孫師)의 아래에 봉헌하고, 낙국공(洛國公) 정이(程頤)를 주돈이의 아래에 봉헌하고, 신안백(新安伯) 소옹(邵雍)을 정호의 아래에 봉헌하고, 미백(郿伯) 장재(張載)를 정호의 아래에 봉헌하고, 휘국공(徽國公) 주희(朱熹)를 소옹의 아래에 봉헌하였다.≫

명륜당(明倫堂): 5칸이다. ≪문묘의 동쪽에 있다.≫ 동재(東齋) 5칸·서재(西齋) 5칸이다. ≪임진왜란 때 탕진되었다. 1618년(光海10, 戊午)에 부사 이홍사(李弘嗣)[63]가 중창하였다.≫

독서루(讀書樓): ≪지금은 사라졌다.≫

소루(小樓): ≪지금은 사라졌다.≫

재실(齋室): ≪대제(大祭) 때 헌관(獻官)이 치재(致齋)하던 곳이다. 지금은 사라졌다.≫

---

62) 원전에는 '神門三間'이 고유명사 표기(○○)가 되어 있으나, 다른 용례를 참고하여 '신문(神門)'을 고유명사로, '3칸이다'를 이에 대한 설명으로 구분하였다.

63) 이홍사(李弘嗣): 1615년 7월부터 1618년 12월까지 밀양부사를 지냈다.

교아(敎衙): ≪지금은 사라졌다.≫

자미정(紫薇亭): ≪정원은 내외 동몽(童蒙) 총 600여 명이다. 지금은 사라졌다.≫

|부내면(府內面)| 방리(坊里)

수남리(水南里): ≪도호부의 동남쪽 6리 되는 곳에 있다. 웅천의 남쪽에 있는 까닭에 이름한 것이다.≫

○**가리산(佳里山):** ≪예전에는 사족(士族)이 없었다.≫

○**가곡(駕谷):** ≪혹 망우곡(忘憂谷, 멍에실)이라고도 한다.≫ 진사 김처인(金處仁)이 살던 곳이다.

○**이창원(耳倉院):** ≪그 명칭이 『동국여지승람』에 나온다. 도호부 동쪽 10리 되는 곳에 있다. 지금은 사라졌다.≫ 점필재의 시는 다음과 같다.

수많은 모래섬에 작은 배 멈춰있는데	無數沙洲閣小舠,
맑고 얕은 앞 여울 상앗대 허용 않네.	前灘淸淺未容篙.
돌아갈 적에 말배 가슴걸이까지 젖어	歸來馬腹還濡鞦,
놀라 보니 호수 어귀 두 자 더 높아라.	驚見湖頭二尺高

예전부터 영남루가 절경인 까닭에 이를 드러내 기록한 것이다.

용성리(龍城里): ≪도호부 성 동문 밖에 있다. 대개 용두산이 앞에서 둘러싼 까닭에 이름한 것이다.≫

추화산(推火山): ≪산꼭대기에 석성(石城)이 있다. 둘레가 2,360척이다. 그 내부에 우물 2군데와 연못 1군데가 있다. 세상에 전하기로 손긍훈 장군이 외적을 방어하던 곳이라 한다. 성 내부에 손장군의 사당이 남아 있다. 속칭 '천왕신(天王神)'이라 한다. 서쪽 구석에 봉수대가 있다. 남쪽으로 남산(南山)과 호응하고, 북쪽으로 분항(盆項)과 호응한다.≫

○**승벌(僧伐, 섬벌)**: ≪통칭 '용성(龍城)'이라 한다.≫ 판윤 고신인(高信仁)·부사 손관(孫寬)≪판서 손영유(孫永裕)의 아들이다. 그 성명이 『해동군옥(海東羣玉)』[1] '관(寬)' 자 아래에 실려있다.≫·격재(格齋) 손조서(孫肇瑞)≪『인물(人物)』편에 보인다≫·생원 손세기(孫世紀)·첨사(僉使) 손신복(孫信復)·진사 양담(梁澹)·생원 손굉제(孫宏濟)·군수 손영제(孫英濟)·진사 손호(孫顥)·생원 손겸제(孫兼濟)·진사 손유경(孫有慶)·생원 손기서(孫起緖)·부사 손기양(孫起陽)≪『인물』편에 보인다≫·효자 손기륜(孫起倫)·열녀 손씨(孫氏)≪안근(安近)의 처다. 정려문이 있다.≫·조씨(趙氏)≪손시일(孫諟一)의 처다.≫·장씨(張氏)≪손기준(孫起俊)의 처다. 『인물』편에 보인다.≫ 등이 살던 곳이다. 서쪽에 읍수정(挹秀亭) 고사가 있다. 시는 다음과 같다.

천 봉우리 비오는 경치가 술동이 앞에서 일어나고 　千峯雨色樽前起,
십 리 호수가 경관이 나무 끝에서 펼쳐진다. 　　　　十里湖光樹梢開.

○**사인당(舍人堂)**: ≪마을 이름이다.≫ 진사 류자공(柳子恭)·진사 이원(李遠)·한림(翰林) 이태(李迨)≪양담과 더불어 진초(眞草)[2]에 뛰어나 서로 자웅

---

1) 『해동군옥(海東羣玉)』: 원전에는 '해군옥(海羣玉)'으로 되어 있으나, 오기로 보아 고쳤다. 『대동운부군옥(大東韻府群玉)』을 가리키는 것으로 보인다.

을 겨루었다. 후에 도호부 사람의 사노(私奴)인 손준동(孫俊童)[3]이라는 자가 명필 하나로 세상에 명성을 떨쳤다. 그가 말하기를 "내 서예 솜씨는 이태의 아래이고 양담의 위이다." 하니, 비로소 이태가 양담보다 뛰어남을 확신하게 되었다고 한다.≫·생원 이광로(李光輅)≪글씨가 제일이다.≫·승지(承旨) 이 광진(李光軫)≪『인물』편에 보인다≫·생원 이경홍(李慶弘)≪효행(孝行)으로 준원전(濬源殿) 참봉(參奉)에 제수되었다. 오한(聱漢) 손기양의 만사(挽詞)는 다음과 같다. "우리 고을 복이 없어 큰 어른 잃으니, 후학들 누구에게 의문을 물어보리. 덕 쌓음에 세상 모두가 도 있다 칭송하고, 백성에게 가르치니 다 선각자라 일컬었지.[弊鄕無祿失蓍龜, 後學何從質所疑. 蘊德世皆稱有道, 誨人民 盡謂先知.]"≫·진사 이경승(李慶承) 등이 살던 곳이다. 금시당이 있다. ≪문 앞은 땅이 기름지고, 선공의 학문은 넉넉히 전승되네.[前門地華, 先公詩禮 賸傳家]"라는 시구가 있다.[4]≫

죽담(竹潭): ≪사인촌 동쪽에 있다. 둘레가 380여 척이고, 깊이는 측량할 수 없다. 세상에 전하기로 마룡(馬龍)이 있다고 한다.≫

○**장선(長善):** 북쪽으로 송계(松溪) 신계성(申季誠)의 묘소가 있다. ≪남 명(南冥) 조식(曺植)이 지은 비문[5]이 있다.≫

---

2) 진초(眞草): 원전에는 '직초(直草)'라 되어 있으나, 오기로 보아 고쳤다.

3) 손준동(孫俊童): 사노비 이름으로, 이본 ⑤·⑥에는 '준동'이라 되어 있으나 나머지 7종 이본에는 '孫俊童'이라 되어 있다.

4) 원 제목은 「이근재≪경홍≫천장만(李謹齋≪慶弘≫遷葬輓)」(1610)이다. 손기양의 문집 『오한 집(聱漢集)』권1에 수록되어 있다. 7언 율시인데, 그중 제1·2행이 "今是堂前門地華. 先公 詩禮賸傳家"이다. 가계는 〈이사필-①이원-㉮이광로-이경승-㉠이래, ㉡이옹-(출), ㉯금시 당 이광진(1513~1566)-이경홍-(계)이옹, ②이태(1483~1536)-이원량-이경함〉으로 이어 진다.

5) 『남명집(南冥集)』권2에 수록된 「처사신군묘표(處士申君墓表)」를 말한다.

○전천(箭川, 살내): 동북쪽에 양 목장이 있다. 돌을 쌓아 성을 지었다. 또 호분탄(虎噴灘)이 있다. ≪곧 동천(東川)이다. 지사(地師) 두사충(杜士忠)6)이 말하기를 "이는 용이 노니는 형상이다. 사인(士人)이 살면 천자(天子)를 가까이하고, 서인(庶人)이 살면 감옥에서 죽는다." 하였다. 예전에 간신 이필(李㢲)이 서예로 세상에 명성을 떨쳤으나 결국 감옥에서 죽었다 한다.≫ ○승려 명감(明鑑) 역시 이곳 출생이다. ≪그 〈재약산(載藥山) 정상에 올라〉 시는 다음과 같다.

영해 바다가 김해 바다와 이어지고　　　　　　寧海海連金海海,
양산 산맥이 울산 산맥과 접한다.　　　　　　梁山山接蔚山山.≫

○월영(月影): ≪곧 월영사(月影寺)의 옛터이다. 유천(楡川)·동천(東川)이 마을 앞에서 합류하니, 이것이 월영연(月影淵)이다. 그 명칭이 『동국여지승람』에 나온다.≫ 한림 이태(李迨)가 비로소 이곳에 거처를 정하였다. ≪월영연 가에 정자를 지어 쌍경당(雙鏡堂)이라 이름하였다.≫ 양담(梁澹)의 시는 다음과 같다.7)

바람이 강 물결 일으켜 소헌에 울려오니　　　　風動江波響小軒,
주인의 그윽한 흥취는 황혼의 달빛이라.　　　　主人幽興月黃昏.
올라 봄에 거울처럼 맑게 심중을 비추고　　　　登臨照膽明如鏡,
청정(淸淨)8)함을 살펴보니 한가지 이치가 있구나.　清淨看來一理存.

---

6) 두사충(杜士忠): 명나라 이여송(李如松)을 따라온 지관이다.
7) 원 제목은 「차유함지운기중예(次柳涵之韻寄仲豫)」이다. 이태의 『월연집(月淵集)』 권2 「제현창수(諸賢唱酬)」에 수록되어 있다. 시제의 '중예(仲豫)'는 이태의 자이고, '함지(涵之)'는 류관(柳灌)의 자이다.

또 다른 시는 다음과 같다.9)

강가의 매화는 황학루(黃鶴樓)의 꿈결이요   江上梅花黃鶴夢,
빗속의 향초는 동정호(洞庭湖)의 물결이라.   雨中芳草洞庭波.

부사 어득강(魚得江)10)이 마을 앞을 지날 적에 시를 지은 바 있다.
다음과 같다.

동풍이 아직 매서워 다니지 못하니   東風斜峭不堪行,
언 땅의 보리는 봄을 만났어도 푸르지 않네.   凍麥逢春尙未靑.
신공과 이공은 이제 신선 되어 얘기할 수 없으니   辛李已仙無與語,
강산에 속절없이 좋은 누대를 버려두었구려.   江山虛棄好臺亭.

진사 원량(元亮)≪한림(翰林)의 아들이다.≫이 그 부친의 유업을 이어
굳게 지켰다. 임진왜란 때 병화에 전소되었다.

○춘복(春福, 범북): ≪서북쪽에 손긍훈 장군의 묘소가 있다.≫

○죽산(竹山): ≪마을 이름이다.≫ 도사(都事) 강심(姜諶)·정언(正言) 강예

---

8) 청정(淸淨): 청정무욕(淸淨無欲)의 준말로, 정허함이 도의 요체가 된다는 뜻이다. 『근사
　　록(近思錄)』 권4 「존양(存養)」에 "정할 때에 마음이 비면 밝아지고 밝으면 통하며, 동할
　　때에 곧으면 공정해지고 공정하면 넓어진다. 밝고 통하고 공정하고 넓어지면 성인이
　　거의 될 것이다." 하였다.
9) 어득강(魚得江)의 「차류함지운기중예(次柳涵之韻寄仲豫)」로, 이태의 『월연집』 권2 「제
　　현창수」에 수록되어 있다.
10) 어득강(魚得江): 1538년 10월부터 1539년 12월까지 밀양부사를 지냈다.

숙(姜藝叔)이 살던 곳이다.

○**구대(仇代, 구딧골)**: ≪마을 이름이다.≫ 경당(敬堂) 손효조(孫孝祖)≪『인물』편에 보인다≫·생원 김천수(金天授)가 살던 곳이다.

○**교동(校洞)**: ≪앞 교외 길가에 노송(老松) 수십 그루가 있다.≫

○**수북리(水北里)**: ≪응천이 그 남쪽에 있는 까닭에 이름한 것이다. 일명 남정촌(南亭村)이라 한다.≫ 생원 황종(黃鍾)이 살던 곳이다. 세상에 전하기로 '김석 장군·손긍훈 장군이 이곳 출신이라' 한다.

남정원(南亭院): ≪도호부 서쪽 3리 되는 곳에 있다.≫ 사신이 도호부에 들어올 때 부사가 명을 받는 곳이다. 임진왜란 때 전소되어 사라졌다. 남쪽에 남정연(南亭淵)이 있고, 서쪽에 남정교(南亭橋)가 있다. ≪그 길가에 부사들의 선정비(善政碑)가 있다.≫

○**북정리(北亭里)**: ≪도호부 북쪽 5리 되는 곳에 있다. 북정원(北亭院)이 있는 까닭에 이름한 것이다.≫

북정원(北亭院): ≪일명 망북정(望北亭)이라 한다. 세상에 전하기로 '산맥이 곧바로 관청·마을과 충돌하는 형세인 까닭에 시가의 중심에 원(院)을 건립해 억제시켰다' 한다. 사신이 도호부에 들어올 때 부사가 마중하던 곳이다. 임진왜란 때 탕진되었다.≫

○**송정리(松亭里)**: 생원 손함(孫諴)·부사 손은(孫誾)≪청렴·결백과 공손·

근실로 예전 향약의 선적(善籍)에 기록되었다≫·생원 손사열(孫士悅)이 살던 곳이다. ≪앞 교외 길가에 노룡암(老龍巖)이 있다.≫

○사랑촌(沙郎村): ≪북쪽에 얼룩 바위가 있다.≫ 효자 박심(朴尋)≪『인물』편에 보인다.≫·진사 박문균(朴文筠)·재사(才士) 박홍기(朴洪器) 등이 살던 곳이다.

○삽포(鈒浦, 사포): ≪도호부 서쪽 8리 되는 곳에 있다. 동남쪽에 삽포(鈒浦)가 있는 까닭에 이름한 것이다. 『동국여지승람』에 이르기를 "본래 신포향(薪浦鄕)이었다. '신(薪)'자가 '삽(鈒)'과 방음이 유사한 까닭에 삽(鈒)이라 칭한 것이다." 하였다.≫

병구(兵區): ≪세상에 전하기로 김훤(金暄)이 조천(趙阡)을 토벌할 때 군대를 주둔하던 곳이라 한다.≫

조화현(助火峴, 봉화령): ≪남산(南山) 동쪽 기슭에 있다. 도로가 수산현에 달한다.≫

남산(南山): 이는 도호부의 안산(案山)이다. 산 정상에 연못이 있다. 산 북쪽에 기우제를 지내는 샘이 있다. 동쪽 기슭에 봉수대(烽燧臺)가 있다. ≪남쪽으로 김해 자암산(子庵山)과 호응하고, 북쪽으로 추화산(推火山)과 호응한다.≫

영현(鈴峴, 방울재/방아동고개/방동고개): ≪남산 북쪽에 있다. 도로가 상양곡(上陽谷)에 달한다. 점필재의 시는 다음과 같다.

노을 진 봉래산 붉은 표석 세우고	霞起蓬萊建赤標,
언덕에 올라 부요(扶搖)[11]를 탄다.	試登高處依扶搖.
강물이 구절양장(九折羊腸)에 비할바 못되나	江流不比回腸繞,
아홉 굽이 결국 바다를 향한다네.	九曲終能赴海潮. ≫

○**전삽포(前鈒浦, 전사포)**: 현감 안억수(安億壽)·우후 안여충(安汝忠)·만호 안여효(安汝孝)·생원 안인(安忍) 등이 살던 곳이다. ≪연못이 있는데 부장(部將) 안윤조(安胤祖)가 지은 곳이다. "서산 속 옛 사찰에 종소리 울리고, 남포 가 조각배에 고기잡이 불 비친다.[鍾聲古寺西山裏, 漁火扇舟南浦中.]" 등의 시구가 남아 있다.≫

억석암(抑石庵): ≪영현(鈴峴) 동북쪽 아래에 있다. 산 정상에 바위가 있는데, 높이가 열 길 정도 된다. 마치 엎드린 범이 곧바로 관아 내를 엿보는 것 같은 형상인 까닭에 사찰을 짓고 불상을 세워 이를 억제한 것이다. 따라서 '억석(抑石)'이라 이름한 것이다. 부사(府使)의 시는 다음과 같다.

저물녘 종소리 숲속에 가득한데	夕陽鍾聲滿林丘,
사찰이 언덕에 있어 뒤늦게 머물렀다.	野寺凭高晩自留.
술동이가 천상에서 찾아올 줄 어찌 생각했으랴	何意淸樽來上界,
하물며 보름달 뜬 중추절임에랴.	況達明月是中秋.
산속에서 등나무 상 얻어 베니	山中已得藤床枕,

---

11) 부요(扶搖): 거센 바람 기운을 타고 구만 리 창공 위로 올라가서 남쪽 바다로 날아간다는 대붕(大鵬)을 말한다. 부요는 하늘로 치솟아 올라가는 회오리바람이고, 수운은 하늘가에 드리운 구름과 같다는 수천지운(垂天之雲)의 준말로 대붕을 형용한 말이다. 『장자(莊子)』 「소요유(逍遙遊)」.

강가에서 적벽의 배 문득 떠오른다.　　　　　　江上翻思赤壁舟.

우스워라, 응천(凝川) 땅의 백발 관원　　　　　堪笑凝川頭白吏,

또 취한 몸 가누며 창주(滄洲)[12]로 가다니.　　又能扶醉向滄洲.≫

강수정(江水亭)[13]: ≪억석동(抑石洞)에 있다. 동리 사람이 유람하던 곳이다. 옛사람의 시는 다음과 같다.

가랑비에 산꽃 피고　　　　　　　　　　　細雨山花發,

시냇물에 자갈 운다.　　　　　　　　　　　溪流觸石鳴.

시 읊으며 오래 앉아 있으니　　　　　　　吟詩因坐久,

봄새 거듭 지저귄다.　　　　　　　　　　　春鳥兩三聲.≫

○**후삽포(後鈒浦, 후사포)**: 정랑 박융(朴融)·병사 김치원(金致元)≪모두 『인물』편에 보인다≫·통찬(通贊) 박문손(朴文孫)·수사(水使) 김치형(金致亨)·부사 김치리(金致利)·생원 김치정(金致貞)·현감 김치신(金致信)·생원 신승준(申承濬)·집의(執義) 신엄(申儼)≪『인물』편에 보인다≫·처사(處士) 신계성·생원 박열(朴說)≪박열은 재주가 뛰어난 선비인데, 나이 겨우 약관에 문명(文名)을 크게 떨쳤다. 상공(相公) 권벌(權橃)[14]이 자기 형의 딸을 그에게 시집보내고자 하였다. 다음날 주연의 자리에서 그의 재주를 시험하러 시를 짓게 하였다. 이에 운자(韻字)를 부르자 박열이 곧 응수하였다. 그 말구

---

12) 창주(滄洲): 물가의 수려한 경치를 뜻하는 말. 남조 제(南朝齊)의 시인 사조(謝朓)가 선성태수(宣城太守)로 나가서 창주의 정취를 마음껏 누렸던 고사가 유명하다.

13) 강수정(江水亭): 원전과 이본 ⑧에는 강수정이라 되어 있으나, I 계열의 모든 이본에는 '산수정(山水亭)'이라 되어 있다.

14) 권벌(權橃): 1533년 6월부터 1535년까지 밀양부사를 지냈다.

(末句)는 다음과 같다.

백규(白珪) 시 세 번 외우기[15], 나도 감히 못하거늘   三復白珪吾不敢,

상공께서 어찌 남용(南容)에게 인정받기 바라나.   相公何幸許南容.

또 산방에서 독서할 적에 어느 벗이 그를 방문하였다. 박열이 시를 지어
주니 다음과 같다.

대문 연지 열흘 만에 그대 만나 얘기하니   門開十日逢君話,

만 겹 산속에 달빛 한 점뿐.   萬疊山中月一痕.

또 「영남루부(嶺南樓賦)」가 있다. 그 한 구는 다음과 같다.

마암(馬岩)에 비 내리면 강 물결 일어나고   雨馬岩而江波,

율림(栗林)에 서리 내리면 잎 새 떨어진다.   霜栗林而葉下.

또 금시당 벽면의 시를 차운하니 다음과 같다.

호분의 여울 소리 밤낮으로 다급하고   虎濆灘聲朝暮急,

용산의 푸른 대죽 고금토록 차가워라.   龍巒竹色古今寒.

---

15) 백규(白珪)…외우기: 『시경(詩經)』 「대아(大雅)·억(抑)」에 "백옥(白玉)으로 만든 규(圭)의
   흠은 갈아서 없앨 수 있지만, 말을 한번 잘못하면 어떻게 할 수 없다."라고 하였다. 『논어
   (論語)』 「선진(先進)」에 "남용(南容)이 이 시를 하루에 세 번 반복해서 외우자, 공자가
   칭찬하며 조카딸을 그에게 시집보냈다"는 내용이 나온다.

이 시구는 다 사람들의 인구에 회자되고 있다. 그저 그의 전 작품을 다 보지 못한 것이 참 한스럽다.≫·진사 신충임(申忠任)이 살던 곳이다.

마을 아래 냇가에 신계성 선생이 대나무를 심고 정자를 지어 '석계정사(石溪精舍)'라 이름하였다. 후대 사람이 이로 인해 그를 '송계선생(松溪先生)'이라 칭하였다. 지금도 시냇가에 노송(老松) 수십 그루가 서 있다. 앞 교외 길가에 선생의 여표(閭表)와 비각(碑閣)이 있다. ≪1576년(宣祖9, 丙子)에 부사 약봉(藥峰) 김극일(金克一)[16]이 비문을 짓고 비석을 세우며 비각을 지었는데, 도호부 사람 박도생(朴道生)이 적은 것이다. 임진왜란 때 왜적이 비석을 부수고 비각을 불태웠다. 유림들이 논의하여 비석을 다시 세우려고 하나 차질이 생겨서 결국 세우지 못하였다. 1634년(仁祖12, 甲戌)에 부사 이유달이 도호부 유림의 간청에 따라 발문(跋文)을 갖추어 새기고 옛 도로에 세웠다.≫[17]

박열(朴說)이 일찍이 계정(溪亭)에 한데 모여 술 마실 적에 시를 지은 바 있다. 다음과 같다.

≪산 그림자 술잔 속에 떨어지고   山影盃中落,

개울 소리 귀 밖에서 들린다.   溪聲耳外聽.≫

이는 그 시의 한 연구(聯句)이다. 이를 본 자가 슬퍼하니, 과연 1개월 만에 죽었다. 도호부 사람 민설(閔渫)이 산방에서 독서하다가 시를 지은 바 있다. 다음과 같다.

---

16) 김극일(金克一): 1575년 봄부터 1579년 봄까지 밀양부사를 지냈다.

17) 현재 후사포리 중포에 있는 신계성 여표비는 김극일이 1576년에 지은 비문과 장현광(張顯光)이 1634년 지은 발문을 합친 형태이고, 예조판서 윤급(尹汲)의 글씨와 유척기(俞拓基)의 전액을 받아 1765년에 세운 것이다.

≪천겹 산 눈발에 뼈가 다 시리니　　　　　　骨冷千山雪,

만겹 골 솔숲에 혼이 다 맑아진다.　　　　　　魂淸萬壑松.≫

비통한 기색이 시에 넘쳐나니, 과연 1개월 만에 죽었다.

류엽(柳曄)[18]이 꿈에서 한 절을 지은 바 있다. 다음과 같다.

≪하늘 끝 비단 다리 지나가니　　　　　　　　天末綵橋橫,

영롱 찬란한 오색구름이라.　　　　　　　　　玲瓏五雲色.

태청궁에 올라 상제를 알현하니　　　　　　　登之朝紫皇,

선계(仙桂)[19] 이제 막 피었네.　　　　　　　仙桂正初發.≫

　꿈에서 깨어나자 이를 풀이하기를 "'태청궁에 올라 신선을 만나니, 월계수 꽃이 처음 피었다' 함은, 조만간 필시 급제한다는 뜻이라" 하고는 부지런히 경서(經書)를 읽었다. 그러나 얼마 지나지 않아 죽었다.

　손시약(孫諟約)이 임진왜란을 겪은 후에 시를 지은 바 있다. 다음과 같다.

≪저승에는 친구 많은데　　　　　　　　　　地下多親舊,

이승에는 형제 적구나[20].　　　　　　　　　人間小弟兄.≫

---

18) 류엽(柳曄): 원전과 이본 ⑧·⑨에는 '류엽'이라 되어 있으나, ②∼⑥에는 박엽(朴曄)으로 되어 있다.

19) 선계(仙桂): 계수나무는 진(晉)나라 극선(郤詵)이 장원급제한 뒤에 계림의 가지 하나[桂林一枝]를 꺾었다고 한 고사에서 유래하였다. 과거 시험을 비유한다. 『진서(晉書)』 권52.

20) 적구나: 원전과 이본 ④·⑧·⑨에는 '小'라 되어 있으나 나머지 이본에는 '少'로 되어 있다.

불과 몇 년 만에 죽었다.

전유익(全有翼)의 시는 다음과 같다.

≪천 리의 꿈 고작 사흘 밤 후에 떠나고   千里夢歸三夜後,

백 년의 삶 겨우 술 한 잔 내로 끝난다.   百年生了一盃中.≫

이윽고 신은(新恩)[21]으로 서울에서 죽었다. 이로써 '천 리의 꿈'과 '술 한 잔'이라는 시어가 더욱 징험될 수 있었다.

여기에 거론한 여러 시구야말로 어찌 삼품(三品)의 천성(天性)과 칠감(七感)의 인정(人情)이 외물이 이르기에 앞서 넌지시 부응하여 미리 알린 것이 아닌가. 그 재주를 아끼면서 그 부류를 기이하게 여기나니, 이를 가지고 미루어보면 다 여기에 이른다.

○**송악(松岳):** 진사 박시거(朴時擧)·생원 손경검(孫敬儉)이 살던 곳이다.

○**대동(大洞, 한골):** 삼사좌윤(三司左尹) 박천경(朴天卿)·절제사(節制使) 박언충(朴彦忠)·병사(兵使) 박홍신(朴弘信)·좌윤(左尹) 민위(閔暐)·사예(司藝) 김숙자(金叔滋)·점필재 김종직≪숙자의 아들이다.≫·진사 민경(閔頴)·오우정(五友亭) 민구령(閔九齡)·구소(九韶)·구연(九淵)·구주(九疇)·구서(九敍)≪『인물』편에 보인다≫·유학 민상(閔祥)≪효우로 향약의 선적(善籍)에 기록되었다.[22]≫·별제(別提) 김뉴(金紐)≪점필재의 손자이다. 진사에

---

21) 신은(新恩): 과거에 급제한 사람이다.

22) 기록되었다: 원전과 이본 ⑧에 '록(祿)'이라 되어 있으나, 나머지 모든 이본에 표기된 '록(錄)'의 오기라 고쳐 번역하였다.

급제했으며, 학문과 행실이 있다. 호는 박재(璞齋)이다.≫ 등이 살던 곳이다. 점필재의 시는 다음과 같다.

≪새로 지은 울타리가 사방으로 뻗어 있고　　　　新築藩籬四面長,

닭과 개가 어울리니 마치 고향 같다.　　　　　　倏然鷄犬是桑鄕.

정원의 솔대에 가을빛 띠고　　　　　　　　　　一園松竹自秋色,

고향의 누대에 석양 번진다.　　　　　　　　　　故國樓臺宣夕陽.

비 개인 절벽에 실개천 흩날리고　　　　　　　　雨霽岩崖溪濺雪,

바람 부는 들판에 벼이삭 향내 난다.　　　　　　風傳野壟稻吹香.

호호백발 이웃 노인, 마음씨 참 좋아　　　　　　皤皤隣叟襟懷好,

제사 술 권하니 수십 잔 마신다.　　　　　　　　社酒相將累十觴.≫

마을 서쪽 산기슭에 선생의 묘소가 있다. ≪무오사화(戊午士禍) 이후 이곳으로 이장하였다.≫ 앞에 쌍수정(雙樹亭)이 있는데, 선생이 풍영(風詠)²³⁾하던 곳이다. ≪1576년(宣祖9, 丙子)에 부사 약봉(藥峰) 김극일이 증축 보수하였다.≫ 앞 교외 길가에 선생의 신도비문(神道碑文)이 있다. ≪함허정(涵虛亭) 홍귀달(洪貴達)이 지은 것이다. 1494년(燕山1, 甲寅)에 문도와 유림이 협력해 비석을 지어 세웠다. 1592년(宣祖25, 壬辰) 임진왜란 때 왜적이 파손하였다. 전란이 평정된 후에 고을 사람들이 다 그 재건을 생각하나, 여력이 부족한 탓에 미처 실시하지 못하고 장기간 방치하니 사문(斯文)이 원통하게 여겼다. 1634년(仁祖12, 甲戌)에 부사인 사문 이유달이 개연히 탄식하였다. 이에 고을 유림에게 자문하더니, 풍각현 월함산(月含山)에서 채석하고, 여헌(旅軒) 장선생(張先生)에게 발문(跋文)을 청하며, 그 이듬해 봄 3월 11일에 옛

---

23) 풍영(風詠): 풍영(風詠)은 '시를 외어 읊는다'는 뜻으로, 풍영(諷詠)과 같다.

귀부(龜趺)를 세웠다. 창원부사 오여벌(吳汝橃)이 글씨를 썼다. 부사는 자목(字牧)²⁴⁾의 소임을 걱정하여, 매사 되도록 간략히 하였다. 그러한 까닭에 거영(擧贏)²⁵⁾으로 농민을 수고롭게 하지 않으니, 노역이 끝날 때 기한을 넘긴 적²⁶⁾이 없다.≫

고암산(高岩山, 꼬꾸랑산): 그 남쪽에 일현(日峴, 날고개)이 있다. ≪도호부 서쪽 9리 되는 곳에 있다.≫

분제곡(粉濟谷)²⁷⁾: ≪김숙자의 묘소가 있다.≫²⁸⁾

○풍류동(風流洞): 별좌(別坐) 민구주(閔九疇)가 살던 곳이다. ≪퇴계(退溪)선생의 「어부사(漁父辭) 발문」에 이르기를 "예전에 박준(朴浚)이란 자가 있었다. 온갖 음악에 참으로 조예가 깊어서 세상에 명성을 떨쳤다. 무릇 동방(東邦)의 음악에 관한 것은 아악(雅樂)과 속악(俗樂)을 불문하고 모조리 다 수집하였다. 그 중 일부는 서적으로 세상에 간행되었다." 하는데, 바로 이 마을 사람이다.≫

○지동(池洞, 못골): ≪앞에 흥방제(興方堤)가 있는 까닭에 이름한 것이다.≫

---

24) 자목(字牧): 고을 수령이 백성을 사랑으로 다스림을 이르던 말이다. '字'는 기르다, 사랑하다의 뜻이다.
25) 거영(擧贏): 일을 행함에 사치스럽게 함을 이른다.
26) 넘긴 적: 원전과 이본 ⑨에는 '유시(逾詩)'라 되어 있으나, 나머지 모든 이본에 표기된 '유시(逾時)'의 오기라 고쳐 번역하였다.
27) 분제곡(粉濟谷): 고암산의 골짜기 이름이다. 현재 이곳에는 아래에서 위로 방향으로 박홍신의 묘, 김종직의 부인 묘, 김숙자의 묘, 김숭년의 묘, 김형발의 묘가 있다.
28) 이본 ①~④에는 박홍신의 묘가 있다고 추가했다.

진사 장자건(蔣子謇)·부사 장효범(蔣孝範)≪『인물』편에 보인다≫·부사 장명원(蔣明遠)·찰방 장경신(蔣敬臣)·현감 장형(蔣珩) 등이 살던 곳이다.

○용척(用尺, 용재): 현감 박거명(朴居明)≪『동국여지승람』에 이르기를 "〈용인현(龍仁縣) 신정(新亭記)〉에 일렀다. '공은 천성이 정사에 넉넉하고 민첩하니, 온갖 폐단을 시정하여 다시 일으켰다.'" 하였다.≫이 살던 곳이다.

○감천리(甘川里, 감내): ≪도호부 서쪽 6리 되는 곳에 있다.≫ 동쪽에 감천(甘川)이 있다. 그 발원이 화악산(華岳山)에서 나와 응천으로 들어간다. 임진왜란 후에 그 물줄기가 어긋나자 남정연(南亭淵)을 무너뜨려 관아 내로 돌입한 까닭에 제방을 쌓아 엄히 보호하였다.

○평촌(坪村): ≪예전에 인가가 없었다. 임진왜란 이후에 비로소 민가가 생겼다.≫

○월산(月山): ≪동쪽에 조제(助堤)가 있다. 제방 좌측에 여제단(厲祭壇)이 있다. 앞 교외에 토끼바위[兎巖]가 있다.≫

○용가역리(龍駕驛里, 용지리): ≪도호부 북쪽 10리 되는 곳에 있다. 곧 도호부의 구화(仇火)이다.≫

○저대리(楮大里, 춘화리): ≪도호부 북쪽 10리 되는 곳에 있다. 『동국여지승람』에 '저대부곡(楮代部曲)'이라 하였다. 앞에 춘기제(春奇堤)가 있다. 북쪽에 공암(孔巖)이 있다. 동굴이 깊어서 임진왜란 때 수많은 사람이 이곳에 피난하였다.≫ 효자 양말손(梁末孫)이 살던 곳이다. ≪정려문이 있다.≫

○운전(雲田, 굴밭): ≪세상에 전하기로 '밀산군(密山郡)[29]의 옛터'라 한다.≫ 청평군(淸平君) 한언(韓偃)·군수 한홍윤(韓弘胤)이 살던 곳이다.

○오례리(烏禮里): ≪『동국여지승람』에 '오정부곡(烏丁部曲)'이라 하였다. 동남쪽에 사직단(社稷壇)이 있다.≫ 첨지(僉知) 이선지(李先智)가 살던 곳이다. ≪1618년(光海10, 戊午)에 처음으로 거처하였다. 자좌(子坐) 언덕에 냉천(冷泉)이 있다.≫

---

29) 밀산군(密山郡): 원전과 이본 ⑧·⑨에는 '밀산군(密山君)'으로 되어 있으나, 부내면 운전(雲田)의 옛터를 잘못 표기한 것이라 고쳤다. 특이하게 이본 ④에는 '밀성군(密城郡)'이라 표기되어 있다.

|부북면(府北面)| 방리(坊里)

덕곡리(德谷里): 서남쪽에 무너진 제방이 있다. 북쪽에 참판 박기(朴耆)의 묘소가 있다. ≪정국군(靖國君) 박위(朴葳)의 아들이다.≫

○**적항리(赤項里):** ≪도호부 북쪽 15리 되는 곳에 있다. 서쪽에 청운정(靑雲亭)이 있다. 북쪽에 약샘[藥井]이 있다.≫ 참판 박기·절제사 박대생(朴大生) ≪참판의 아들이다.≫·현령 이담룡(李聃龍)·정랑 김일준(金逸駿)≪문과에 급제하였다. 성품이 강직하고 청렴하여 군읍의 수령을 역임하니 민간의 은택이 많았다. 그러한 까닭에 순창(淳昌)·담양(潭陽) 등에 다 청덕선정비(淸德善政碑)가 있었다.≫ 등이 살던 곳이다.

후대에 선인(仙人)을 배운 장종국(蔣宗國)이라는 자가 있었다. 그는 어려서부터 역학(易學)에 잠심하니 눈에 닿는 것마다 다 이치에 통하였다. 그는 또 일찍이 조용한 곳에서 벽곡(辟穀)[1]한 적이 있다. 곡기를 끊은 지 32일이나 되는데도 근력이 줄지 않았다. 그가 일찍이 말하기를 '나는 응당 아무 년에 죽을 것이라' 한 적이 있는데, 과연 그 말대로 되었다.[2]

---

1) 벽곡(辟穀): 도교에서 선인(仙人)이 되기 위한 양생술의 하나로, 곡식은 안 먹고 솔잎·대추·밤 등을 날로 조금씩 먹고 사는 일을 말한다.

2) 적항리의 장종국 일화는 원전과 ⑧·⑨ 세 이본에만 실려 있는데, ⑨의 화소 분량이 상대적으로 많다. 1832년경 편찬된 『경상도읍지』(책10, 밀양부읍지)에서 장종국은 장시윤(蔣時允)의 일화로 등재했고, 곽재우의 사위인 성이도(成以道)의 문인이라 했다. 『아산장씨세보』에 의하면 장시윤은 자가 덕부(德孚), 호는 선옹(仙翁)이며, 1607년생이다. 가계는 〈장자건-장세함-장홍성-장정복-장시윤-장중화〉로 이어진다.

○대항리(大項里, 한목): ≪속칭 수동(壽洞)이라 한다. 80인이 함께 살았다.≫ 정랑 남포(南褒)·급제 남곤(南袞)≪관직이 영상(領相)에 이르렀다. 간적(奸賊)으로 삭탈되었다≫·판서 이영숙(李永叔)·현감 이치(李緻)·찰방 하수천(河受千)·진사 하구천(河遘千)·현감 최경린(崔慶獜)·하주(河澍)·만호(萬戶) 이귀(李龜)·황사종(黃嗣宗)≪익성공(翼成公) 황희(黃喜)의 현손≫·감찰 남기(南禬) 등이 살던 곳이다. 우찬성(右贊成) 현석규(玄碩圭)·성산군(星山君) 이식(李軾)·참판 이덕문(李德門) 등이 서울에서 내려와 살았다. 서쪽에 명방현(明坊峴)이 있다. ≪화악산(華岳山) 남쪽에 있다. 도로가 풍각현(豐角縣)에 닿는다.≫

화악산(華岳山): ≪혹 둔덕산(屯德山)이라 하니, 바로 도호부의 진산(鎭山)이다. 도호부 북쪽 20리 되는 곳에 있다. 산 남쪽에 기우제를 지내는 곳이 있다. 산신령에게 제사를 지낸다. 또 고금의 제문(祭文)이 남아 있다.≫

봉천사(鳳泉寺): ≪명칭이 『동국여지승람』에 나온다. 화악산 남쪽에 있다. 손태좌(孫台佐)[3]의 시는 다음과 같다.

구름이 창천에 흩어져 개인 달 참 밝고	雲散長空霽月明,
꿈결에 선탑(禪榻)[4]을 찾아 객혼 참 맑다.	夢闌仙榻客魂淸.
그 청정(淸靜)함 여전해 진리(眞理) 드넓으니	靜來依舊眞源浩,
명리(名利)에 사로잡힌 내 평생 부끄럽게 한다.	愧我平生役利名.≫

---

3) 손태좌(孫台佐): 원전과 이본 ③·⑧에는 '손태좌'라 되어 있으나, 나머지 모든 이본에는 '손태우(孫台佑)'라 표기되어 있다. 두 사람은 형제간이다.

4) 선탑(禪榻): 신선의 걸상이다.

○**위량(位良, 위양)**: ≪도호부 북쪽 20리 되는 곳에 있다. 『동국여지승람』에 '양량부곡(陽良部曲)5)'이라 하였다.≫ 군수 성수겸(成守謙)·생원 이축(李丑)·현감 손태우(孫台佑)·진사 손태필(孫台弼)·전적(典籍) 손한(孫翰)·생원 박원종(朴元宗)·손목종(孫睦宗)·진사 박종겸(朴宗謙) 등이 살던 곳이다. 동쪽에 양야제(陽也堤)가 있다. ≪임진왜란 직후 제방이 무너진 탓에 사라졌다. 1634년(仁祖12, 甲戌) 봄에 이유달이 보수하였다.≫

---

5) 양량부곡(陽良部曲): 원전과 이본 ⑧에는 '양야부곡(陽也部曲)'으로 되어 있으나, 『신증동국여지승람』에 의거해 바로 잡았다. 한편 이본 ①에는 '양양부곡(良陽部曲)', ②~④·⑨에는 '양양부곡(陽良部曲)', ⑤·⑥에는 '위양부곡(位良部曲)'라 각각 표기되어 있다.

평릉리(平陵里): ≪도호부 동북쪽 18리 되는 곳에 있다. 『동국여지승람』에 '평릉부곡(平陵部曲)'이라 하였다.≫ 참군(參軍) 장정(張鼎)·군수 김시보(金時輔)·진사 김시필(金時弼)·첨지 김란(金鸞)≪수명이 87세에 달하였다.≫ 등이 살던 곳이다. 서남쪽에 관청의 밤숲이 있다. ≪속칭 북림(北林)이라 한다.≫

○**가곡(嘉谷, 가실):** ≪세상에 전하기로 예전에 당상(堂上) 3인·사인(舍人) 2인·만호(萬戶) 8인이 한 시대에 전부 배출된 까닭에 이름한 것이다.≫ 군수 박형간(朴亨幹)≪공은 어릴 때 학업에 입지를 돈독히 하였다. 그가 지은 문장이 대거 세상에 전해진다. 그 얼자인 도생(道生)은 문필로 세상에 명성을 떨쳤다.≫·진사 박연년(朴延年)·열녀 민씨(閔氏)≪박희량의 처이다. 『인물』편에 보인다.≫·만호 박인립(朴仁立) 등이 살던 곳이다. ≪서쪽에 경락암(經絡岩)이 있다. 바위 위에 작은 구멍 10여 개가 있는데, 경락의 부위와 흡사하다. 그러한 까닭에 세상에 전하기로 예전에 신선 할미가 이곳에서 경락을 실시한 까닭에 반석 위에 지금도 뚫린 흔적이 남아 있다. 바위 위에 높은 누대가 있고, 바위 아래에 깊은 연못이 있다. 유천(楡川)의 하류이다.≫

○**신원(新院, 신안):** ≪예전에 민가가 참 많았다. 임진왜란 때 탕진되었다. 그 앞에 장군석(將軍石)이 있다. 사방이 평평하고 반듯하니 5~6명 정도 앉을 수 있다. 세상에 전하기로 손장군(孫將軍)이 활을 쏘던 장소라 한다. ○밀암(蜜岩)은 깎아지른 절벽인데, 높이가 10여 장 정도 된다. 그 중간에 봉혈(蜂穴)이

있는데, 사람들이 꿀을 취하지 못한 까닭에 자고로 '밀암(蜜岩)'으로 이름하였
다 한다.≫

○**구칠(仇漆, 구곡)**: 생원 조사언(曺士彦)≪경전과 사서에 몹시 정밀하다.≫·
진사 박선(朴琁) 등이 살던 곳이다.

뇌암(牢岩, 소세바위): 돌을 쌓고 길을 틔웠다. 그 아래 깊은 연못이
있다. ≪속칭 빈주(蘋洲)1)라 한다.≫

금곡원(金谷院): ≪명칭이 『동국여지승람』에 나온다. 도호부 동북쪽 25리 되
는 곳에 있다. 지금은 사라졌다.≫

○**유천관(榆川館)**: ≪도호부 동북쪽 31리 되는 곳에 있다. 바로 청도의 경계이
다.≫

○**분항(盆項)2)**: ≪남쪽에 봉수대가 있다. 남쪽으로 추화산과 호응하고, 북쪽
으로 청도 남산과 호응한다. 평릉촌(平陵村)에 있다.≫

○**고답리(高踏里)3)**: ≪도호부 동북쪽 35리 되는 곳에 있다. 혹 노진촌(魯津村)
이라 칭하기도 한다.≫

---

1) 빈주(蘋洲): 현 빈지소이다. 원전과 이본 ⑧에 '빈천(蘋川)'이라 되어 있으나, 나머지 모든
   이본에 표기된 '蘋洲'의 오기라 고쳐 번역했다.
2) 분항(盆項): 원전과 세종실록지리지, ⑤와 ⑥을 제외한 모든 이본에는 '분항'이라 되어
   있다. 그러므로 이본 ⑤와 ⑥에서 '분정(盆頂)'이라 표기한 것은 오류이다.
3) 고답리(高畓里): 원전과 이본 ⑤·⑥·⑧·⑨에는 '고답리(高畓里)'라 되어 있으나, 이본 ①~
   ④와 밀양지에는 '高畓里'라 되어 있다.

박연정(博淵亭): ≪병사(兵使) 김태허(金太虛)가 지은 곳이다. 현령(縣令) 이담룡이 지은 관란정(觀瀾亭)의 옛터이다.

김윤안(金允安)의 시는 다음과 같다.[4]

수많은 창칼과 수없이 싸운 몸으로	萬鞘千刀百戰身,
금의환향해 고향을 빛내었지.	歸來晝錦耀鄕隣.
샘물에 근원 있어 물결이 활발하니	淵泉有本源流活,
바람 달빛 무궁한 곳 거처 새로 지었구려.	風月無邊卜築新.
말 야위듯 금인·자수[5] 귀한 줄 몰라	馬瘦不知金紫貴,
고관의 지위로 포의처럼 가난한 듯.[6]	高官猶似布衣貧.
난간에 기대 매일 물고기 구경 즐기니	憑欄日日觀魚樂,
정히 복사꽃 가랑비 내리는 봄철이라.	政在桃花細雨春.

손기양의 시는 다음과 같다.

용의 무늬 자수 인끈, 관복 차림 언제인가	龍章紫綬有無身,
산새와 갈매기 불러 이웃으로 삼았도다.	山鳥沙鷗喚作隣.
푸른 나무 마주하니 처마 그림자 고요하고	碧樹當軒簷影靜,
늙은 얼굴 물에 비쳐 부평초가 새롭다.	蒼顔照水渚蘋新.

---

4) 원 제목은 「기제김병사≪태허≫박연정(寄題金兵使≪太虛≫博淵亭)」이다. 『동리집(東籬集)』 권2에 수록되어 있다.

5) 금인·자수: 고관의 별칭으로 한나라 때 승상(丞相)과 태위(太尉) 등이 모두 황금 인장(印章)에 자색 수대(綬帶)를 띠었던 데서 유래하였다.

6) 가난한 듯: 원전과 이본 ⑨에 '사유(似猶)'라 되어 있으나, 나머지 모든 이본에 표기된 '유사(猶似)'의 오기라 고쳐 번역하였다.

남방 황금[7]보다 가치 높아 만인이 우러르고   南金價重千人仰,

북해의 술병[8] 기울이니 온갖 골짝 말라버리네.   北海樽傾萬壑貧.

그물 들고 낚시하며 한가로이 소요할 제   舉網垂竿閑自適,

친구 불렀더니 들꽃이 흐드러진 봄이로다.   呼朋長占野花春.

또 다른 시는 다음과 같다.[9]

누가 관란(觀瀾)을 박연(博淵)이라 고쳤나   誰把觀瀾換博淵,

강물 맑디맑아 정녕 무궁하다.   一江澄澈正無邊.

위에서 아래로 흘러가는 묘리 알고 싶으면   欲知上下流行妙,

연못 속 드넓은 하늘 보거라.   看取潭心浩浩天.≫

병사 김태허가 살던 곳이다.

그 북쪽에 수어정(數魚亭)이 있다. 겹친 바위 위에 돌을 쌓아 누대를 지은 것이다. 깊은 연못을 내려다보면 노니는 물고기를 헤아려 볼 수 있다.

≪안숙(安璹)의 시는 다음과 같다.[10]

---

7) 남방 황금: 원문의 南金은 남방에서 생산되는 귀한 황금을 말한다. 김병권·하강진 공역, 『역주 광주김씨세고』, 세종출판사, 2015, 116쪽 참조.

8) 북해의 술병: 북해의 술독, 곧 손님 좋아하는 주인을 비유한 것이다.

9) 원 제목은 「박연정(博淵亭)」이다. 손기양의 문집 『오한집』 권2에 수록되어 있다. 이하 시도 출처가 동일하다.

10) 원 제목은 「제박연정수어대(題博淵亭數魚臺)」이다. 『낙원동만합고(樂園東巒合稿)』 권1에 수록되어 있다.

높은 누각 하늘 닿아 더위[11] 덜한데	高閣連空暑氣輕,
역정에 앉았노라니 시상이 맑아지네.	驛亭心事坐來淸.
한 층 더 오르니 누대 더 좋아	轉上一層臺更好,
푸른 물결에 고기떼 낱낱이 선명해서.	碧波魚隊點分明.≫

또 빙허대(憑虛臺)가 있다. 절벽이 깎아지른 듯 서서 깊은 연못을 압도하니, 정신이 혼미해져 굽어볼 수 없다. 누대에 소나무 몇 그루가 있다. 세속에서 만년송(萬年松)이라 부른다.

○**사지(沙旨)**[12]: ≪민물(民物)이 풍족한 지역으로 예로부터 일컬어졌다. 임진왜란 때 탕진되었다. 남쪽에 고산(孤山)이 있다. 바로 청도의 경계이다.≫

조방장대(助防將臺): ≪그 아래에 깊은 연못이 있다. 바위 절벽이 누대처럼 튀어나왔다[13]. 임진왜란 때 조방장 정희현(鄭希賢)이 군사를 거느려 주둔한 까닭에 이름한 것이다.≫

마전암(馬轉岩, 말굴이바위): 세상에 전하기로 옛 이서국(伊西國)≪옛 국명으로, 지금의 청도 등지이다.≫이 신라에 참패하자, 군마(軍馬)가 바위 아래로 많이 굴러 떨어진 까닭에 후대 사람이 이름한 것이라 한다.

○**오곡(烏谷, 오실/옷골)**: ≪곧 오악현(烏岳縣)이다. 서쪽에 오례산(烏禮山)이

---

11) 더위: 원전에는 '서(曙)'라 되어 있으나, '서(暑)'의 오기로 보아 고쳐 번역하였다.

12) 사지(沙旨): 1906년 행정구역 개편 때 청도군으로 이속되었다. 현 청도읍 사촌리이다.

13) 튀어나왔다: 원전과 이본 ⑧에는 '척출(陟出)'이라 되어 있으나, 나머지 모든 이본에 표기된 '두출(陡出)'의 오기라 고쳐 번역하였다.

있고, 동쪽에 오현(烏峴)이 있다. 현의 옛터가 오례산 정상에 있으니, 청도의 땅이다.≫

|중동면(中東面)| 방리(坊里)

천화리(穿火里): ≪도호부 동쪽 50리 되는 곳에 있다. 점필재의 시는 다음과 같다.

산가에 날 저물어 사립문 닫고	山家日暮掩柴扉,
손님 보자 자리 마련, 며느리 불러 밥 짓는다.	見客鋪茵喚婦炊.
한 밤에 놀라 깨니 비바람 사나워	半夜却驚風雨猛,
꿀벌 새끼 데리고 동쪽 울 지나네.	蜜蜂帶子過東籬.≫

○**천화령(穿火嶺):** ≪혹은 석남(石南)이라 한다. 도호부와 거리가 93리나 된다.≫ 곧 언양의 경계이다.

구연(臼淵, 호박소): ≪천화령(穿火嶺)에 있다. 둘레가 100여 척이다. 폭포가 바위에 떨어져 움푹 패여 못이 되었고, 그 형상이 마치 호박과 같은 까닭에 이름한 것이다. 세상에 전하기로 '용(龍)이 있는데 그 깊이를 헤아릴 수 없다. 가뭄이 심할 때 범의 머리를 가라앉히면 물이 솟아나며 즉시 비가 내린다' 하는데, 기우제를 지내는 곳이다. 점필재의 시는 다음과 같다.

아전의 하소연 들어보니	頗聞吏胥言,
태수가 호박소에 가서.	太守適臼淵.
기우제 지내려니	臼淵欲禱雨,
한 용이 도사려 꿈틀거린다 하네.	有龍蟠蛇蜒.

태수가 실로 백성 걱정에	太守信憂民,
애쓴다면 이를 버려두지 않으리오.	用心無舍旃.
그저 두려운 바는 이 늙은 것이	但恐此老物,
연못에서 나쁜 침 모으는 것뿐이라.	深湫畜惡涎.
연못 미물 오래도록 뜻이 없어	澤物久無意,
미련하게 숙면 잘 취한다면.	冥頑堪睡眠.
약술도 잔뜩 차려주고	椒醴不足陳,
닭뼈도 응당 내주어야지.	鷄骨亦當捐.
내 용을 어찌 벌하랴	吾於龍何誅,
천시와 인사도 다 그러하다.	天時人事然.》

○**벌원(伐苑)**[1]: 열녀 난비(卵非)≪『인물』편에 보인다.≫가 살던 곳이다. 정려문이 있다.

○**희곡(希谷, 희실)**: 효녀 금지(今之)≪『인물』편에 보인다.≫가 살던 곳이다. 정려문이 있다.

○**실혜산(實惠山)**: ≪도호부 동쪽 50리 되는 곳에 있다. 그 아래에 실혜촌이 있는데, 풍족하다 일컬어졌다.≫

○**석골사(石骨寺)**: ≪'골(骨)'자는 혹 '동(洞)'자로 칭하기도 한다. 실혜산(實惠山)에 있다. 손기양의 시는 다음과 같다.[2]

---

1) 벌원(伐苑): 현재 양촌마을이다. 원전과 이본 ④·⑧·⑨에 '벌원(伐院)'이라 되어 있으나, 신익전의 『밀양지』를 참고해 고쳤다.

적막한 승방에 잠들지 못하니 　　　　　　牢落僧房夢不成,

창가의 그윽한 정취 명리(名利) 피한 것 같네. 　一窓幽況似逃名.

시내 어지러운 바위에 매어 온 골짜기 다 울리고 　溪懸亂石千岩響,

달빛 겹친 봉우리로 솟아 한 밤 다 밝아라. 　月聳層峰半夜明.

산사 밖 길 험해 다리의 피곤함 근심하고 　山外路險愁脚脆,

베개 가 향 묘해 마음의 청정함 느낀다. 　枕邊香妙覺心淸.

요즘 강해(江海)에 풍랑 많다는 소식 들었건만, 　近聞江海多風浪,

뱃사공 그 누가 생사를 돌보리오. 　操櫓何人省死生.≫

○**석동(石洞, 석골):** ≪마을 이름이다. 서북쪽은 운문산(雲門山)이고, 동남쪽은 재악산(載岳山)이다. 산세가 거듭되니 험준한 계곡과 그늘진 구릉이 갈수록 깊어진다. 그러한 까닭에 임진왜란 때 병사 박진(朴晉)이 군사를 거느려 주둔한 것이고, 손기양(孫起陽)·이경승(李慶承)도 여기서 의병을 일으켰다.≫

대암(臺巖): ≪마치 누대처럼 바위가 돌출된 까닭에 이름한 것이다. 그 아래 계곡이 있다. 임진왜란 때 도호부 사람이 군사를 소집해 이곳을 가로막으니, 산을 정탐하던 왜적들이 함부로 다니지 못하였다. 동리 사람들이 이곳에 의지한 바가 많다.≫

○**고예(庫藝, 고례리):** ≪혹은 고야(姑射)라 한다.≫ 맑은 산·수려한 물·수놓은 계곡·옥 같은 밭·분 같은 절벽 등이 참으로 별천지(別天地)이다. 점필재의 시는 다음과 같다.[3]

---

2) 원 제목은 「유석동사(遊石洞寺)」이다. 손기양의 문집 『오한집』 권2에 수록되어 있다.
3) 원 제목은 「홍류동(紅流洞)」이다. 김종직의 문집 『점필재집』 시집 권14에 수록되어 있다.

≪굽이굽이 흐르는 물이 우레처럼 부딪치니[4] 九曲飛流激怒雷,

떨어진 꽃잎 무수히 물결 따라 내려온다. 落紅無數逐波來.

반평생 도원(桃源)으로 가는 길 모르다가 半生不識桃源路,

오늘 응당 조물주의 시샘 당하리. 今日應遭造物猜.

또 다른 시는 다음과 같다.[5]

무수한 바위 산 안개 쓸어내지 못하니 千岩嵐霧不可掃,

부슬부슬 상수리나무 산신령 비라. 霏微松櫪山靈雨.

다리 건너 맑은 물결 근원 찾고 싶은데 意欲遞橋窮源晴,

번개가 성이 나 푸른 벼랑 타고 물에 비친다. 雷怒轉蒼崖倒水.

산림이 활짝 열려 닭소리 개소리 시끄럽고 山開林缺雞犬喧,

산골짜기 민가 문득 서너 채 溪峒居民忽三五.

삼삼오오 모여 절로 단란하니 三三五五自團結,

돌밭 벼와 기장에 새소리 뒤섞인다. 石田禾黍雜禽鳥.

가을날 저물기 쉬워 인적 드물고 秋陰易夕人跡稀,

달빛 없는 빈숲에서 길을 헤맨다. 月黑空林迷處所.

들리는 건 깊은 골짜기에서 곰 우는 소리요 惟聞綠熊咆絶澗,

보이는 건 가을 풀에 날아다니는 반딧불이라. 惟見夜蟒飛秋草.

두 사람은 홀연 어디에서 와서 兩人忽從何方來,

팔을 들어 시냇가 길을 가리키는가. 擔臂爲指磧邊路.

---

4) 부딪치니: 원전과 이본 ⑧에 '락(格)'이라 되어 있으나, 나머지 모든 이본에 표기된 '격(激)'의 오기라 고쳐 번역하였다.

5) 『여지도서(輿地圖書)』「경상도(慶尙道)·밀양도호부(密陽都護府)」중 '신증(新增)'조 '고야산(姑射山)'에 보인다.

숲 너머로 길쌈 등불 참 반갑나니	穿林喜得績麻燈,
그 주인집 뽕숲과 한참 떨어져 있다.	主人家隔桑柘樹.
날 따르는 말발굽 소리 시내에 다 울리고	聆吾馬蹄響磽石,
처자식이 웃으며 대문 열어준다.	婦子咿嗢開蓽戶.
날씨와 안부 묻는 예법이 참 간소하고	寒溫問訊禮頗簡,
나물국 기장밥 수시로 포식하기 권하네.	箪羹黍飯時勸飽.
평상에 기대니 어느새 병골이 지탱되고	倚床不覺骨支撐,
뜨락 나무에 닭이 울고 구름에 해가 뜬다.	庭樹鷄鳴雲日露.
대문 나서 삼태기 멘 노인6)에게 읍례하니	出門揖却荷篠翁,
속성이 주진 마을7)의 노인이 아니던가.	俚姓莫是朱陳老.
후일에 구름 솔과 함께 살고 싶나니	他年欲共巢雲松,
지초 캐는 이가 어찌 상산호(商山皓)8)뿐이리오.	採芝奚獨商山皓.≫

한강(寒岡) 정구(鄭逑) 선생도 이곳에 찾아와 몇 달을 유람하였다. 현감(縣監) 박구원(朴龜元)이 살던 곳이다. ≪〈사호도부(四皓圖賦)〉 등 그의 시부(詩賦)가 세상에 전해진다.≫

○**재악산(載岳山)**: ≪도호부 동쪽 45리 되는 곳에 있다.≫ 백두산에 기반하

---

6) 삼태기 맨 노인: 은자를 말한다. 공자가 위나라에서 경(磬)을 치자, 삼태기를 맨 어떤 사람이 지나가다가 세상에 집착하는 경쇠 소리라고 한 뒤 자기를 알아주지 않으면 떠나면 될 것이라 공자에게 충고했다고 한다. 『논어』「헌문(憲問)」.

7) 주진 마을: 당(唐)나라 백거이(白居易)의 시 「주진촌(朱陳村)」에 한 마을에 주씨와 진씨 두 성씨만 살면서 대대로 서로 혼인한다는 내용이 나온다.

8) 상산호(商山皓): 진(秦) 나라 말기에 난세를 피하여 섬서성 상산(商山)으로 들어간 동원공(東園公), 하황공(夏黃公), 녹리선생(角里先生), 기리계(綺里季) 네 노인을 말한다. 이들은 은거하면서 「자지가(紫芝歌)」를 불렀다.

니, 도호부 경계 중 큰 산이다. 산속에 관죽전(官竹田)이 있다. ≪적죽(笛竹)이 이곳에서 산출된다.≫ 점필재가 「옥명상인(玉明上人)에게 준 시」는 다음과 같다.9)

≪천태산과 안탕산10) 다 아득한데	天台雁蕩共蒼茫,
듣건대 선관(仙關)은 세월이 길다 하네.	見說仙關日月長.
해라(海螺)11) 세 번 불어주고 잘 돌아가게	三弄海螺歸去好,
흰 구름 어디로 다시 깊이 숨을 런지.	白雲何處更深藏.≫

산 정상에 상운암(上雲菴)이 있고 또 사자암(獅子菴)이 있다. ≪이는 다 양식이 바닥난 승려가 살던 곳이다.≫

○영정사(靈井寺)12): ≪재악산에 있다. 부사 약봉 김극일의 시는 다음과 같다.13)

---

9) 원 제목은 「명 상인이 봄가을마다 여러 곳을 돌아다니면서 산천을 유람하는데, 올 신축년 모춘에는 은혜스럽게 명발와(明發窩)로 나를 찾아와서 장차 재악에 들어가려고 한다. 재악은 바로 내 고향의 천태산이요 안탕산인데, 나는 지척에 있으면서도 아직 가보지 못하였기에, 스님이 먼저 가는 것을 부끄럽게 여기면서 극기의 운에 차운하여 노자로 주는 바이다. 상인은 바로 나승(螺僧) 옥명(玉明)이다.[明上人, 每春秋行脚, 遊涉山川, 今辛丑暮春, 惠然顧我於明發窩, 將入載岳. 載岳, 吾鄕之天台, 雁蕩也. 余在咫尺, 尙未探討, 愧師先之, 次克己韻以贐云. 上人, 卽螺僧玉明.]으로, 『점필재집』 권15에 수록되어 있다.
10) 천태산과 안탕산: 둘 다 절강성(浙江省)에 있는 산으로, 천태산은 신선이 왕래한다는 전설이 있는 곳이고 안탕산은 높은 절벽과 기이한 봉우리와 폭포가 많은 것으로 유명하다.
11) 해라(海螺): 큰 조개껍데기로 만든 악기로, 피리처럼 분다.
12) 영정사(靈井寺): 현 표충사이다. 신라 때 창건된 이 절은 임란 때 소실되어 1610년 혜징화상이 중창했고, 1679년 실화로 소실되자 이듬해 다시 대규모 가람을 중건했다. 사명대사의 8세 법손 월파당 천유화상이 밀양부사 심의복의 도움으로 무안 영취산에 있던 표충사(表忠祠)를 영정사 옛터로 1839년 1월 이건함에 따라 절 이름도 표충사(表忠寺)로 개칭했다. 아울러 사당은 표충서원으로 바꿨다.

영정사 유명 고찰인 줄 알기에	靈井知名寺,
약관의 나이에 노닌 적 있었지.	曾遊弱冠年.
산세가 원래 험준하니	峰巒元崒崔,
수석이 더 맑고 고와라.	水石尙淸姸.
동문수학한 벗들도 다 가버렸고	書楊朋儕盡,
선창(禪窓)의 세월도 다 변하였지.	禪窓歲月遷.
홀로 남은 늙은 태수	惟餘老太守,
귀밑머리 참 새하얗네.	霜鬢亦皤然.≫

안영암(安影庵): ≪재악산에 있다.≫ 고려의 신하 직성군(直城君) 정평공(靖平公) 손홍량(孫洪亮)의 화상이 이곳에 봉안되어 있다. ≪공민왕이 손수 그 상(像)을 그렸다. 최초에 안동 임하사(臨河寺)에 봉안하였다. 나중에 그 자손이 남방으로 이주한 까닭에 이곳으로 이안(移安)한 것이다. 지금 도호부 사람 손시명(孫諟命) 등이 바로 그 후손이다.≫ 임진왜란 때 병화로 소실되었다.

금강암(金剛庵): ≪재악산 서쪽에 있다.≫ 김경중(金敬仲)의 시는 다음과 같다.[14)

≪낙엽에 산이 울려 밤새 달빛 걸려 있고	落葉鳴山夜月懸,
절등에 불이 깜박 길손 잠 못 드네.	佛燈明滅客無眠.
명산 찾은 걸음 뒤늦음을 한탄하니	名山一步嗟遲暮,
오사모(烏紗帽)[15) 사람 속인 지 이십 년이라.	烏帽欺人二十年.≫

---

13) 『여지도서』「경상도·밀양도호부」중 '사찰(寺刹)'조 '영정사(靈井寺)'에 보인다.
14) 『여지도서』「경상도·밀양도호부」중 '사찰(寺刹)'조 '금강암(金剛庵)'에 보인다.

탁영당(濯纓堂): 《재악산에 있다.》 당이 물속 바위 위에 있는 까닭에 다리를 놓아 다니게 한 것이다. 속칭 석암(石巖)이라 한다.

반야암(般若庵): 《재악산에 있다.》 도호부 사람인 한림 이태·함안군수 박형간·진사 김시필·진사 양담은 다 당대 문명(文名)의 선비들이다. 주색을 경계할 나이에 급제를 결심하고 학업을 기약하니, 책상자를 짊어진 채 암자에 들어갔다. 그때 서로 맹세하여 말하기를,

《"친정(親庭)의 일만 아니면 이 뜻을 굳게 지켜 절대 귀가하지 말자" 하였다. 승려들이 그들의 식사 대접을 기피하여 연이어 흩어져 달아났다. 그들은 여전히 동요하지 않고 서로 번갈아 노역하니, 직접 나무 하고 밥 짓고 부지런히 노력하며 공부를 중단하지 않았다. 세월이 어느 정도 지나서, 달이 보름이라 술 한 잔한 후에 회포를 한 번 풀고 싶다는 생각이 들었다. 마침 '용당촌(龍堂村)의 유녀(遊女)들이 소금장수 접대를 생업으로 삼는다'는 소식을 들었다. 서로 희희낙락 손뼉 치며 말하기를 "한양의 유녀는 멀어서 구할 수 없으나, 용당의 유녀야 가까워 구할 수 있다. 잠시 화류계에서 논다고 학업에 무슨 지장이 되겠는가. 그러나 저들은 오직 이득만 추구한다. 이득으로 회유하지 않는다면 시(詩)로 정회를 부칠 수 없고, 문(文)으로 얘기를 나눌 수 없다. 내 주머니 속에 금전 한 푼도 없지만, 심중에 육출기계(六出奇計)[16]가 있으니, 어찌 찾아가 도모하지 않겠는가." 하였다. 이에 책상을 걸어두고 암자 대문을 잠그고는, 동쪽으로 통도령(通度嶺)을

---

15) 오사모(烏紗帽): 벼슬아치가 관복을 입을 때에 쓰는 검은 사(紗)로 만든 모자이다.

16) 육출기계(六出奇計): 승리를 보장하는 뛰어난 작전으로, 한나라 진평(陳平)이 고조 유방(劉邦)을 위해 꾸민 여섯 가지 기이한 계책이다. 『사기(史記)』 권56 「진승상세가(陳丞相世家)」.

넘어 대천도(大川島)로 직행하였다. 내기로 빈 배를 얻고는 모래와 잡초를 배 안에 가득 실어 소금장수의 형상을 꾸몄다. 배를 탄 채 강을 거슬러 가서 용당강(龍塘江) 어귀에 정박하였다. 유녀들은 과연 차지할 만한 재물이라 여기고는 앞다투어 맞이하며 말하기를, "몸 고생하면서 오셨군요[勞身而來]" 하였다. 이른바 '몸 고생'이라는 말은 대개 그들이 소금장수를 맞이할 때 여자가 '몸 고생하면서 오셨군요'라 하면, 남자는 반드시 '무료하게 있네[無聊而在]'라고 응수하는 것이 종래 서로 접견하는 대화 방식이었다. 공들은 대천도에서 올 적에 소금장수의 언어와 행동을 모조리 본떴으나, 다만 '무료'라는 말만 미처 배우지 못하였다. 이에 큰 소리로 잘못 답하기를 "무슨 몸이 수고로울 게 있나[何勞身之有]" 하였다. 유녀들은 그들이 소금장수가 아님을 알아채고는 손뼉을 치면서 희롱하기를, "나그네입니까, 상인입니까, 배에 가득 실은 것은 무슨 물건입니까. 질문하고 대답함에 어디 응답이 예전 같지 않습니까? 미덥고 후한 군자는 제가 생각지도 못한 일입니다.[17] 청컨대 중자(仲子)님은 우리 마을로 넘어오지 마세요.[18]" 하였다. 그들은 결국 모래를 실어 속이려는 계책을 완수하지 못하고, 소매를 떨쳐 산으로 돌아갔다. 이에 절구 하나를 집성하였다.≫

그 시는 다음과 같다.[19]

---

17) 미덥고…일입니다: 『시경』 「소남(召南)·은기뢰(殷其雷)」에 "쿵쿵 울리는 천둥소리는, 남산의 양지쪽에 있거늘, 어찌하여 이 사람은 이곳을 떠나, 감히 겨를을 못 낸단 말인가. 미덥고 후한 군자는 돌아올진저 돌아올진저.[殷其雷, 在南山之陽. 何斯違斯, 莫敢或遑? 振振君子, 歸哉歸哉.]" 하였다.

18) 청컨대…마세요: 『시경』 「정풍(鄭風)·장중자(將仲子)」에 "중자님은 우리 마을로 넘어오지 마세요. 제가 심은 버드나무 꺾지 마세요. 어찌 그 따위를 아끼겠어요.[將仲子兮, 無踰我里, 無折我樹杞, 豈敢愛之.]" 하였다.

19) 『월연집』 권1 「삼랑연구(三浪聯句)」에 보인다.

≪학문도 안 되고 술책도 못 썼네 　　　　　書釖無成術莫施,

강모래 잔뜩 실어 소금이라 둘러댔지[20), 　　江沙稛載擬鹽欺.

뜻밖에 '몸고생'이라 잘못 답해 　　　　　居然錯報勞身語,

춘풍(春風) 누각의 기녀를 놀래켰지. 　　驚却春風大堤兒.≫

　혹자가 말하기를 '이 시의 네 구 중에 두 명이 문과에 급제하고, 두 명이 진사가 된다' 하였는데, 과연 그 말대로 되었다. 아아, 그들이 만약 여색을 좋아하듯 학문을 좋아하였더라면 연이어 공적을 이루었을 것이다. 그러면 암자에 천년토록 훌륭한 자취가 이어졌을 것이다.

○**사촌리(士村里)**: ≪도호부 동쪽 20리 되는 곳에 있다. 일명 제초동(堤草洞)이라 한다.≫ 진사 남필문(南弼文)·남우문(南右文)·남계선(南繼善)·열녀 안씨(安氏)가 살던 곳이다. 그 앞에 침류정(沈流亭)이 있는데 상사(上舍) 우문(右文)이 지은 것이다.

　관포(灌圃) 어득강의 시는 다음과 같다.[21)

≪소싯적 명문장가로 영남 우도에 이름나니 　少日名文嶺右聞,

산천의 정수 그대에게 다 모였노라. 　　山川乃爾此鍾君.

가령 안탑(雁塔)[22)에 이름을 남겼다면 　若曽雁塔留名姓,

---

20) 둘러댔지: 모든 이본에 '귀(歸)'라 되어 있으나, 원전에는 '기(欺)'라 되어 있다. 문맥상 '欺'의 뜻이 적절하여 원전대로 번역하였다.

21) 원 제목은 「밀주남처사≪우문≫침류정(密州南處士≪右文≫枕流亭)」이다. 어득강의 문집 『관포시집(灌圃詩集)』에 수록되어 있다.

22) 안탑(雁塔): 당(唐)나라 때 현장(玄奘)이 세운 자은사(慈恩寺)의 대안탑(大雁塔)을 가리키는데, 당나라 때 진사과에 합격한 사람들이 자은사의 대안탑 아래에다 이름을 기록한 고사에서 유래하여 '과거에 급제했다'는 뜻으로 쓰인다.

빙옥 같은 그 누가 흰 구름23)에 견주리오.　　　　　　氷玉何人管白雲.≫

옛사람의 기문은 다음과 같다.

　옛적에 제인(齊人)의 해학을 숭상하여 박물(博物)의 뜻을 품은 자가 있었다. 그는 준마(駿馬)를 타고 먼 유람을 시작하였다. 해염(海鹽)의 고을을 지나 성우(成牛)의 자취를 찾고, 무원(婺源)의 지경을 지나 화마(化馬)의 단서를 찾았다. 유랑하면서 남방으로 가다가, 제초(堤草)라는 동네에서 잠시 쉬었다. 이때 무하옹(無何翁)을 만났다.

　나그네가 물었다. "저는 사물에 해박하니, 격물치지(格物致知)가 제 지혜입니다. 봄 잡초의 무성함이야 그렇지 않은 곳이 없거늘, 유독 이를 가지고 이 동네를 이름한 것은 어째서인지요. 제가 소싯적에 고시(古詩)를 읽은 적이 있는데, '풀이 무성한 긴 둑에 백마가 운다[草綠長場白馬嘶]' 하였습니다. 이 어찌 제방이 마장(馬場)이 되고 잡초가 마식(馬食)이 됨이 아닐런지요."

　무하옹이 답하였다. "그렇다. 자네 말에 일리가 있다. 나는 잘 안다. 이 동네에 남씨(南氏)인 자가 있었다. 그는 말갈기가 아닌데도 말갈기라 칭하고 갈기털이 아닌데도 갈기털이라고 칭하는 자였다. 아비가 이 명칭을 얻어 그 아들에게 전하고, 아들이 이 명칭을 얻어 그 손자에게 전하였다. 발 빠른 재주가 타고나 사육장에서 말을 잘 모니, 그 자손 중에 달리기로 선조의 유업을 계승한 자가 많다. 여기서 나서 여기서 길러지고, 이 동네에 살면서 이 동네에 전일하니, 동리의 봄바람이 일가에서 비롯된 지 오래이다."

---

23) 관사복의 흰 구름: 송(宋)나라 관사복(管師復)이 숭산(崇山)에 은거하였는데 어떤 사람이 그에게 "무슨 즐거움이 있느냐?"라고 묻자, "언덕에 덮인 흰 구름은 갈아도 다함이 없고, 못에 가득한 밝은 달은 낚아도 흔적이 없네.[滿塢白雲耕不盡, 一潭明月釣無痕.]" 한 데서 유래한 말로, 은자(隱者)의 고답적인 생활을 형용한 것이다.

나그네가 크게 웃으며 말하였다. "임보(林甫)를 고양이[猫]로 명명한 것은 그 내면으로 명명한 것이고, 곽씨(郭氏)를 낙타[駝]로 명명한 것은 그 외형으로 명명한 것입니다. 알지 못합니다만, 남씨가 말[馬]로 명명한 것은 그 내면으로 한 것입니까, 그 외형으로 한 것입니까. 아니면 내면도 아니고 외형도 아니라, 그 수컷의 타복(打腹)으로 한 것입니까, 그 암컷의 개합(開合)으로 한 것입니까. 고인의 명명은 참으로 이유가 있었습니다. 비록 그러하나, 말 중에 천마(天馬)도 있고 용마(龍馬)도 있습니다. 남씨의 선조가 일찍이 잘 울기로 세상에 알려졌다면, 그 말[馬]이 된 까닭은 천마(天馬)입니까, 용마(龍馬)입니까."

이어 작별 인사하며 말하였다. "남씨 자식의 재주여! 단 생꼴 한 묶음이거늘, 그런 자가 옥 같다니!"

결국 말을 채찍질해 떠났다.

○**단장리(丹場里)**: ≪도호부 동쪽 25리 되는 곳에 있다.≫ 진사 변홍민(卞弘民)이 살던 곳이다.

○**금곡리(金谷里, 쇠실)**: 생원 박여해(朴汝諧)≪학문에 해박하고 작문에 능하며 또 효행이 있으니, 향리 사람들이 가상하게 여겼다.≫가 살던 곳이다.

○**남가곡(南佳谷)**: ≪일명 엄광(嚴光)이라 한다. 도호부 동쪽 15리 되는 곳에 있다.≫

엄광사(嚴光寺): ≪속칭 실혜산(實惠山)이라 한다.≫ 산중에 옛 엄광사(嚴光寺) 터가 있다. 옛사람의 시는 다음과 같다.

≪골짜기에 솟아 내리는 물줄기 백 갈래로 나뉘고   谷里飛泉百道分,

빈 뜨락에 이끼 무늬 봄빛이 짙다.   空階春色長苔文.

천봉의 가랑비에 나그네는 취하고   登樓客醉千峰雨,

일만 골짜기 구름 속을 스님은 돌아온다.   持鉢僧歸萬壑雲.

오만한 아전은 되레 불문의 진리[四諦]를   傲吏却能談四諦,

맑은 술을 얻어 제군들과 함께 즐기리.   淸尊兼得共諸君.

무성한 풀과 긴 숲을 그리는 마음   自多豊草長林思,

시냇가에 뛰노는 사슴을 시샘하노라.≫   妬殺溪邊麋鹿群.≫

그 후 사찰은 사라지고 지금은 그 누대의 터만 남아 있다. 동남쪽에 관죽전(官竹田)이 있다.

○**양덕(陽德)**: 서남쪽에 조제(助堤)가 있다. 현감 권응생(權應生)이 거처로 정하였다.

○**다원(竹院)**: ≪속칭 다원(茶院)이라 한다.≫ 진사 손호·생원 손겸제가 처음으로 이곳을 거처로 정하였다. 오한 손기양의 시는 다음과 같다.[24]

≪잉수(剩水) 삼면을 둘러싸고   剩水縈三面,

깊은 숲 온 마을 에워싸니,   長林護一村.

순채와 농어도 철마다 나오고   蓴鱸供節序,

토란과 밤도 전원에 가득하다.   芋栗滿田園.

---

24) 원 제목은 「촌거(村居)」이다. 『오한집』 권2 「철조록(轍釣錄)」에 수록되어 있다. 그 원문은 다음과 같다. "剩水縈三面, 長林護一村. 蓴鱸供節序, 芋栗滿田園. 土沃宜秔稻, 朋來穩討論. 餘生此終老, 進退摠君恩."

기름진 땅 곡식 농사 참 좋고   土沃宜秔稻,

인적은 적어도 강론하기 편안하네.   人稀穩講論.

내 여생 이곳에서 마칠 터라   餘生此終老,

굳이 깊은 은혜 바라지 않는다네.≫   不必異深恩.≫

○와야(瓦野, 기왓들)25): ≪마을 이름이다.≫ 앞에 금교(琴郊)가 있다. 평소 풍족하다 일컬어졌다. 손기양의 시는 다음과 같다.26)

≪금교에 지는 해가 깨끗하고 밝으니   琴郊斜日淨暉暉,

대 지팡이 짚신으로 농사를 돌볼 때라.   竹杖芒鞋省稼時.

벼 향기 천 이랑에 빨갛게 흩어지고   香稻千畦紅罷亞,

취한 노인 귀밑머리 하얗게 헝클어져   醉翁雙鬢白參差.

양운(楊惲)의 남산곡(南山曲)27) 즐겨 읊고   風吹楊惲情山曲,

두보(杜甫)의 서양시(西瀼詩)28) 차운하네.   吟入杜陵西瀼溪.

이만하면 전원의 삶 만족하니   可是田園生事足,

---

25) 와야(瓦野): 현 금천리(琴川里) 대촌이다.

26) 원 제목은 「성가(省稼)」이다. 『오한집』 권2 「철조록」에 수록되어 있다. 그 원문은 다음과 같다. "琴郊斜日淨暉暉, 竹杖芒鞋省稼時. 香稻千畦紅稻稜, 醉翁雙鬢白參差. 冐吟楊惲南山曲, 擬和杜陵西瀼詩. 可是田園生事足, 不須奔走辨牢癥."

27) 남산곡(南山曲): 양운(楊惲)은 한(漢) 선제(宣帝) 때 문신으로 벼슬하면서 청렴하고 사심이 없었지만, 평소 남의 죄상을 고발하기 좋아하여 원한을 맺은 일이 많았다. 파직을 당한 뒤 시골에 돌아와서 불만스러운 뜻을 「보손회종서(報孫會宗書)」라는 시로 표현하였다. 그 시에 이르기를, "남산의 저 밭을 황무지로 방치하였네. 일경의 밭에 콩을 심으니 떨어져 콩깍지만 남았네.[田彼南山, 蕪穢不治. 種一頃豆, 落而爲其.]"라고 하였는데, 이를 빌미로 요참형(腰斬刑)을 당하였다.

28) 서양시(西瀼詩): 두보(杜甫)가 일찍이 기주에서 살 적에 양수(瀼水)의 동쪽과 서쪽 등으로 여러 차례 이사하며 살았는데, 그의 시 「기주가(夔州歌)」에 "양동과 양서에는 일만 호의 집이요, 강북과 강남에는 봄과 겨울의 꽃이로다.[瀼東瀼西一萬家, 江北江南春冬花.]"라는 구절이 나온다.

내심 어리석음 따질 필요 없노라.　　　　　　　　不須心上辨牢癡.≫

그 동쪽에 장지(長池)가 있다.

○**등연(燈淵, 등잔소)**: ≪재악천(載岳川)의 하류이다.≫ 손기양의 시는 다음과 같다.

≪철쭉꽃 이제 피니	躑躅花初發,
강에서 낚시할 때라.	江魚上釣時,
얕고 가벼운 정도 낚싯바늘 드리울 제	淺深垂寸鐵,
가벼운 실에 맡겨 던지고 당기니.	投曳任輕絲.
큰 주둥이 장대 끝에 걸리고	巨口懸竿抄,
얼룩 비늘 버들 가지에 걸리네.	斑鱗掛柳枝.
광주리 다 채우지 못함을 실망하지 마라	莫嫌筐未滿,
그 풍미가 굶주림 잊기에 족하다네.	風味足荒飢.≫

남쪽에 칠곡(七谷)이 있고, 북쪽에 관율수(官栗藪)[29]가 있다. ≪속칭 동림(東林)이라 한다.≫

○**자씨산(慈氏山)**: ≪그 명칭이 『동국여지승람』에 나온다.≫ 산 서쪽 골짜기에 점필재서원(佔畢齋書院)이 있다. 1567년(明宗22, 丁卯)에 부사 이경우(李慶祐)[30]가 창건하였다. 임진왜란 때 왜적의 병화를 면하였다. 춘

---

29) 관율수(官栗藪): 옛날부터 밤밭이 있었고, 이곳에서 생산된 밤을 관청에서 사용했기 때문에 관율수라 했다. 현재 제방으로 둘러싸인 다원들 가운데의 율전(栗田)이 있다.

계와 추계의 마지막 달 상정일(上丁日)에 소뢰(小牢)[31]의 예로 향사한다. 그 제문은 다음과 같다.[32]

생각건대 공은	惟公
품성이 정밀하고 문장이 뛰어난데	稟精奎璧,
동방에서 태어났다.	生此東土.
학문의 연원이 깊고	學問淵深,
문장이 전아하니	文章高古.
당대의 영수(領袖)이자	領袖當時,
후세의 태산북두(泰山北斗)라	山斗後世.
무궁히 인도 보우하리니	啓佑無窮,
우리 도학 변치 않으리.	吾道不替.

≪동쪽에는 오졸재(迂拙齋) 박한주(朴漢柱) 선생을 배향하고, 서쪽에는 처사 송계 신계성 선생을 배향하였다.≫

독루(讀樓)가 있는데, 옛 영원사(瑩原寺)의 터이다. 『동국여지승람』에 이르기를, "고려 이제현(李齊賢)이 지은 「승보감비명(僧寶鑑碑銘)」[33]이 있다. ≪비명은 『익재집(益齋集)』에 있다. 비석은 지금도 그곳에 있다." 하였다.≫ 사찰에 선조루(先照樓)가 있다. 이문화(李文和)의 시는 다음과

---

30) 이경우(李慶祐): 1565년 봄부터 1568년 여름까지 밀양부사를 지냈다.

31) 소뢰(小牢): 제사를 지낼 적에 양과 돼지만을 희생으로 쓰는 것을 말한다. 대뢰(大牢)는 소, 양, 돼지를 희생으로 쓴다.

32) 이황(李滉)이 김종직을 위해 지은 상향문(常享文)이고, 『탁영집』 속하 「부록」에 실려 있다.

33) 원 제목은 「유원고려국조계종자씨산영원사보감국사비명(有元高麗國曹溪宗慈氏山瑩源寺寶鑑國師碑銘)」이다. 『익재난고』 권7에 수록되어 있다.

같다.34)

≪선조루 속 스님의 좌선　　　　　　　先照樓中僧坐禪,

그 환한 심사 둘이 서로 잘 맞네.　　　同然心迹兩相便.

언제 일엽편주 바다 건너가나　　　　何年渡海一蘆上,

오늘 불경 뒤적이니 사라쌍수(沙羅雙樹)35) 앞이라.　　今日飜經雙樹前.≫

　　임진왜란 46년 후 1637년(仁祖2, 丁丑)에 도호부 남쪽 운례촌(運禮村)
으로 이건하였다. 1670년(顯宗11, 庚戌)에 '예림서원(禮林書院)' 넉 자를
사액받았다. 1678년(肅宗4, 戊午) 9월 아무 일에 강당이 소실되었다.
1680년(肅宗6, 庚申) 3월 아무 일에 묘우(廟宇)가 소실되었다. 삼현(三賢)
의 위패가 모두 불타 재가 되었다. 그 해 도호부 서쪽 뒤 삽포촌(鈒浦村)
뒤쪽으로 이건하였다. 1708년(肅宗34, 戊子) 5월 아무 일 '문충공(文忠公)
으로 시호를 회복해달라'는 예조의 장계가 임금의 재가를 받았다.36)
7월 아무 일에 여러 읍의 사림과 부내의 유생들이 모두 모여 별제(別
祭)를 겸쳐 거행하고 '김선생위판(金先生位版)'이라 개제(改題)하였다.
≪'문간공(文簡公)'을 제거하고 '문충공'이라 고쳤다.≫

---

34) 『신증동국여지승람(新增東國輿地勝覽)』 권26 「밀양도호부(密陽都護府)」에 수록되어 있다.

35) 사라쌍수(沙羅雙樹): 석가모니가 인도의 구시나갈라성(拘尸那揭羅城)에서 열반에 들어
　　갔을 때, 그 사방에 이 나무가 두 그루씩 심어져 있었다는 전설에서 '사라쌍수'라고 한다.

36) 예조의…받았다: 원전에는 '肅宗三十四年己丑'이라 되어 있다. 『점필재집』 「연보」에 의하
　　면, 1708년 예조판서 조상우(趙相愚)가 이인엽(李寅燁)의 청을 따르고 또 공의(公議)를
　　채택하여 복시의 일을 계청(啓請)하니, 숙종은 복시하는 것이 옳다며 전교를 내렸다고
　　했다. 이에 따라 무자년으로 고쳐 번역했다. 참고로 이본 ①·②·④에는 '숙종35 기축'으
　　로, ⑨에는 '숙종34 을축'으로 되어 있다. 나머지 이본에서는 연도 표시가 생략되었다.

|하동면(下東面)| 방리(坊里)

금음물리(今音勿里): ≪『동국여지승람』에 '금음물부곡(今音勿部曲)'이라 하였다. 도호부 동남쪽 15리 되는 곳에 있다.≫ 진천군(晉川君) 강혼(姜渾)[1]≪『인물』편에 보인다.≫·정랑(正郎) 손수(孫洙)≪자가 사로(師魯)이고, 정당문학 손빈(孫贇)[2]의 후손이다. 일찍이 문과에 급제하고 문장에 정교하였다. 그가 지은 「항해팔진적(航海八陣磧)」 등의 그의 시부(詩賦)가 세상에 전해진다.≫가 살던 곳이다. 손수는 소싯적에 한양에서 유학한 적이 있다. 하루는 학동들과 한강의 빙판길에 올랐는데, 학동들이 손수를 시골뜨기라 조롱하였다. 그러면서 시를 지으라 위협하더니 '강빙(江氷)'을 시제로 삼아 운자(韻字)를 불렀다. 손수가 곧장 응수하니 다음과 같다.

백옥(白玉)이 강에 떠 한데 엉긴 탓에	白玉浮江一樣凝,
그 깊이 헤아릴 수 없어 긴 줄 내리네.	度深無計下長繩.
어부 그물 걷다가 손에 입김 불면서	漁人捲網空呵手,

학동들은 그 걸작을 괴이하게 여겼다. 그러나 그가 난감해하는 모습을 보고자 하여, 이에 운자 '응(應)'자를 불렀다. 이에 손수가 곧장

---

1) 강혼(姜渾): 1464~1519. 강숙경의 손자이고 강인범의 아들이다. 1486년 문과 급제해 호당에 들어가 사가독서함으로써 문명을 떨쳤다. 무오사화 때 연루되었으나 곧 풀려났고, 중종반정에 가담했다. 1508년 12월부터 1510년 1월까지 경상도 관찰사를 지냈고, 『목계일고』가 있다.

2) 손빈(孫贇): 원전에는 '손빈(孫斌)'이라 되어 있으나, 오기라 고쳤다.

응수하니 다음과 같다.

농어회는 무슨 연으로 계응(季鷹)3)에게 전할까 하네. 鱸膾何緣薦季鷹.

학동들이 크게 놀랐다. 그 후로는 감히 그를 조롱하는 자가 없었다. 이때부터 시인의 명성을 크게 떨쳤다.

손수(孫洙)는 문장으로 온 나라에 이름을 떨쳤다. 그러나 그 아들 손천석(孫天錫)은 일자무식이었다. 당시 금동(金銅) 역졸(驛卒) 중 부자가 저렴한 가격으로 암컷 준마(駿馬)를 구입하고는 그것이 새끼를 낳는다면 그와 같은 암컷이기를 바랐다. 그런데 수컷 망아지를 낳자 스스로 기특한 보배라 여겨 길렀으나, 몇 년 후에 결국 극심한 둔마가 되었다. 역졸이 계속 화를 내고 매일 거친 채찍으로 마구 때리며 말하기를 "무슨 업보로 손천석이 내 집에서 태어났나" 하였다. 그 후 고을 사람들이 선대의 유업을 잘 계승하지 못한 자를 가리켜 '손천석' 또는 '금동망아지'라 하였다.

직강(直講) 조휘(趙徽)·현감 박진(朴振)·진사 조련(趙連)·조언(趙彦)· 생원 박응(朴膺)·훈정(訓正) 류창무(柳昌茂)≪조련의 외손이 우거하였다.≫ 도 복거했고, 이후 장문익(蔣文益) 형제가 우거하였다. ≪처사는 효우와 학행으로 여러 차례 향천(鄕薦)에 들었다. 낙동강 변에 정자를 지었고, 창원에 이거한 뒤에도 도호부를 왕래하며 후학을 장려하였다.4)≫ 앞에 고산(孤山)

---

3) 계응(季鷹): 계응은 진(晉) 나라 장한(張翰)의 자(字)이다. 동조연(東曹掾)이라는 관직에 있다가 어느 날 가을바람이 부는 것을 보고 고향의 순채국과 농어회가 그리워진다고 하면서 사직하고 떠나갔다고 한다. 『진서(晉書)』 권92.

4) 후학을 장려하였다.: 원전에는 '장진후언학(奬進後焉學)'이라 되어 있으나, '장진후학언(奬進後學焉)'의 오기라 고쳐 번역하였다.

이 있고, 서쪽에 맥포교(麥浦橋)가 있다. 왕당정(王堂亭)이 있다. 세상에서 전하길 '신라 왕이 불교를 숭상하여 만어사에 유람왔다가 이곳에서 쉬었다'고 한다.

○광탄(廣灘, 광탄나루/여울나루): ≪금음물 서쪽에 있다. 곧 웅천의 하류이다.≫ 조수가 왕래하는 어귀로 상선이 정박하는 곳이다. 아래에 시목포(柿木浦)가 있다.

○박근내연(朴斤乃淵): 그 깊이를 측정할 수 없고, 위에는 잔도(棧道)가 있다. 세상에 전하길 '한 수령이 지나다가 떨어져 인장(印章)이 못 속으로 들어갔다. 그래서 혹자는 전잔(轉棧)이라 부른다'고 한다.

○종병탄(鍾柄灘): 밀물과 썰물이 왕래하는 곳이다. 임진년 4월 18일에 부사 박진(朴晉)이 군사를 이끌고 작원(鵲院)에서 왜적을 막았으나 여러 장수가 패배하였다. 박부사도 적에게 추격당하여 큰길을 지나지 못하고 이 여울을 건너 피하였다. 강우(江右)의 군사들은 그 얕고 깊은 정도를 자세히 알지 못하였는데, 다투어 먼저 건너려고 하다가 거의 절반이 익사하였다.

○만어산(萬魚山): 『동국여지승람』에 이르기를 "산속에 한 골짜기가 있다. 그 골짜기 안의 크고 작은 바위는 다 종경(鍾磬) 소리가 난다. 세상에 전하기로 '동해의 어룡(魚龍)이 돌로 변한 것이라' 한다. 세종 연간에 이를 채굴하나 음률에 맞지 않아 결국 폐기하였다." 하였다. 이는 곧 현재 기우제를 지내는 곳이다.

○**만어사(萬魚寺):** ≪만어산 경석 가에 있다. 이는 아마 이 지명으로 이름한 것 같다.≫ 부사 안주(安宙)[5]의 시는 다음과 같다.[6]

≪복사꽃이여, 무릉도원의 봄날 논하지 마라	桃花休說武陵春,
온 골짝과 바위에 서리 낀 나무 참 새로워,	萬壑千巖霜樹新.
들판의 새들도 귀빈 잘 맞이하며	野鳥亦能迎上客,
계곡의 구름도 유람객과 함께 하네.	溪雲偏自傍遊人.
누각 끝 빗줄기 푸른 산 적시고	樓頭雨色沈靑嶂,
나무 끝 강물빛 흰 마름 띤다.	木抄江光帶白蘋.
승려들과 함께 불경 펼쳐보니	一共比丘披具葉,
'제군들 재관신(宰官身)으로 현신(現身)한다'[7] 하네.	諸君只現宰官身.≫

○**삼랑(三浪):** 앞에 삼랑진(三浪津)이 있다. 응천이 낙동강으로 들어가는 곳이다. 예전에 삼랑루(三郞樓)가 있었다. ≪삼랑(三郞)의 의미는 상고할 수 없다.≫ 강 위에 오우정(五友亭)이 있는데, 민구연(閔九齡) 다섯 형제가 정자를 짓고 함께 거처하던 곳이다. 부사 안주가 원감(圓鑑)의 시에 차운하니 다음과 같다.[8]

---

5) 안주(安宙): 1546년 12월부터 1550년까지 밀양부사를 지냈다.

6) 원 제목은 「만어사 여박응천하담·김천우대유제익 유영(萬魚寺與朴應千河淡金天祐大有諸益 有詠)」이다. 『치암일고(恥庵逸稿)』 권상에 수록되어 있다.

7) 재관신(宰官身)···한다: 재관신은 관세음보살(觀世音菩薩)이 중생을 제도(濟度)하기 위하여 몸을 바꾸어 나타나는 33가지의 화신(化身) 가운데 13번째 화신으로서, 문자 그대로 관직을 가진 몸으로 화신한다는 것이다. 보살도는 보살의 수행, 즉 위로 보리(菩提)를 구하고 아래로 중생(衆生)을 제도하는 길을 이른다. 『법화경(法華經)』에 의하면, 부처가 되려면 반드시 먼저 이 보살도를 행해야 한다고 하였다.

8) 원 제목은 「오우정(五友亭)」이다. 『치암일고』 권상에 수록되어 있다.

≪삼랑정(三郎亭) 자리에 오랑루 지으니　　三郎亭作五郎樓,
인물과 강산 중의 일류라.　　人物江山第一流.
백조 물가 날며 부리로 살피는데　　白鳥飛邊看水觜,
남은 안개 걷힌 곳 산봉우리 드러난다.　　殘霞斷處露峰頭.
고운 신선되어 떠난 지 이제 천 년이 되는데　　孤雲仙去今千載,
우리 올라가 보니 이제 가을이라.　　我輩登臨亦九秋.
백 리를 사양 않고 멀리서 환영 문후하니　　百里不辭迎候遠,
풍속을 살핌에 이곳 유람 즐거워라.　　觀風且喜此中遊.≫

1675년(肅宗1, 乙卯)에 부사 이희년이 이곳에 창고를 세웠다. 이보다 수년 전에 통영에도 고마창(雇馬倉)을 설립하였다. ≪『유궁보감(儒宮寶鑑)』에 나온다.≫ 고려 때 승려 원감(圓鑑)의 시는 다음과 같다.[9]

≪호수 위의 청산이요 청산 밑의 누각이라　　湖上靑山山下樓,
그 미명(美名), 강 물결과 함께 한다.　　美名長與水同流.
모래섬에 객점, 와각(蝸殼)처럼 늘어섰는데　　傍洲沙店排蝸殼,
풍랑 따라 배 두둥실 춤 춘다.　　逐浪風船舞鶺頭.
시골집에 연기가 깊어 온 마을에 해 저물고　　桑柘烟深十里暮,
마름꽃 연꽃 다 늙어 온 강이 다 가을이라.　　芰荷花老一江秋.
'저녁놀의 외딴 물새' 이제 진부한 말이라　　落震孤鶩猶陳語,
짐짓 시 새로 지어 멋진 유람을 추억한다.　　故作新詩記勝遊.≫

---

9) 원 제목은 「삼랑루(三郎樓)」이다. 『신증동국여지승람』 권26 「밀양도호부」에 수록되어 있다.

○**무흘역리(無屹驛里)**: ≪도호부 동남쪽 30리 되는 곳에 있다.『동국여지승람』에 나온다.≫

○**율동리(栗洞里)**: ≪도호부 동남쪽 41리 되는 곳에 있다.≫ 북쪽에 격재 손조서의 묘소가 있다.

○**안태리(安泰里)**: ≪도호부 동쪽 43리 되는 곳에 있다.≫ 예전에는 사족(士族)이 없었다. 1682년(肅宗8, 壬戌)에 교리(校理) 심광세(沈光世)가 서울에서 남방으로 내려와 이곳에 거처를 정하였다. 그가 서울로 돌아간 후에 그 손자인 찰방 약해(若海)가 이로 인해 우거하였다. 그 매부인 김구(金球)·이석번(李碩蕃) 등이 이 마을에 동거하니, 제2의 고향이라 할 만하다. 찰방은 또 삼랑에 정자를 지어 유유자적 노년을 보냈다.

부암(父庵): 세상에 전하기로 '신라왕이 불교를 숭상하여 모암(母庵)과 자암(子庵)을 김해(金海)에 설치하고 부암(父庵)을 이곳에 설치하였다' 한다.

작원(鵲院): ≪도호부 동남쪽 41리 되는 곳에 있다.≫ 원에서 남쪽으로 5·6리쯤 가면 연안의 잔도가 있는데 몹시 위험하다. 그 한 굽이에 돌을 깨어 길을 틔웠다. 굽어보면 천 길 연못에 짙은 푸른 물빛이라 사람들이 다 정신이 아찔하여 걸음을 조심하며 지나간다. 예전에 어떤 한 수령이 이곳에 떨어져 익사한 까닭에 지금도 원추암(員墜巖)[10]이라 부른다. 앞에 사포교(四浦橋)가 있다.

---

10) 원추암(員墜巖): 원전과 이본 ⑥~⑨에는 '원추원(員墜院)'으로 되어 있으나, 『신증동국여지승람』과 나머지 이본에는 '원추암(員墜巖)'이라 되어 있으므로, 고쳐 적었다.

|부남면(府南面)| 방리(坊里)

운례리(運禮里): ≪도호부 남쪽 10리 되는 곳에 있다.≫ 앞쪽에 긴 연못이 있고, 동쪽에 큰 숲이 있으며, 위로 병암대(屛岩臺)가 있다. ≪병암대는 병구암(屛區岩) 위에 있다. 병암(屛岩)의 '병(屛)'자는 원래 '병(兵)'자이다. 그런데 후대 사람이 '병(屛)'자로 바꾸었다.≫ 진사 유세미(柳世湄)≪점필재의 사위이며, 왕자의 사부이다.≫·통찬 류승식(柳承湜)[1]·찰방 류언침(柳彦沈)·진사 류언호(柳彦浩)·진사 성대윤(成大胤)·유학 류경해(柳景海)≪효행과 학문이 있다. 곤궁함을 면하지 못하였다.≫·한림 류진정(柳震楨)·열녀 성씨(成氏) 등이 살던 곳이다.

○**고곡(古谷)**: 열녀 정씨(鄭氏)≪『인물』편에 보인다.≫가 살던 곳이다. 정려문이 있다.

○**이동음(伊冬音, 이듬/이연)**: ≪『동국여지승람』에 '이동음부곡(伊冬音部曲)'이라 하였다. 일명 '금산(金山)'이라 한다.≫

조화원(助火院): ≪도호부 남쪽 13리 되는 곳에 있다. 그 지명이 『동국여지승람』에 나온다.≫ 임진왜란 때 병화에 소실되었다.

---

1) 류승식(柳承湜): 원전에 '류영식(柳永湜)'이라 되어 있으나, '류승식(柳承湜)'의 오기라 고쳐 적었다.

○**금동역리(金洞驛里):** ≪도호부 남쪽 24리 되는 곳에 있다. 『동국여지승람』에 이르기를 "예전에 '이동음역(伊冬音驛)'이라 칭하였다" 하였다. 임진왜란 후에 백족리로 옮겼다.≫

○**무량원(無量院):** ≪도호부 남쪽 30리 되는 곳에 있다. 그 지명이 『동국여지승람』에 나온다.≫ 지금은 사라졌다. 생원 이경운(李慶雲)이 살던 곳이다. 1492년(成宗23, 壬子)에 무량원 북쪽 산기슭에 점필재를 장례하였다. 무오사화(戊午史禍) 후에 도호부 서쪽 한골[大洞] 옛 집터로 이장하였다.

호현(狐峴, 여시태): 도로가 수산현(守山縣)에 달한다.

○**마산원(馬山院):** ≪도호부 남쪽 28리 되는 곳에 있다.≫ 지금은 사라졌다.

○**팔량적원(八良赤院):** ≪도호부 남쪽 30리 되는 곳에 있다.≫

○**백족리(白足里, 배죽):** ≪도호부 남쪽 35리 되는 곳에 있다. 『동국여지승람』에 '운포향(雲布鄕)'이라 하였다.≫ 군수 박곤(朴坤)[2]·만호(萬戶) 박옥형(朴玉衡)이 살던 곳이다. 박곤은 큰 용력이 있어서 무과에 세 번 급제하였다. 조천사(朝天使)의 종사관(從事官)으로 경화(京華)에 간 적이 있는데, 그곳 사람이 그 용력(勇力)을 장하게 여겨 사위로 삼았다.[3] 박곤이

---

2) 박곤(朴坤): 16세기 때의 인물이고, 아들이 박옥형(1539~1570)이다. 무안면 연상리 상당동에 어변당과 덕연서원이 있다. 흔히 세종대의 장군으로 알고 선양하고 있으나 사실과 다르다. 하강진, 『밀양 천년의 인물계보와 고전학』, 밀양문화원, 2021, 266~277쪽 참조.
3) 사위로 삼았다: 원전에는 '이처여지(以妻女之)'라 되어 있으나, 여러 이본에 있는 것처럼

그의 아내가 임신한 사실을 알고는 '삼걸(三傑)'이라 이름을 지었다. 환국한 뒤에 태어난 아이는 과연 용력이 있었다. 임진왜란 때 종군을 자청하고는 도총관(都摠官) 유정(劉挺)의 군교(軍校)로 본국에 찾아와 일가 친족을 방문하였다. 봉보부인(奉保夫人)도 이곳 출생이다. ≪혹 '멱례촌(覓禮村)' 출생이라 한다.≫ 그 앞에 마산(馬山)·모산(牟山) ·동산(東山) 등 세 독산(獨山)이 있다.

○조음리(召音里): ≪도호부 남쪽 30리 되는 곳에 있다.≫ 그 서쪽에 발원지가 있다. 남산(南山)에서 나와 서천교(舒川橋)에 이르러 수산제(守山堤)와 합류하고 해양강(海陽江)으로 유입된다. 효자인 지평(持平) 이신(李申)≪정려문이 있다.≫·생원 이축·참의(參議) 이오(李午)·수사(水使) 이술(李戌)·승문정자(承文正字) 박말주(朴末柱) 등이 살던 곳이다.

○구법(仇法, 구배기/구비기): 북쪽에 영은사(靈隱寺)가 있다. ≪남산에 있다. 그 지명이 『동국여지승람』에 나온다.≫ 춘정(春亭) 변계량(卞季良)의 「혜상인(惠上人)에게 준 시」는 다음과 같다.[4]

≪산길 아득한데 반쯤 구름에 들어가니   山迢迢迢半入雲,

이야말로 세속 피하기에 족하구려.   玆遊足可廢塵喧.

평생 나그네로 길을 헤매다가   百年身世客迷路,

온갖 골짝에 안개 자욱한데 승려가 문을 닫았네.   萬壑煙霞僧掩門.

'以女妻之'의 오기라 고쳐 번역하였다.

4) 원 제목은 「등산제혜상인원(登山題惠上人院)」이다. 변계량의 문집 『춘정집(春亭集)』 권1에 수록되어 있다.

맑은 계곡에 촌로 따라 땔감 엮고	晴澗束薪隨野老,
가을 숲속에 원숭이 따라 과일 따네.	秋林摘實共寒猿.
내 찾아 능가경(楞伽經)5) 문자 묻고자 하니	我來欲問楞伽字,
눈 감고 고개 숙인 채 말하지 않네.	合眼低頭無一言.≫

○**수산현(守山縣)**: ≪도호부 남쪽 50리 되는 곳에 있다.≫ 본래 신라 천화부곡(穿火部曲)인데, 고려 초에 수산현으로 개명하였다. 현종조(顯宗朝) 이래로 본 도호부에 소속되었다. 일명 은산(銀山)이라 한다. 창고(倉庫)가 있는데, 임진왜란 때 병화로 전소되어 사라졌다.

덕민정(德民亭): ≪수산현의 공관이다. 경치가 아름다워 "먼 산봉우리가 하늘에 떠 있는 듯하고, 긴 강이 비단을 펴 놓은듯하다[遠岫浮空, 長江如練]"6) 하였다.≫ 1450년(世宗32, 庚午)에 부사 이백상(李伯常)7)이 창건하였다. 임진왜란 때 병화로 전소되어 사라졌다. 권람(權擥)의 기문이 있다. 서거정의 「사시시(四時詩)」는 다음과 같다.8)

넓은 들 나직한 하늘 손바닥처럼 평평한데	野闊天低掌樣平,
봄 강물 한 수면은 파랗기가 오리머리 같네.	春江一面鴨頭明.
짙은9) 안개 천 그루의 꽃나무에 화려한데	烟濃錦繡花千樹,

---

5) 능가경(楞伽經): 석가모니가 능가성(楞伽城)에서 설하였다고 전하는 경전으로, 여래장사상(如來藏思想) 형성에 중요한 위치를 차지하고 있는 불경이다.

6) 권람(權擥, 1416~1465)이 1452년 6월에 지은 「수산현덕민정기(守山縣德民亭記)에 나오는 표현이다.

7) 이백상(李伯常): 1448년 12월부터 1452년 5월까지 밀양부사를 지냈다.

8) 『신증동국여지승람』 권26, 「경상도·밀양도호부」 중 '누정(樓亭)'조 '덕민정(德民亭)'에 보인다. 또한 서거정의 문집 『사가시집』 권5에 보인다.

내리는 빗물은 옥돌의 대나무 몇 줄기를 씻겼네.　　雨洗琅玕竹幾莖.

제비는 떨어지는 버들개지 맞으러 익숙히 날아가고　　玄鳥慣迎飛絮落,

흰 갈매기는 떠나는 배를 한가히 보내네.　　白鷗閑送去舟橫.

고금토록 향초와 개울의 여한에,　　古今芳草晴川恨,

황학루10) 명성만 독점할 필요 없어라.　　不必黃樓獨擅名.

≪이상 봄[春]≫

층층 산봉우리 누르는 지세에 큰 둑은 평평한데　　層巓勢壓大堤平,

주렴 걷어 올리니 푸른 산이 그림처럼 밝구나.　　簾捲靑山活畫明.

연못에 실바람 부니 묵은 연잎은 일산을 떠받친 듯　　菡萏風微擎舊盖,

물속 부들은 물 넉넉해 새 줄기가 쑥쑥 자라네.　　菰蒲水足長新莖.

모래톱 빙 두른 나무숲은 하늘에 이어져 있고　　洲環列樹兼天去,

골짜기 맑은 강물, 지경을 깎아 비끼었네.　　峽束澄江剗地橫.

동이 술 마셔가며 구경하는 흥취 끝이 없으니　　樽酒未窮登覽興,

모르겠다, 이 몸 밖에 다시 무슨 명성인가.　　不知身外更何名.

≪이상 여름[夏]≫

가을바람 소슬하고 드넓은 풀밭 평평한데　　蕭瑟川原草樹平,

누대는 울긋불긋 그 사이에서 선명하네.　　樓臺紅碧間分明.

빗소리는 먼저 삼상(三湘)11)의 잎을 따라 들리고　　雨聲先傍三湘葉,

---

9) 짙은: 원전에는 '농(籠)'이라 되어 있으나, 『사가시집(四佳詩集)』 권5를 참조해 '농(濃)'으로 고쳐 번역하였다.

10) 황학루(黃鶴樓): 중국의 호북성(湖北省) 무창현(武昌縣) 서남쪽에 있는 누각으로 경관이 아름다우며, 당나라의 최호(崔顥)가 읊은 시가 유명하다.

11) 삼상(三湘): 동정호(洞庭湖) 부근의 세 강으로, 소상(瀟湘)·자상(資湘)·원상(沅湘)을 말한다.

가을빛은 구완(九畹) 줄기에 길게 머물렀네.　　　秋色長留九畹莖.

물 줄어든 남쪽 여울엔 물고기 내려가려 하고　　水減南灘魚欲下,

구름 깊은 북쪽 고개엔 기러기 비껴 날아가네.　雲深北嶺雁初橫.

예로부터 송옥이 떨어지는 잎을 슬퍼했으니12)　從來宋玉悲搖落,

벼슬 흥취 객지 시름 쉬이 이름 못 붙이겠네.　　宦興羈愁未易名.

　　　≪이상 가을[秋]≫

먼 하늘 흐릿하고 겨울 구름 평평한데　　　　　長空淰淰凍雲平,

십 리의 강 언덕엔 눈발이 개여 밝구나.　　　　十里江皐霽雪明.

인간 세상도 선경과 헷갈릴 수 있으니　　　　　人世亦能迷玉界,

신선 되려고 금경(金莖)13)을 구할 필요 없겠네.　神仙不必要金莖.

일만 골짝 솔바람은 차가운 소리 웅장하고　　　松風萬壑寒聲壯,

일천 숲 달빛 아랜 매화 그림자 비껴 있네.　　　梅月千秋瘦影橫.

이러한 강산으로 돌아가야 하거늘　　　　　　如此江山可歸去,

미관말직으로 공명 추구함이 부끄러워라.　　　靑衫烏帽愧功名.

　　　≪이상 겨울[冬]≫

남수정(攬秀亭): ≪덕민정(德民亭) 가에 있다.≫ 1538년(中宗33, 戊戌)에 부사 장적(張籍)14)이 창건하였다. 1539년(中宗34, 己亥)에 부사 어득강이 단청하고 남수정이라 이름하였다. 1542년(中宗47, 壬寅)에 부사 박세후

---

12) 떨어지는…슬퍼했으니: 전국시대 송옥(宋玉)이 지은 『초사(楚辭)』「구변(九辨)」에 "슬프다, 가을의 기후여. 쓸쓸하여라, 초목은 낙엽이 져서 쇠하였도다.[悲哉, 秋之爲氣也 蕭瑟兮, 草木搖落而變衰]"라는 표현이 있다. 속칭 「비추부(悲秋賦)」라 일컫는다.

13) 금경(金莖): 한(漢)나라 무제(武帝)가 감로(甘露)를 받기 위하여 건장궁(建章宮)에 승로반(承露盤)이란 동반(銅盤)을 만들었는데, 금경은 이를 바치는 구리 기둥이다.

14) 장적(張籍): 1538년 10월까지 밀양부사를 지냈고, 후임 부사는 관포 어득강이다.

가 증축하였다. 임진왜란 때 병화로 전소되어 사라졌다. ≪신재(愼齋)
주세붕(周世鵬)의 기문15)이 있다.≫

숭지 이광진의 시≪금시당(今是堂)≫는 다음과 같다.16)

≪오·초의 평원함이 한 눈에 들어오고	入望吳楚眼中平,
늦가을 모래톱17)에 비 개인 경치 밝다.	秋滿汀洲霽色明.
몸은 바람을 탄 학 등에 걸터 앉은 것 같고	身倚扶搖跨鶴背,
옷깃엔 밤기운 스며 이슬이 흐르더라.	衿藏沆瀣瀉金莖.
강호에 즈믄 달은 헛되이 사라지는데	江湖千古月空老,
따오기 나는 하늘 가로 산은 홀로 가로 놓였네.	霞鶩半天山獨橫.
나그네 베개 위에 취한 꿈 깨고나니	客枕夜來醒醉夢,
십년간 분주했던 헛된 이름이 부끄럽구려.≫	十年奔走愧虛名.≫

약봉 김극일의 시는 다음과 같다.

≪그 정자 황량한 고을에 자리하나	亭子依荒縣,
올라 보니 먼 곳까지 바라보게 하노라.	登臨引望長.
많은 봉우리 다섯 고을에 이어지고	千山連五郡,
두 물줄기 삼랑진에 모이며,	二水會三郞.
안개 비 아침 골짜기 적시고,	霧雨朝侵壑,

---

15) 원 제목은 주세붕의 「남수정기(攬秀亭記)」이고, 주세붕의 문집 『무릉잡고(武陵雜稿)』 권6
  에 수록되어 있다.
16) 『여지도서』 「경상도·밀양도호부」 중 '누정(樓亭)'조 '덕민정(德民亭)'에 보인다.
17) 모래톱: 원전에는 '강주(江洲)'라 되어 있으나, 『여지도서』와 이본 ①·②·⑤·⑥·⑨에는
  '정주(汀洲)'라 되어 있으므로 고쳐 번역하였다.

바람 물결 밤새 침상 흔드니,   風濤夜撼床.

기이한 경관 참 끝없어   奇觀輸不盡,

조어상(釣漁商)에게 분부하노라.   分付釣漁商.≫

수산진(守山津): ≪현 앞의 100여 걸음 되는 곳에 있다. 그 명칭이 『동국여지승람』에 나온다.≫ 점필재의 시는 다음과 같다.

≪물나라에 봄 파도 한창이라   水國春波盛,

바위 가에 서서 배를 부르네.   岩頭立喚船.

호수가 잔잔하여 조수는 장막과 같고   湖平潮似幄,

마을은 멀어 초원이 안개 같구나.   村遠草如烟.

하얀 팻말은 천 년의 역에 걸렸고   白牓千年驛,

누런 모종은 만이랑 전답을 일구었네.   黃苗萬頃田.

가는 앞길에 진흙탕 길 거칠어   前途泥淖甚,

말이 처음부터 돌아서 가는구나.   歸馬故廻旋.≫

임강원(臨江院): ≪현 앞의 나루터 어귀에 있다. 그 명칭이 『동국여지승람』에 나온다.≫ 지금은 사라졌다. 동쪽에 관율수(官栗藪)가 있다.

수산제(守山堤): ≪현의 북쪽 2리 되는 곳에 있다. 속칭 국농소(國農所)라 한다.≫ 둘레가 30리이다. 새발마름·연·마름·귀리가 그 가운데 두루 보인다. 죽도(竹島)가 있다. ≪지금은 관죽전(官竹田)이 되었다.≫ 또 오산(鰲山)이 있다. 세상에 전하기로 '신라왕이 이궁(離宮)에 행차 유람할 적에 배를 띄워 감상하던 곳이라' 한다. 후에 고려 김방경(金方慶)이 원(元)나라 조정의 명으로 일본을 정벌할 적에 이곳에 진을 치고 제방을 증축하여 군수를 마련하였는데, 그 토질이 모래라 결국 이루지 못하였다. 1463년(世祖9, 癸未)에 호조(戶曹)의 건의로 제방을 틔우고 국농소(國農所)로 삼았다. 매년 강물의 침수로 그 수확이 적었다. 1467년(世祖13, 丁亥) 봄에 좌의정 조석문(曺錫文)이 왕명을 받들어 순시할 적에 그 제방을 증축하고, 이에 수문을 열고 제방 안팎에 산죽(山竹)과 버드나무를 심었다. 당시 부사(副使)는 형조참판(刑曹參判) 정란종(鄭蘭宗)이고, 종사관은 훈련첨정(訓練僉正) 권건(權健)·호조정랑(戶曹正郎) 김순명(金順命)이다. 도호부 수령과 인근 여덟 읍의 수령 등이 각자 자기 고을의 군사와 인부를 데리고 와서 축조하고, 도사 성숙(成俶)[18]과 김순명이 그 공역을 감독하니 10일 만에 공사를 마쳤다. 공들이 이에 계를 결성하여 '수산회계(守山會稧)'라 이름하고, 점필재에게 그 계축(稧軸)에 시를 지어 주기를 청하였다. 그 시는 다음과 같다.[19]

≪수산 못 쌓은 이면에 고생과 부지런함이 있어 　守山澤裏苦辛勤,

옛 둑에 새로운 제방, 여분(汝墳)[20]처럼 우뚝하네. 　舊堰新堤擬汝墳.

십 리의 물가 두둑, 참으로 수놓은 것 같고 　十里汀畦眞似繡,

천부의 삼태기와 삽, 구름같이 혼잡했네. 　千夫畚鍤鬧如雲.

몇 번이나 손바닥 치며 좋은 계책 논했던고 　幾回抵掌論奇計,

---

18) 성숙(成俶): 성석연(成石珚)의 증손이자 성순조(成順祖)의 아들로 1466년 12월부터 1468년 3월까지 경상도 도사를 지냈고, 해당 기간의 경상도 관찰사는 강윤범(姜允範)과 김질(金礩)이었다.

19) 원 제목은 「서수산회축(書守山會軸)」이다. 김종직의 문집 『점필재집』 시집 권3에 수록되어 있다.

20) 여분(汝墳): 『시경』「주남(周南) 여분(汝墳)에 "저 여수(汝水)의 제방을 따라, 가지와 다시 자란 가지를 베노라. 이미 군자를 만나 보니, 나를 멀리하여 버리지 않았네.[遵彼汝墳, 伐其條肄. 旣見君子, 不我遐棄.]"라고 한 데서 온 말이다.

때로는 또 등불 켜며 옛글도 토론했지.　　　　　時復挑灯討古文.

장래 서울서 다시 만나 담소할 제　　　　　　　他日玉京相笑處,

응당 이 모임 참 잘했다 하리라.　　　　　　　也應此會極云云.≫

　후에 봉선사(奉先寺)에 내려주었다. 수문이 부서졌는데 수리하지 못하였다. 성종(成宗) 연간에 국둔전(國屯田)으로 도로 귀속시켰다. 지세가 너무 낮아 큰비가 내리면 강물이 불어나 가을에 수확이 없다. ≪『점필재집』에 나온다.≫ 임진왜란 후에 사라졌다. 십 리의 연꽃과 온 섬의 수죽(脩竹)21)은 예전 그대로다.

어정(御井): ≪현의 동쪽 도연산(道淵山) 기슭에 있다.≫ 샘 줄기가 실처럼 가늘다. 그러면서 큰 가뭄에 마르지 않는다. 겨울에 따뜻하고 여름에 차가우며 물맛이 달다. 세상에 전하기로 신라왕이 이곳에 유람 행차하면 반드시 이 샘물을 각별히 사용한 까닭에 이름한 것이라 한다.

세루정(洗陋亭): ≪현의 북쪽에 있는 남수정 서쪽 골짜기에 있다.≫ 세상에 전하기로 신라왕이 유람 행차할 때 유숙한 곳이라 한다. 사람들이 말하기를 "지증왕(智證王)이 국호를 신라로 정하였다. 상제(喪制)를 반포하고 순장(殉葬)을 금하여 역대 조정에서 답습하던 비루한 악습을 일소하였다. 그러한 까닭에 당시 사람들이 이를 명기하여 만세토록 전한 것이다." 하였다.

---

21) 수죽(脩竹): 원전과 이본 ⑥·⑧·⑨에는 '修竹'이라 되어 있으나, 나머지 이본에는 '脩竹'으로 되어 있다. 밋밋하게 자란 가늘고 긴 대를 말하는 수죽(脩竹)이 바른 표현이라 고쳤다.

백산리(栢山里): 《현의 동쪽 9리 되는 곳에 있다.》 백산은 곧 독뫼이다. 광야 한가운데 자리하고 있다. 도선(道詵)의 『지지서(地誌書)』에 이르기를 "수산현 동쪽에 해월(海月) 형태의 명당이 있다." 하는데, 후대 사람이 이 지역이라 여겼다. 그 남쪽 기슭에 정자가 있는데 그 이름이 백산정(栢山亭)이다. 이 역시 수산현 세 명승지 중 한 곳이다. 산의 앞뒤로 민가가 즐비한 바 부지기수이다. 임진왜란 때 병화에 탕진되었다.

○**멱례리(覓禮里, 명례):** 《현의 동남쪽 15리 되는 곳에 있다.》 고산(孤山)은 대야(大野) 용진강(龍津江) 가에 있는데 그 지명이 '멱례'라 한다. 봉보부인(奉保夫人)[22]이 거처하던 곳이다. 세상에 전하길 '부인이 어깨 위에 젖을 길게 걸쳐두면 아이가 등 뒤에서 먹었다.'고 한다. 예전에 촌민 수백 호가 강가의 평지에 살았다. 《곧 사지(沙旨)·감물지(甘勿池) 등의 촌락이다.》 부사 이백상(李伯常)[23]이 그 수해를 염려한 까닭에, 이곳으로 이주하게 하였다. 이윽고 그 옛터가 수해로 파괴되어 모래밭이 되었다. 만일 부사가 아니었더라면 촌민이 몰살되었을 것이다. 1619년(光海10, 己未)에 현감 이번(李瀿)[24]이 거처로 정하였다. 「팔영시

---

22) 봉보부인(奉保夫人): 조선시대 왕실에서는 왕자나 왕녀에게 젖을 먹이는 유모가 있었는데, 이 중 왕의 유모를 봉보부인이라 했다.

23) 이백상(李伯常): ?~?. 본관은 양성(陽城). 1448년(세종 30) 12월 밀양부사로 부임하였다. 1450년(세종 32) 9월 밀양부 속현인 수산현 서쪽 언덕에 덕민정(德民亭)[가운데 세 칸, 좌우에 각각 세 칸을 세우고 주변 논밭을 개간하여 연간 수백 섬을 수확하게 하여 현의 경비로 충당하였다. 또한 멱례리(현 명례리), 감물지리(甘勿池里) 등은 강가에 있어 장마 때마다 물에 잠겨 마을 수백 호가 고통을 당하였는데, 이를 가엾게 여기어 산언덕에 터를 잡아 백성들을 옮겨 살게 하였다. 백성들이 옮겨 산 땅은 샘이 풍부하고 땅이 기름 지어 생활이 안정되었다.

24) 이번(李瀿): 1575~1633. 태종의 제2자 효령대군의 7세손이고 호는 낙주재(洛洲齋)이다. 인조반정 이듬해 안동에 은거하다가 계배(繼配)인 재령이씨(1588~1648)의 연고가 있던

(八詠詩)」는 다음과 같다.

≪푸른 물결 유유히 끝없이 흘러가나   碧水悠悠去不窮,

삼랑의 옛 자취 다 사라져 버렸다.   三郎遺跡摠成空.

어부가 어찌 알겠는가, 흥망의 일을   魚翁豈解興亡事,

한가로이 돛 달며 저녁 바람 따라갈뿐.≫   閒掛蒲帆趁夕風.≫

　　　이상 삼랑의 돌아오는 배[三郎歸帆]

≪날 저물어 짙은 그늘 추워질 제   日暮繁陰欲作寒,

오봉에 서린 구름 창틈으로 들어온다.   烏峯雲氣入窓間.

아이들 앞마을의 암전을 전하는데   兒童報道前村暗,

바람도 강물에 가득 비도 산에 가득.≫   風滿長江雨滿山.≫

　　　이상 오산의 저녁비[烏山墓雨]

≪기러기 떼 날아가 저녁 모래 따르더니   鴻雁羣飛趁晚沙,

밝은 달빛 밤새 갈대 꽃밭에 묵는구나.   月明終夜宿蘆花.

곡식은 어찌 일신도 도모하지 못하는가   稻梁豈乏謀身地,

그저 사람들이 거두기만 할뿐.≫   只是人間有網羅.≫

　　　이상 중사도의 기러기[中洲落雁]

≪분명하게 돛단배는 모래밭에 가까이 오고   歷歷風帆漸近沙,

나룻터에 흐릿한 나무 어가(漁家)에서 끝나네.   渡頭烟樹盡漁家.

강물결 들락날락 노을 속에 잠기니   江波一抹連霞氣,

_____

　부북 운전을 거쳐 하남 명례리 상촌동에 정착했다.

서산으로 해가 질 줄 알겠다.   知是西山落照斜.≫

      이상 어촌의 지는해[漁村夕照]

≪저녁에 가을바람 흰 마름 일으키니   向晚西風起白蘋,

이궁대 아래는 옛 용진(龍津)이라.   離宮臺下古龍津.

뱃사공 급히 노 저어 외로운 배 떠나니   篙師急棹孤舟去,

강가 뱃사공 부르는 이 있는 줄 알겠다.≫   知有沙邊喚渡人.≫

      이상 용진에서 부르는 뱃사공[龍津喚渡]

≪구름이 온 수풀 뒤덮어 달이 산에 숨으니   雲領千林月隱峯,

산세 가득 찬 이슬이[25] 소나무에 떨어진다.   滿山冷露滴寒松.

유인(幽人)은 앉은 채 강가 새벽 됨을 아는데   幽人坐識江天曉,

바람 세 암자로 찾아와 절 내로 종소리 퍼진다.≫   風送三庵寺裏鍾.≫

      이상 자암의 새벽 종소리[子庵曉鍾]

≪싸늘한 바람 이슬 의복에 엄습하고   凄凄風露襲人衣,

외로이 노 저을 제 백조 날아간다.   孤棹時驚白鳥飛.

한 동이 술 남김없이 다 기울이니   傾罷一樽無長物,

배 가득 밝은 달 부질없이 싣고서 돌아간다.≫   滿船空載月明歸.≫

      이상 후포에 떠오른 달빛[後浦泛月]

≪버드나무 한들한들 옛 나루가   楊柳依依古渡邊,

---

25) 찬 이슬이: 원전과 이본 ⑧에는 '음(吟)'이라 되어 있으나, 나머지 모든 이본에 표기된
    '랭(冷)'의 오기로 보아 고쳐 번역하였다.

젖은 구름 새벽 지나 엷은 안개 되네.　　　　　　濕雲經曉薄爲烟.

백조 모래밭 나는 모양 겨우 분간할 제　　　　　縱分白鳥飛沙際,

아득히 여울로 가는 배 분간 못하네.　　　　　　不辨蒼茫下瀨船.≫

　　이상 유저의 아침 안개[柳渚朝烟]≪박홍미(朴弘美)[26]의 시이다.≫

용진(龍津): ≪먹례 마을 앞에 있다.≫ 정이오(鄭以吾)의 시는 다음과 같다.[27]

　　≪팔월의 용진나루, 강물 평평한데　　　　　八月龍津江水平,

　　모래섬 흰 모래에, 눈이 되레 밝아지네.　　　渚淸沙白眼還明.

　　강을 거슬러 오름에 조수 나루 멀어지고　　　泝流直上潮頭遠,

　　양쪽 언덕 푸른 산은 나그네 전별하네.　　　兩岸靑山送客行.≫

　　　≪『동국여지승람』에 나온다.≫

○**해양강(海陽江):** ≪용진 하류에 있다. 『동국여지승람』에 나온다.≫ 일명 뇌진(磊津)이라 한다. 곧 김해의 경계이다. 점필재의 시는 다음과 같다.

　　≪십오 년 전, 이곳에서 뱃전을 두드리며　　十五年前此扣舷,

　　아련한 총각, 이별 자리 시 지었지.　　　　依依丱角押離筵.

　　하얀 팔은 바쁘게 술통 속을 휘젓고[28]　　皓腕急挑槽裏發,

---

26) 박홍미(朴弘美): 1571~1642. 인천 출신으로 창원부사와 도승지를 지냈고, 1636년 병자호란 때 항복 소식을 듣고 서산시 동암촌에 낙향해 살다가 죽었다. 참고로 취원당 조광익(曺光益, 1537~1580)의 장인이었던 박홍미는 동명이인이다.

27) 『신증동국여지승람』 권26 「경상도·밀양도호부」 중 '산천(山川)'조 '용진(龍津)'에 보인다.

28) 휘젓고: 원전과 이본 ②~④·⑧·⑨에는 '발(發)'이라 되어 있으나, 이본 ①에는 '발(醱)', 이본 ⑤에는 '발(撥)', 이본 ⑥에는 '규(揆)'로 각각 표기되어 있다.

푸른 옷깃 번갈아 물속 하늘에 비추었지.　　青衿交暎水中天.

뱃노래는 지나간 이야기 속에 다 묻혔는데　　棹謳盡入經由話,

조수 소식, 부질없이 오르내린다.　　潮信空隨上下弦.

당시 참석한 자 중 몇 명이나 아직 건강할지　　當日幾人今少壯,

천애고아, 그저 샘솟는 눈물 남았어라.　　孤兒只有淚如泉.≫

회재(晦齋) 이언적(李彦迪)의 시는 다음과 같다.29)

≪연로한 탓에 험로가 고달프면서　　衰年倦險途,

늦봄이라 호수서 뱃놀이한다.　　春晚泛淸湖.

신록은 온 산에 두루 물들었고　　新綠千山遍,

남은 꽃 한 점도 없어라.　　殘紅一點無.

작은 배 풍랑에 흔들리고　　蘭舟蕩風浪,

어부의 피리소리 생황과 얽힌다.　　漁笛混笙竽.

세상사 평탄하기 바라나　　世路希平坦,

이 몸30) 평온할 곳 어디 있으랴　　何方妥此軀.≫

　당시 선생이 감사(監司)로서 의령(宜寧)을 향하다가 배를 타고 이곳을 지났다.

해양원(海陽院): ≪해양강 가에 있다. 『동국여지승람』에 나온다.≫ 강혼(姜

---

29) 원 제목은 「주중만흥(舟中謾興)」이고, 『회재집(晦齋集)』 권3에 수록되어 있다. 이언적은 1543년 8월부터 1544년 5월까지 경상도 관찰사를 지냈다.

30) 이 몸: 원전에는 '차신(此身)'이라 되어 있으나, '차구(此軀)'의 오기로 보아 고쳐 번역하였다.

渾)의 시는 다음과 같다.

≪비 그친 뒤 강물 불어 상앗대 다 잠기니   雨餘江漲沒篙來,

큰 물결 바라봄에 참 장쾌하다.   依柱觀瀾亦壯哉.

겹친 물결 금룡(金龍) 마냥 모래섬 드나들고   疊浪金龍靑草渚,

연이은 봉우리 흰 구름 언덕에 반쯤 잠겼네.   連峯半入白雲堆.

짧은 지팡이 짚으며 고깃배 타고   欲携短筇乘漁艇,

긴 낚싯대 들며 낚시터 오를까 생각한다.   思把脩竿上釣臺.

지난 십 년 강호의 뜻 통쾌해져   瀟洒十年江海志,

오늘 아침 흥이 나 술 석 잔 마시네.≫   今朝發興酒三盃.≫

지금은 사라졌다.

중사도(中沙島): ≪해양강 하류에 있다.≫ 둘레가 10여 리이다. 김해(金海)와 밀양(密陽)의 경계를 나누는 강 가운데 있는 까닭에 두 고을 간의 다툼이 해결되지 않았다. 1577년(宣祖10, 丁丑)에 창원부사가 추관(推官)으로 찾아와 논핵하고, 본 도호부에 소속하기로 결정하였다.

서전리(西田里): ≪현의 북쪽 15리 되는 곳에 있다.≫ 앞 교외에 숲이 있다. ≪곧 비보소(裨補所)[31]이다.≫ 열녀 민씨(閔氏)≪『인물』편에 보인다. 민응녕(閔應寧)의 딸이다≫가 살던 곳이다.

○**덕성산(德城山):** ≪서전(西田)·구령(龜齡) 등의 촌 북쪽에 있다.≫ 곧 현의

---

31) 비보소(裨補所): 약하거나 모자란 것을 도와서 보태거나 채우는 장소이다.

진산(鎭山)인데 성터가 있다. 세상에 전하기로 신라 때 덕녀(德女)가 왜적을 방어한 곳이라 한다. 성의 서쪽 구석에 큰 가뭄에도 마르지 않는 샘이 있다.

○곡량동(谷良洞, 대사동): ≪현의 동북쪽 10리 되는 곳에 있다.≫ 병사 김태허의 묘소가 있다. 효자 전불산(全佛山)≪『인물』편에 보인다. 정려문이 있다.≫·생원 황경지(黃敬止)가 살던 곳이다.

풍류현(風流峴, 풍두고개): 세상에 전하기로 '신라왕이 이궁(離宮)에 행차 유람할 적에 이곳에서 봉선제(封禪祭)를 지내고 이어 악기를 연주한 까닭에 이름한 것이라' 한다.

정남정(定南亭): 세상에 전하기로 신라왕이 가락국 마지막 임금인 구형(仇衡)의 항복을 받은 까닭에 정자의 명칭을 지은 것이라 한다.

○파서막(破西幕): ≪『동국여지승람』에 '파서방부곡(破西坊部曲)'이라 하였다.≫ 세상에 전하기로 신라왕이 가야(伽耶)를 격파하고 명명하였다 한다. 효자인 찰방 김불수(金不受)≪정려문이 있다.≫가 살던 곳이다. 서쪽에 수문교(水門橋)가 있으니, 곧 수산제(守山堤) 하류이다.

○귀명동(貴明洞): ≪현의 북쪽 4리 되는 곳에 있다.≫ 비보수(裨補藪)가 있다. 남쪽 고개에 높이가 두 길 정도 되는 바위가 있다. ≪양동역(良洞驛) 역졸이 풍수의 금기에 구애되니 이를 넘어뜨려 땅에 묻었다.≫ 생원 김인간(金仁幹)·김희로(金希魯)≪김희로는 나이 8세에 「도화우(桃花雨)」 시를 지은 적이 있다. 다음과 같다. "옷 벗고 오래 서 있으면 의상이 희어지니, 그래야

낙화가 붉어짐을 깨닫는다.[脫養久立衣裝白, 然後方知落花紅]." 또 나이 12세에「초순반월(初旬半月)」시를 지은 적이 있다. 다음과 같다. "누가 달 속 계수나무 베어, 직녀의 빗 만들었나. 견우와 이별한 후로 마음이 산란해 창공에 던졌다지[32].[誰斫蟾宮桂, 裁成織女梳. 牽牛離別後, 愁亂擲空虛.]" 나이 26세 때 생원·진사에 모두 급제하였다. 그가 지은「강충(降衷)」,「차복지(次復志)」 등의 부(賦)가 세상에 전해진다[33].≫·병사 김태허·생원 김수인(金守認)≪나이 5세에 친부가 사망하자 곡읍하며 발을 구르고 또 그 수저를 따로 두어 식사를 삼갔다고 한다.≫이 살던 곳이다. 서쪽에 밀성군(密城君) 박원(朴原)의 묘소가 있다.

○양동역리(良洞驛里): ≪현 동쪽 7리 되는 곳에 있다.≫

---

32) 던졌다지: 원전에는 '즐(櫛)'이라 되어 있으나, '척(擲)'의 오기라 고쳐 번역하였다.

33) 그가…전해진다: 김희로(1509~1549)가 남명 조식을 만났을 때「강충부(降衷賦)」와「차복지부(次復志賦)」두 편을 짓자 남명이 깊이 감탄했다고 한다. 김병권·하강진 공역,『역주 광주김씨세고』, 세종출판사, 2015, 27쪽 참조.

|상서면(上西面)| 방리(坊里)

이궁대(離宮臺): 《현의 서북쪽 5리 되는 곳에 있다.》 긴 강물의 북쪽이고 큰 제방의 남쪽이다. 온갖 경치를 망라함이 삼한 중에 으뜸이라, 명승지를 탐방하는 자들의 족적이 이어진 곳이다. 세상에 전하기로 '신라 지증왕(智證王)이 강우(江右) 지역을 병합하고자 하였다. 이사부(異斯夫)《당시 군주(軍主)의 성명이다.》에게 명하여 이곳에 진을 치고 서쪽으로 대가야《국명이다. 지금의 고령.》를 침공하게 하고 남쪽으로 가락국《앞서 보인다.》을 정벌하게 하였다. 그 아들인 법흥왕(法興王) 대에 이르러 가락국 구형왕(仇衡王)《수로왕(首露王)의 9세손》이 이곳에 찾아와 항복하였다. 그 뒤 진흥왕(眞興王)이 대가야(大伽倻)를 습격해 멸망시켰다. 이곳을 대대로 임금의 행차 장소로 삼고, 이어 순행 유람의 장소로 삼았기에 이궁대(離宮臺)라 이름하였다' 한다. 당시 시가 남아 있다. 다음과 같다. 《"가락 산천의 질푸른 색이 근심스러운데, 구형이 어찌 차마 영산곡에 춤추었나.[駕洛山川愁黛色 仇衡何忍舞靈山]"》 지금 그 터가 남아 있다.

부사 정두원(鄭斗源)의 시는 다음과 같다.

《남북 성곽에 다 들꽃 피고	城南城北野花開,
봄풀 처량히 옛 누대에 가득해라.	春草凄凄滿古臺.
나무꾼의 피리소리 망국의 한 전혀 몰라	樵笛不知亡國恨,
달빛 속에서 은은히 퍼져 나가네.	暗飛遺響月中來.》

또 정두원의 「십경시(十景詩)」는 다음과 같다.

≪만 길 기암괴석, 푸른 강물 굽어보니   萬仞奇岩俯碧流,

사인(舍人)이 예전에 유람하던 곳이라.   舍人於此昔年遊.

아롱진 꽃 만발하되 인적 없어   斑花爛熳無人管,

여전히 봄바람만 세월 거듭하네.   依舊春風歲月周.≫

       이상 사인암의 봄꽃[舍岩春花]

≪십 리의 강, 십 리의 모래섬   十里淸江十里沙,

가는 곳마다 농가요 간간이 어가(漁家)로다.   農家處處雜漁家.

가을바람 저녁 내내 강가 나무에 이어지는데   秋風一夕連江樹,

우뚝한 거처로 밝은 달빛 두루 비친다.   玉宇崢嶸遍月華.≫

       이상 고강의 가을달[高江秋月]

≪물가 바라보니 저무는 해 기울어지고   試望汀洲暮景斜,

가을 하늘 흰 이슬 갈대 밭에 가득하다.   秋天白露滿蒹葭.

맑은 강 비단 같고 흰 모래 눈 같으니   澄江如鍊沙如雪,

기러기 떼 들쭉날쭉 저녁노을 띠네.   雁下參差帶落霞.≫

       이상 평사에 내려앉는 기러기[平沙落雁]

≪안개 속 버들 자욱이 십 리를 감싸고   烟柳濛濛十里回,

객선 무사히 바람 타고 찾아온다.   客帆無恙掛風來.

가벼운 우레 소리 홀연 모래펄에 비 전하며   輕雷忽送平沙雨,

다시 굽은 언덕 빌려줘 그림 펼치게 한다.   更借縈丘墨畵開.≫

       이상 버들 제방1)으로 돌아가는 배[柳堤歸帆]

≪큰 제방의 좋은 경치 동쪽 지역의 으뜸이라   大堤形勝擅東區,

마름과 연꽃의 십 리 호수라.   菱葉荷花十里湖.

전당(錢塘)의 경치 좋은 곳 어딘지 물어보니   借問錢塘佳麗地,

역시 낙동강이 제방을 끝없이²⁾ 두른 곳이라 하네.   亦敎淸洛繞堤無.≫

이상 큰 제방의 연꽃[大堤荷花]

≪호수 중심 대나무 섬 원기가 가득하니   湖心竹嶼間冲融,

한여름에도³⁾ 가을 기운이 잘 통한다.   朱夏能令秋氣通.

온갖⁴⁾ 초목이 추운 겨울에 다 시들어버려야   百草寒天零落後,

그 푸르름이 사시사철 불변함을 알 수 있다.≫   也知蒼翠四時同.≫

이상 거북섬의 푸른 대숲[龜島綠竹]

≪사월이라 청명 화창해 바람 훈훈하니   四月淸和 風欲薰,

논밭 어디나 김매기 한창이라.   田疇處處 事耕耘.

깎아지른 산세 감싼 곳, 많은 인가 있어   斷山回抱 千家在,

새벽녘 취사 연기 구름 되어 가네.≫   曉日炊烟上作雲.≫

이상 대산의 밥 짓는 연기[大山炊煙]

≪강우의 항복한 임금, 성명 남기고   江右降王款姓名,

---

1) 버들 제방: 원전과 이본 ⑧·⑨에는 '제(堤)'이고, 이본 ①~⑥에는 '저(渚)'로 되어 있다.

2) 끝없이: 원전과 이본 ①~④·⑧·⑨에는 '무(無)'이고, 이본 ⑤·⑥에는 '류(流)'로 되어 있다.

3) 한여름에도: 원전과 이본 ④·⑧·⑨에는 '미하(未夏)'라 되어 있고, 이본 ①~③·⑤·⑥에는 '주하(朱夏)'라 되어 있다. 문맥상 '주하'의 뜻이 적절하여 고쳐 번역하였다.

4) 온갖: 원전과 이본 ⑧·⑨에는 '백(白)'이고, 이본 ④에는 '월(月)'이라 되어 있다. 이본 ①~③·⑤·⑥에 표기된 '백(百)'의 오기로 보아 고쳐 번역하였다.

신라의 패왕, 웅장한 명성 떨친5) 곳.   東京伯王聘雄聲.

이제는 그저 들판에 잡초만 무성해   如今只有平原草,

여전히 봄바람이 자유자재 일어난다.   依舊春風自在生.≫

       이상 항복한 교외의 향초[降郊芳草]

≪성곽 북쪽 안개 긴 물결 바라보니 아득하고6)   城北烟波一望遠,

넝쿨과 향풀이 석양 아래 자욱하다.   蘿綠芳草夕陽低.

목동은 흥망의 한 이해 못해   牧童不管興亡恨,

냇가 전후로 피리 불어댄다.   吹笛前溪與後溪.≫

       이상 성북의 목동 피리[城北牧笛]

≪강가 어촌 마을 어디든 다 똑같아   江上漁村處處同,

흰 모래 붉은 언덕 도로 다 통한다.   白沙丹岸路相通.

낚싯대와 그물망 성긴 울에서 나오며   釣竿漁網疎籬出,

고목과 문짝에 저녁 해 비친다.   老樹柴門返照紅.≫

       이상 어촌에 지는 해[漁村夕陽]

○고강정(高江亭)7): ≪이궁대 동쪽 아래에 있다.≫ 판관 이덕창(李德昌)이

---

5) 떨친: 원전과 이본 ②·④·⑧·⑨에는 '빙(騁)'이라 되어 있으나, ①·③·⑤·⑥에는 '빙(聘)'으로 되어 있다.

6) 아득하고: 원전과 이본 ①~④·⑧·⑨에는 '미(迷)'라 되어 있고, 이본 ⑤·⑥에는 '원(遠)'으로 되어 있다.

7) 고강정(高江亭): 벽진이씨 밀양 입향조 성산군 이식의 아들 이덕창(1503~1575)이 낙동강 변에 1545년 창건했는데 도중에 사라진 것을 후손들이 1806년 중건하면서 곡강정(曲江亭)이라 고쳤다. 밀양시 초동면 검암리 436-7번지에 있다. 남경희(南景羲, 1748~1812)의 「곡강정기(曲江亭記)」(『치암집(癡庵集)』 권6)는 고강정의 내력과 이궁대 십경을 이해하는 데 도움이 된다.

지은 곳이다. 지금은 사라졌다.

○**금포(金浦)**: 사간(司諫) 안구(安覯)≪『인물』편에 보인다.≫·진사 안영(安嵤)·사서 안중(安崣)·생원 안수연(安守淵)·군수 안숭≪문과에 급제하고, 영천(永川) 등 여러 고을의 수령을 역임하였다. 창녕현(昌寧縣)에 우거하였다.≫이 살던 곳이다.

○**석만(石蠻, 성만)**: 문관 공문충(孔文冲)≪공문충이 중국에 사신으로 가자 황제가 그 풍치를 가상히 여기고 또 중국어에 능통한 까닭에 중국에 머물게 하고 고국으로 돌려보내지 않으니 결국 중국에서 죽었다.≫·부정(副正) 공린기(孔麟起)·찰방 공숭(孔崇)·현감 변사덕(卞思德)·권관(權管) 정유(鄭宥)≪용력이 매우 뛰어나 맨손으로 맹수를 잡았다.≫·효자 배상경(裴尚絅)≪『인물』편에 보인다.≫이 살던 곳이다.

○**대고지(大高旨, 대구말)**: 판중추 변중량(卞仲良)·대제학 변계량≪호는 춘정이다.≫·문과 변구상(卞九祥)≪『인물』편에 보인다. 성품이 걱정이 많다. 당시 사람들이 그를 일러 '시마(詩魔)'라 하였다.≫·현감 허응길(許應吉)이 살던 곳이다.

○**구령리(龜岭里)**: 북쪽에 구령산(龜岭山, 통암산)이 있는 까닭에≪곧 덕성산(德城山) 아래의 한 작은 산이다≫ 이름한 것이다. 고려 인종(仁宗)의 태(胎)가 이곳에 안치되어 있다. ≪『동국여지승람』에 나온다.≫ 참의 김효급(金孝給)·감찰(監察) 양전(梁旬)이 살던 곳이다.

○**신촌(新村, 새터)**: 생원 박소(朴昭)·만호 이성장(李成長)·박봉(朴芃)·우

후(虞侯) 이인서(李麟瑞)·출신(出身) 이덕윤(李德潤)≪임진왜란 때 진양성 (晉陽城)에서 전사하였다.≫·출신 박취문(朴就文)≪임진왜란 때 임진강(臨津 江)에서 전사하였다.≫이 살던 곳이다.

○하양곡리(下陽谷里): ≪수산현의 서쪽 18리 되는 곳에 있다.≫

○신곡(新谷, 새월): 예전에는 사족(士族)이 없었다. 도호부 사람 박이눌 (朴以訥)이 처음 거처로 정하였다.

○시영곡(腮盈谷): 예전에는 인가가 없었다. 임진왜란 후에 비로소 촌 락을 이루었다. ≪곧 백산(栢山, 백뫼) 등지이다.≫

○종남산(終南山): ≪수산현 서북쪽 18리 되는 곳에 있다.≫

○오방동(五坊洞): 생원 박임장(朴林長)[8]이 살던 곳이다. 도사(都事) 조 광익(曺光益)[9]≪호가 취원(聚遠)이다. 정려문이 있다.『인물』편에 보인다.≫ 이 살던 곳이다.

---

8) 박임장(朴林長): 1450~1517. 초동면 오방동의 거부로 박홍미, 박영미, 박광미 세 아들이 있었다. 장남의 사위가 조광익, 차남의 사위가 금시당 이광진, 3남의 사위가 이엄(李儼) 이다. 묘는 명성리 성암마을 뒷산에 있었으나 2023년 봄에 오방리 오봉서원 앞으로 이장 했다. 하강진,『밀양 천년의 인물계보와 고전학』, 밀양문화원, 2021, 257~265쪽 참조.

9) 조광익(曺光益): 1537~1580. 밀양 초동의 거부 박임장의 사위로, 동생 조호익(曺好益, 1545~1609)과의 우애가 널리 알려져 취원당 효자각과 강동구(江東邱)가 오방리 도로 가 에 있다. 참고로 박임장의 묘는 명성리 성암마을 뒷산에 있었으나 2023년 봄에 오방리 오봉서원 앞으로 이장했다.

○대곡리(大谷里, 한실): ≪수산현의 서쪽 17리 되는 곳에 있다.≫ 예전에 사족이 없었으나 민물(民物)이 풍족하였다. 임진왜란 때 병화로 탕진되었다.

○반월리(半月里): 서남쪽에 못개[池浦]가 있는데 그 이름이 장자못[長者澤]이다. 세상에 전하기로 '예전에 한 연로한 부자가 이곳에 살면서 어질지 못한 짓을 많이 저질렀다. 그러다가 하루아침에 그 집터에 자연히 구덩이가 생겨 연못이 된 까닭에 이름한 것이라' 한다. 지금도 인근 못개에 백성들이 때때로 가마솥 등의 물건을 얻기도 한다. 그 위에 반월정(半月亭)이 있는데, 교리(校理) 박민준(朴民俊)이 지은 곳이다. 지금은 사라졌다.

○상양곡(上陽谷, 와지리): ≪도호부 서쪽 20리 되는 곳에 있다. 『동국여지승람』에 '옛 음곡소(陰谷所)'라 하였다. 지금 명칭은 임곡(林谷)이다.≫ 사간 조효동(趙孝同)≪그 선조는 함양(咸陽) 사람이다. 공이 이미 정일두(鄭一蠹)를 천거하니, 그 상소문이 『국조유현록(國朝儒賢錄)』에 실려 있다.≫·생원 김응정(金應玎)·김한우(金漢佑)가 살던 곳이다.

○당동(唐洞): 무뢰배 수십 명이 한데 모여 도적이 되어 인명과 재물에 해를 많이 입혔다. 도호부 사람 배세경(裵世絅)이 그 무리를 모조리 다 추포하고 관아에 보고하여 없앴다 한다.

○적동리(赤洞里): ≪도호부 서쪽 30리 되는 곳에 있다.≫

○조곡(槽谷): ≪속칭 고자곡(高自谷)[10]이라 한다.≫ 교리 박민준·군수 박

곤이 거처로 정하였다. ≪지금의 상당동(上堂洞)이다.≫

○**고사을지(高士乙只, 고사동):** 동남쪽에 안수사(案水寺)가 있다. ≪종남산(終南山)에 있다. 그 명칭이 『동국여지승람』에 나온다.≫ 변중량의 시는 다음과 같다.[11]

≪이끼 낀 오솔 길 시냇가 찾아가나 　　　　　杖尋苔逕曲緣溪,

대나무 물소리 가둬 길 헤매게 한다. 　　　　竹鎖溪喧逕轉迷.

해 저물어 거듭 애끊는 슬픔을 견디는데 　　落日更堪腸斷處,

연이은 봉우리 거목에 소쩍새 우네.≫ 　　　連峰喬木子規啼.≫

○**인교(茵橋, 지이다리):** ≪수산현 서쪽 20리 되는 곳에 있다. 내진천(來進川)의 하류이다. 곧 영산(靈山)의 경계이다.≫ 세상에 전하기로 '예전에 큰 구렁이가 다리 밑에 잠복하여 인명과 가축에 해를 많이 입혔다. 그런데 정(鄭) 아무개가 이를 활로 쏘아 죽이니, 이때부터 구렁이 걱정이 사라졌다.' 한다. 이첨(李詹)의 시는 다음과 같다.[12]

≪여행객 어느 정도 되는지 잘 알지만 　　　行旅知多少,

---

10) 고자곡(高自谷): 현 무안면 연상리 상당동이다. 원전과 이본 ⑧·⑨에는 '고자곡(古自谷)'이라 되어 있으나, 이본 ①·②·④·⑥에 표기된 '高自谷'의 오기라 고쳐 번역했다.

11) 『신증동국여지승람』 권26 「경상도·밀양도호부」 중 '불우(佛宇)'조 '영대사(靈臺寺)'에 보인다. 다만 『신증동국여지승람』에는 '정추(鄭樞)'의 시라 하고, 그 일부 글자 역시 조금 차이가 있다. 그 전문은 다음과 같다. "杖尋苔徑曲緣溪, 竹鎖溪喧徑轉迷. 落日更堪腸斷處, 連雲喬木子規啼."

12) 원 제목은 「장부밀양헐마인교신원(將赴密陽歇馬茵橋新院)」이다. 『동문선(東文選)』 권10에 수록되어 있다.

나처럼 한적한 이는 드물 것이다.　　　　　閑人似我稀.

산 좋아해 가는 곳마다 머물다가　　　　　愛山隨處駐,

시구 얻어 혼자 읊으며 돌아간다.　　　　　得句獨吟歸.

산사에 이제 가을이 찾아왔는데　　　　　　僧院秋方至,

관교에 이슬이 채 마르지 않았다.　　　　　官橋露未晞.

마침 이 한 몸 의탁할 곳으로　　　　　　　會當容此膝,

강가의 낚시터가 있도다.≫　　　　　　　　江上有漁磯.≫

『동국여지승람』에 나온다. 이첨은 영산(靈山) 사람으로 고려의 명신
(名臣)이다. 점필재의 시는 다음과 같다.

≪나무 서리 맞아 잎 새 줄어들 제　　　　　樹木逢霜葉漸稀,

종남산 밑으로 노새 하나 돌아간다.　　　　終南山下一驢歸.

우는 까마귀 날아가 외로운 마을 아득한데　　鳴鴉飛起孤村逈,

석양 중 집집마다 빨래 말린다.≫　　　　　斜日家家曝澣衣.≫

○**성덕원(城德院)**: ≪관부의 서쪽 35리 되는 곳에 있다.≫ 지금은 없어졌다.

○**모로곡(毛老谷)**: 목사(牧使) 최환(崔渙)[13]≪공이 장령(掌令) 시절 남치근
(南致謹)의 탐오(貪汚)한 죄상을 핵문(覈問)하며 그 처벌을 주청하였다. 그 뒤
남치근의 보복을 당해 나주(羅州)에서 비명횡사하였다.≫이 살던 곳이다.

---

13) 최환(崔渙): ?~1555. 본관은 흥해(興海). 밀양입향조 최계동(崔繼潼)의 손자로 무안 모로
리에 정착했다. 1528년 문과 급제해 1542년 고성 현령(固城縣令) 때 선정을 베풀어 표창
받았다. 나주 목사(羅州牧使) 시절 전라도 방어사로 부임하는 남치근(南致勤)을 병으로
맞이하지 못해 장살(杖殺)되었다.

○둔지리(芚只里)[14]: ≪관부의 서쪽 37리 되는 곳에 있다.≫ 전적(典籍) 석경일(石擎日)·첨사(僉使) 손인갑(孫仁甲)·충효사(忠孝士) 손약해(孫若海)·교수(敎授) 노개방(盧盖邦)·열녀 이씨(李氏)≪노개방의 처. 『인물』편에 보인다≫·생원 손의갑(孫義甲)≪손인갑의 아우이다. 경전과 사서에 매우 정밀하고, 또 말 타는 재주가 있다.≫·우후(處侯) 박대수(朴大秀)≪임진왜란 때 한 손으로 선봉을 도맡아 참살과 획득이 참으로 많았다.≫·의승대장(義僧大將) 유정(惟政)이 살던 곳이다.

석경일(石擎日)은 경서(經書)로 과거에 급제한 자이다. 흉중에 고전이 가득하고 언어에 자집(子集)이 흘러넘쳤다. 기억하고 암송하는 자질이 넉넉하되, 음풍농월의 수단[15]이 부족해 훌륭한 누각이나 아름다운 산수를 만나면 단지 '풍경 좋다[風景好]' 석 자를 평생 제술(製述)의 바탕으로 삼았다. 이에 가는 곳마다 곧장 기술하기를 '영남의 풍경이 좋구나[嶺南風景好]', '월성의 풍경이 좋구나[月城風景好]', '낙양의 풍경이 좋구나[洛陽風景好]' 하였다. 개성부(開城府)에 이르러서도 읊조리기를 '개성부의 풍경이 좋구나[開城府風景好]' 하였다. 그런데 이윽고 돌이켜 생각하더니 길게 탄식하여 말하기를 "'풍경호(風景好)' 앞에 두 자를 더 붙여야 옳다. 그런데 이제 '개성부(開城府)' 석 자를 더하니, 시가(詩歌)의 율격(律格)이 여기서 어긋난다. 아아, 개성부여 졸렬하도다! 개성부가 진실로 아름다우나 시에는 마땅치 않다." 하고는 붓을 던졌다.

또 문회(文會)에서 자신의 재주를 자랑하고자 하였다. 이에 절구(絶

---

14) 둔지리(芚只里): 현재 무안면 고라리, 가례리, 웅동리 일대를 포함하는 지명이다.

15) 수단: 원전에는 '수개(手改)'라 되어 있으나, 나머지 모든 이본에 표기된 '수단(手段)'의 오기라 고쳐 번역하였다.

句) 한 수를 읊으니 다음과 같다.

≪이에 남녘 바람 불어오니   於是南風至,
꾀꼬리 버드나무에서 우는구나.   黃公柳之鳴.
이런 까닭에 풍경 참 좋으니   是故風景好,
내 심정 즐거운 이유로다.≫   所以樂吾情.≫

그 곁의 한 사람이 그 중 '유지(柳之)'의 '지(之)'자가 '죽지(竹枝)'의 '지(枝)'자가 되어야 한다고 생각하고는, 이를 기이하게 여겨 눈을 비비며 힐난하였다. 그러자 스스로 그 음의(音義)를 해설하기를 "꾀꼬리가 버드나무로 가서 우는 것이다. 이른바 '유지(柳之)'의 '지(之)'자는 곧 한유(韓愈)의 「원도(原道)」에서 이른바 '지언(之焉)'의 '지(之)'자 의미이다." 하였다. 이에 좌중의 사람들이 크게 웃었다. 호사가들이 이를 전파시켰다. 아아, 지극한 졸렬함이 세상에 명성을 떨치며 근거 없는 뜬소문이 사람들을 즐겁게 한 것도 잊을 수 없는 명사(名士)일 따름이다.

손예갑(孫禮甲)≪인갑의 아우이다.≫은 성격이 호방하여 자부함이 심한데 한쪽 눈이 소경이다. 일찍이 달밤에 친우 5~6명과 강에서 뱃놀이를 한 적이 있다. 술에 반쯤 취하자 현악기를 연주하며 시를 읊기를 "삼경 달 아래 세 곡조 소리의 젓대라.[三更月下三聲笛]" 하고는 의기양양하게 자득하였다. 결국 배에 있던 자를 발로 차며 창화하게 하였다. 그 곁의 한 사람이 곧 대구하기를 "일엽편주 속에 외눈박이의 사람이라.[一葉舟中一目人]" 하였다. 손예갑이 멍해져 말이 없어졌다. 또 다른 날 그 애꾸가 손님과 바둑을 둔 적이 있다. 손예갑이 눈을 치켜뜨고 훈수하다가 성질을 부리며 능멸하였다. 손님이 그에게 농담하기를

"두 사람은 나를 콧구멍 둘인 자를 두려워한다고 여기는가. 두 사람이 본 바가 곧 나 혼자 본 바이다. 설령 콧구멍 둘이 있을지라도 바둑판에서 아무 소용이 없다. 내 무엇을 두려워하겠는가." 하였다. 손예갑이 과연 진 것이다.

○승려 대장 임유정(任惟政)은 장악정 임효곤(任孝昆)의 증손이고, 증(贈) 형조판서(刑書判書) 임수성(任守成)의 아들이다. 젊은 나이에 출가하고 한강 이북 지역의 여러 산사(山寺)에서 성장하였다. 임진왜란 때 의병을 일으켜 군사를 모아 적도를 막았다. 1593년(宣祖26, 癸巳)과 1594년(宣祖27, 甲午) 사이에 조정의 명으로 세 차례 적진에 들어가 두 왕자를 데리고 돌아왔고, 또 적정을 정탐하였다. 1595년(宣祖28, 乙未)과 1596년(宣祖29, 丙申) 사이에 조정의 명으로 공산(公山)·용기(龍起)·금오(金鳥) 등 세 성을 축조하였다. 1597년(선조30, 丁酉) 겨울에 명나라 장수 마귀(麻貴)를 따라 울산에서 싸웠다. 1598년(宣祖31, 戊戌)에 다시 유정(劉鋌)을 따라 순천(順天)에서 싸웠다. 1599년(宣祖32, 己亥) 봄에 개인적으로 곡식 3천여 석을 사들여 여러 고을의 곡식 창고에 보태어주었다. 1601년(宣祖34, 辛丑)에 부산성(釜山城)을 축조하였다. 1604년(宣祖37, 甲辰)에 사신으로 일본에 가서 포로 수천여 명을 데리고 돌아왔다. 1606년(宣祖39, 丙午)에 승려들을 거느리고 종묘와 궁궐의 재건과 보수의 공사를 감독하였다. 선조가 그 전후 공적을 가상히 여겨서 특별히 가의대부(嘉義大夫)를 가자하고 선무원종 일등공신(宣武原從一等功臣)에 녹훈하며 삼대를 추증하였다. 사명(四溟)·종봉(鍾峰)·송운(松雲)은 그 호이다. 『사명집(四溟集)』이 있다. 손기양의 만사는 다음과 같다.16)

---

16) 원 제목은 「만송운대사(輓松雲大師)」이다. 손기양의 문집 『오한집(聱漢集)』 권1에 수록

≪장탄식하노라. 소동파가 고향 승려 애도함과　　久嗟坡老悼鄉緇,

영락제 글 스승이 그저 시만 이해함을,　　　永樂文師只解詩.

어찌 송운이 진심으로 분발하여　　　　　　爭似松雲肝膽奮,

초목마저 성명을 알게 함과 같겠는가.　　　能令草木姓名知.

일신보다 의리를 중시해 조정의 여론 기울이고　身輕義重傾朝著,

머리가 보배라는 말로 섬 오랑캐 위협하였지.　首寶言狂讋島夷.

방외(方外)의 교분 인연 없음을 통곡하니　　痛哭不緣方外契,

만사가 어찌 내 사적인 정뿐이겠는가.　　　旒詞豈是爲吾私.≫

　유정이 일찍이 적장 기요마사[淸正][17)의 진중에 들어간 적이 있다. 기요마사가 묻기를 "귀국은 무엇을 보배로 삼는가?" 하자, 유정이 답하기를 "우리나라에는 보배가 없다. 단지 그대 머리를 보배로 여긴다." 하니, 기요마사가 크게 웃었다 한다.

　성화 연간(成化, 1465~1487)에 도호부 사람 안시숙(安時叔)[18)은 노생(盧生)·정생(鄭生)과 독서하는 겨를마다 반드시 웅천의 선정(船亭)에서 유람하였다. 음풍농월하고 거리낌 없이 농담하며, 물길을 거슬러 오르내렸는데, 달빛 없는 밤이 되면 영남루에 올라 유숙하였다. 매일 수일 간격으로 이와 같이 하였다. 급제(及第) 홍찬(洪粲)이 김해에서 도호부로 찾아왔다. 어느날 밤 영남루에서 내려가 배를 탈 적에 시숙 등이 먼저 배 안에 있으면서 피하지 않았다. 홍찬은 그 무례함을 싫어

───────────

되어 있다.

17) 기요마사[淸正]: 원전에는 '청정(淸政)'으로 되어 있으나, '淸正'의 오기라 고쳤다.

18) 안시숙(安時叔): '時叔'은 안우(安遇, 1449~1527)의 자이고, 호 노계(蘆溪)이며, 본관 탐진이다. 안중광의 아들로 김종직의 문인이고, 남효온은 그의 절개와 지조를 높이 평가해 동한(東漢)의 절의에 비겼다. 1518년 경상도관찰사 김안국의 천거로 안음현감을 지냈다.

한 나머지 이를 파하고는 성 내에 들어가 오만한 말로 시숙을 침범하였다. 안시숙이 서신으로 그를 책망하기를 "족하는 예전으로 보면 홍생원이고, 지금으로 보면 홍급제이다. 어찌 스스로 반성하지 않고 이토록 오만할 수가 있는가?" 하니, 홍찬이 대단히 분하게 여겨 기필코 보복하려고 하였다. 점필재가 그것을 듣고 말하기를 "고인이 글을 논함에 있어 '천하에 상대가 없는 글은 없다[天下未有無對之文]'라고 했는데, 홍급제는 채문장(蔡文章)을 상대할 만하다." 하였다. 곧 절구 한 수를 읊으니 다음과 같다.[19]

≪연주 그치며 바람 쐬던 이가 본래 광인이 아니니[20]   風雩鏗瑟本非狂,

다른 산돌로 옥 다듬기를 어찌 잊을 수 있으랴[21].   攻玉他山詎可忘.

바닷가에 마침 '홍급제'가 왔는데   海上適來洪及第,

산중에 일찍이 '채문장'이 있었노라.   山中曾有蔡文章.≫

'채문장'에 대해 말하면 이러하다. 1476년(成宗7, 丙申)에 관각의 중신들이 성상에게 건의하여 문신 중 나이가 어리고 총명한 자로 채수(蔡壽) 등 6인[22]을 선발하고 장의사(藏義寺)에서 사가독서하게 하였는데, 당시 조정의 신하들이 다 참여하지 못하였다. 당시 사람들이 이를

---

19) 원 제목은 「간시숙(簡時叔)」이다. 김종직의 문집 『점필재집』 시집 권15에 수록되어 있다.
20) 연주를…아니니: 갱슬은 공자(孔子)가 증점(曾點)에게 자기 뜻을 말해 보라고 했을 때, 증점이 대답하기 위해 타던 비파를 땅에 놓는 것[鏗爾舍瑟]을 가리킨 말이고, 풍우는 증점의 대답 가운데 "무우에서 바람을 쐬고[風乎舞雩] 읊으며 돌아오겠습니다." 한 데서 온 말이며, 광인(狂人)이란 곧 뜻이 워낙 커서 행동이 뜻을 따르지 못하는 것을 말하는데, 증점이 바로 거기에 해당하였기 때문에 한 말이다. 『논어(論語)』「선진」.
21) 잊을 수 있으랴: 원전과 이본 ⑧·⑨에는 '망(望)'이라 되어 있으나, 이본 ①·②·④·⑤·⑥과 『점필재집』에 표기된 '망(忘)'의 오기라 고쳐 번역하였다.
22) 6인: 채수, 권건, 허침(許琛), 조위(曺偉), 양희지(楊熙止), 유호인(俞好仁)을 말한다.

일러 문장접(文章接)이라 하였다. 하루는 반회(班會) 중 홍문관 서리(書吏)가 사헌부의 거안(擧案) 중 '채공(蔡公)'의 이름 아래에 주해하기를 단지 '채문장(蔡文章)'이라 하고, '접(接)'자를 빠뜨렸다. 이에 당시 사림들이 다 비웃으며 '채문장'이라 하였다 한다.

그 뒤 한 사신이 부사 등과 이곳에서 회합할 적에 시 한수를 짓고는 창화를 청하였다. 그 시는 다음과 같다.23)

≪바람 없어 강 맑은 날 작은 배 타니   風定江淸泛小舟,
원앙이 짝지어 마주 떠 있네.   兩兩鴛鴦相對浮.
친근히 여겨 다가가고 싶으나 훌쩍 날아가니   愛之欲近忽飛去,
모래섬 날 저물어 부질없이 고개 돌린다.   芳洲日暮謾回頭.≫

관원들이 다 이를 애독하나 감히 차운하지 못하였다. 손기양이 그것을 듣고 말하기를 "점필재가 '천하에 상대가 없는 글은 없다'고 한 말을 믿을 만하다." 하였다. 이는 『청구풍아(靑邱風雅)』에 나오니, 바로 이황(李滉)의 시다. 예전에 송운대사(松雲大師)가 시 한 수로 나에게 창화를 구하면서 말하기를 "내가 소싯적에 서울에서 모 정승을 배알할 적에 그 스승이 부쳐준 둥근 부채에 보답하려고 절구 한 수를 부탁하였다. 상공이 곧장 붓을 적셔 시를 지어 주니 다음과 같았다.24)

---

23) 원 제목은 「춘일강상즉사(春日江上卽事)」이고 그 작자는 이혼(李混)이다. 『동문선(東文選)』 권20에 수록되어 있다. 다만 다소 글자 출입이 있는데, 전문은 다음과 같다. "風定江淸上小舟, 兩兩鴛鴦相對浮. 愛之欲近忽飛去, 芳洲日暮謾回頭."

24) 원 제목은 「사덕방혜승통송선(謝德方惠僧統送扇)」이다. 김종직의 문집 『점필재집』 시집 권1에 수록되어 있다.

≪세속 밖 신성한 교분에 혜휴(惠休)25)가 있었으니　方外神交有惠休,

솔바람 쐬며 옛 벗26)과 일찍이 놀던 일이 떠오른다. 松風舊雨憶曾遊.

매년 6월이 되면 무더위가 기승을 부리니　　　年年六月炎塵漲,

용진27)의 가을을 한 움큼 내게 주었지.　　　　分我龍津一掬秋.≫

그때 나는 비록 당돌하게 화운하려 했으나 결국 그러지 못하였다. 그 첫 소절을 매번 읊을 때마다 나도 모르게 무릎을 꿇었다. 『점필재집』에 이 전편이 실려 있는 것을 보고서야 비로소 나는 오래 꿇던 무릎을 바로 폈다." 하였다. 또 고시를 가지고 이를 희롱하니 다음과 같았다.

≪옛 현인이야 본래 죄를 잘 더하나　　　昔賢自是堪加罪,

그대 훔친 글 아긴다 감히 말 못하네　　　非敢言君愛竊詞.

가장 견딜 수 없는 점은, 고인 중에 의지(意智)가 없는 자가 없거늘 미리 시 한 수를 훔쳐 쓴 것이다.≫ 대개 사신의 작품도 상공의 시를 상대할 수 있을 것이다. 그런데 이 역시 홍급제·채문장의 상대가 아닌가. 안주(安宙)가 부사로 재직할 무렵 대구판관(大邱判官) 강(姜) 아무개

---

25) 혜휴(惠休): 시승(詩僧) 혹은 시승의 작품을 뜻하는 말이다. 남조 송(宋)의 시승인 혜휴(惠休)의 시 중에 '일모벽운합(日暮碧雲合)'이라는 명구(名句)가 있는 데에서 비롯된 것이다.

26) 옛 벗: 원전의 '구우(舊雨)'는 옛 벗을 가리키는 관용어이다. 두보의 「추술(秋述)」에 "평소 나를 찾아오던 사람들이 예전에는 비가 와도 왔는데 요즘은 비가 오면 오지 않는다.[常時 車馬之客, 舊雨來, 今雨不來]"라는 표현에서 유래했다. 원전과 이본 ①~④·⑧·⑨에는 '舊雨'이고, ⑤·⑥에는 '동우(洞雨)'로 되어 있다.

27) 용진: 원전에는 '용진(龍津)'이라 되어 있으나, 『점필재집』에는 '용천(龍天)'이라 되어 있다. 모든 이본에 '龍津'이라 되어 있으므로, 원전 그대로 적었다.

와 웅천의 선상에서 모임을 가진 적이 있다. 술에 반쯤 취하자 강대구가 부사를 희롱하며 말하기를 "밀양(密陽)이라면 단지 술만 있으면 그만이니, 안주가 없을까 걱정되지 않는구려" 하니, 안부사가 곧장 응수하기를 "이리저리 강대구(姜大邱)의 대가리를 찢으면 되니 어찌 안주가 없겠는가?" 하였다. 이에 강(姜)이 대응하지 못하였다 한다.

|하서면(下西面)| 방리(坊里)

조야산리(助也山里, 삼태리 태봉): ≪도호부 서쪽 20리 되는 곳에 있다.≫ 당성공주(唐成公主)의 태(胎)가 이곳에 봉안되었다. ≪『점필재집』에 나온다.≫

○**수안역리(水安驛里)**: ≪도호부 서쪽 28리 되는 곳에 있다.≫

○**적촌(赤村, 나뭇골/목동)**: 속칭 복을촌(伏乙村)이라 한다. ≪도호부 서쪽 15리 되는 곳에 있다.≫ 그 서쪽에 공철정(孔哲亭)이 있는데≪세상에 전하기로 공철(孔哲)이 나무 심은 곳이라 한다.≫, 중랑장(中郞將) 손중견(孫仲堅)·문과 장원 손약수(孫若水)·감찰 손억(孫億)≪「낙화암(落花岩)」 등의 그의 시부가 세상에 전해진다.≫·우후(虞侯) 손수종(孫壽宗)≪그 사대(四代) 대대로 이곳에 살았다.≫ 등이 살던 곳이다.

○**운정(雲亭)**[1]: 현감(縣監) 류종귀(柳宗貴)·생원(生員) 류성동(柳星童)이 살던 곳이다.

○**우령산(牛嶺山)**: ≪도호부 서쪽 13리 되는 곳에 있다.≫ 그 아래에 우령촌(牛嶺村)이 있다. 군수 김윤온(金允溫)이 살던 곳이다.

---

1) 운정(雲亭): 원전과 이본 ①·②·④·⑤·⑧에는 '운정(雲亭)'이라 되어 있으나, 이본 ⑥에는 '운정(雲汀)'이라 되어 있고, 이본 ⑨에는 서술 자체가 생략되었다.

○마의례(麻義禮, 마흘리): 절제사(節制使) 손이순(孫以恂)·첨사(僉使) 손신복·문과 장원(文科壯元) 노수(盧琇)·현감 노곤(盧鯤)≪문과에 급제하였다. 「소왕(素王)」등 그의 시부(詩賦)가 세상에 전해진다.≫·효자 어영하(魚泳河)≪『인물』편에 보인다. 정려문이 있다.≫가 살던 곳이다.

노수는 소싯적에 서울에서 고향으로 돌아올 때 조령(鳥嶺)을 지나 용추(龍湫)에 이르렀다. 당시 임기가 끝나서 교대 복귀하던 감사(監司)가 용추 가의 단풍 숲에서 잠시 쉬다가 노수가 지나는 광경을 보고 그를 불렀다. 이전에 그 성명을 듣고는 나중에 그 재주를 시험하고자 한 것이다. 이에 운자를 부르자 곧 응수하니, 그 시는 다음과 같다.

≪과거 감당나무가 현재 단풍나무 되니　　　　昔日甘棠今日楓,
비단 광채 서로 비춰 비단옷 참 붉다.　　　　錦光相暎錦衣紅.
등용문(登龍門)의 일 용추 가에 의지하니　　龍門僅托龍湫畔,
그대 서경(西京)을 향하고 나는 동방을 향하네.　君向西京我向東.≫

○신화(新化): 만호 박원곤(朴元坤)·참군(參軍) 박충헌(朴忠憲)·만호 박인헌(朴仁憲)이 살던 곳이다.

○사야현(沙也峴, 정곡리): 동쪽에 사야제(沙也堤)가 있다. 무과 장원(武科壯元) 박기종(朴起宗)·진사 주덕형(朱德馨)·생원 주덕원(朱德源)·생원 주덕우(朱德雨)가 살던 곳이다.

○판곡(板谷): 동네 어귀에 정자가 있는데 '사청(射廳)'이라 한다. 현감 박희열(朴希悅)·현감 나광후(羅光厚)·현감 박희익(朴希益)이 살던 곳이다.

○**내진리(來進里)**: ≪도호부 23리 되는 곳에 있다. 『동국여지승람』에 '내진향(來進鄉)'이라 하였다. 일명 통가(通駕)라 한다.≫ 그 동쪽에 개천이 있는데, '내진천(來進川)'이라 한다. ≪『동국여지승람』에 나온다.≫ 본 포진(浦津)으로 들어간다. 판관(判官) 이덕창(李德昌)이 거처로 정하였다.

○**곡량동(谷良洞)**: ≪『동국여지승람』에 '곡량부곡(谷良部曲)'이라 하였다.≫ 북쪽에 찬성 현석규의 묘소가 있다.

○**죽리(竹里)**: 예전에는 사족(士族)이 없었다.

○**지사역(只士亦, 동산리)**: 만호 박충관(朴忠寬)이 살던 곳이다. 경계가 청도와 서로 인접해 있다.

○**근개리(近皆里, 근기리)**: 도호부 서쪽 28리 되는 곳에 있다. 『동국여지승람』에 '근개부곡(近皆部曲)'이라 하였다. 경계가 청도와 서로 인접해 있다.

○**소고율(所古栗, 소고동)**: 경계가 청도의 경계와 인접한 까닭에 두 고을이 땅 한 평을 가지고 서로 다투었으나 해결되지 않았다. 1617년(光海9, 丁巳)에 창원 부사 신지제(申之悌)가 추관(推官)으로 논결하여 본 읍에 소속시켰다.

○**안마곡(鞍馬谷, 안장실)**: 북쪽에 안장사(鞍裝寺)의 옛터가 있다.

○**호법현(胡法峴, 요진재)**: ≪'호(胡)'자는 혹 '고(高)'라 하기도 한다. 『동국여

지승람』에 나온다.≫ 도로가 풍각현(豊角縣)에 달한다. 남쪽에 요제원(要濟院)이 있는데, 지금은 사라졌다.

|풍각현(豐角縣)| 방리(坊里)[1]

≪도호부 서북쪽 60리 되는 곳에 있다.≫

본래 상화촌현(上火村縣)인데, 고려 초에 지금의 명칭으로 고쳤다. 1010년(顯宗1, 庚戌)에 본 도호부에 소속되었다. 일명 유산(幽山)이라 한다.

창고(倉庫)는 동동(東棟)·서동(西棟)·남동(南棟) 총 세 동이다. 창고의 곡식은 겉곡식·콩·메밀·보리 등 전부 34,600여 석이다. 임진왜란 때 탕진되었다. 1608년(宣祖41, 戊申)에 부사 기효복이 동동(東棟)을 중건하였다. 1614년(光海6, 甲寅)에 부사 성진선이 서동(西棟)을 중건하였다. 1634년(仁祖12, 甲戌)에 부사 이유달이 수리하였다. 1626년(仁祖4, 丙寅)에 부사 이안직이 좌기청(坐起廳)을 중건하였다.

○객관(客館): ≪창고의 북쪽에 있다.≫ 동상방(東上房)·중대청(中大廳)·서상방(西上房)은 곧 청방(廳房)·공주(公廚)이고, 잡실(雜室) 등 전부 50여 칸이고, 또 양(羊)·돼지(豕) 사육장을 설치하였다. 임진왜란 때 탕진되었다.

○이 현(縣)은 청도에서 현풍·창녕을 왕래하는 대로변에 있다. 따라서 사신이 본 도호부를 지날 적에 반드시 이곳 역참에서 사람을 보냈다.

---

1) 풍각현은 현재 풍각면 일대를 말한다.

○교동(校洞, 현리리): ≪현의 동북쪽 2리 되는 곳에 있다.≫ 예전 이곳에 향교를 건립한 까닭에 이름한 것이다.

○유산역리(幽山驛里): ≪현의 남쪽 2리 되는 곳에 있다.≫

○송지서리(松只西里, 송서리): ≪현의 동쪽 7리 되는 곳에 있다.≫

○승란정(勝蘭亭, 현리리): ≪현의 서문 밖에 있다.≫ 이는 고을 사람의 사청(射廳)이다. 부사 이경우의 시는 다음과 같다.

≪험준한 산세가 사방으로 둘러싸이니	峻嶺崇山面面回,
태평성세가 곧 이 누대로다.	太平烟月此高臺.
연일 술잔 나누며 풍악을 재촉하니	羽觴連日催絲管,
난정곡수(蘭亭曲水)2)의 술잔보다 더 낫도다.	猶勝蘭亭曲水盃.≫

○송지(松只): 서쪽과 동쪽에 버드나무가 있다. ≪지곡(只谷)은 물길이 그 북쪽으로 곧장 흘러 들어간다. 그러한 까닭에 예전에 나무를 심어 숲을 만들어 수해를 방지하고 또 결점을 보완한 것이다.≫ 이는 금지 보호하는 곳이다. 현감 고자비(高自卑)·생원 고극경(高克敬)≪경전과 사서에 매우 정밀하고, 또 지조 있는 행실이 있었다.≫·만호 고사종(高嗣宗)·손윤문(孫胤文)이 살던 곳이다.

---

2) 난정곡수(蘭亭曲水): 유견오의 시 〈삼일시난정곡수연(三日侍蘭亭曲水宴)〉에 "복숭아꽃은 옥간에 피어나고, 버들잎은 금구에 짙네.[桃花生玉澗, 柳葉暗金溝.]"라는 말이 있다. 『문원영화(文苑英華)』 권172.

○정전사(停戰寺, 송서리): 옛터가 있다. 세상에 전하기로 '신라 진흥왕(眞興王)이 대가야(大伽耶)를 정벌할 때 친정(親征)하고자 이곳에 찾아와 군사를 주둔하였다. 전쟁에 승리하였다는 첩보가 이르자 왕이 곧장 회군한 까닭에 이름한 것이라' 한다. 지금 석탑(石塔)이 남아 있다.

|현북면(縣北面)| 방리(坊里)[1]

나립리(羅立里, 명대리 나북): ≪현청의 북쪽 7리 되는 곳에 있다.≫ 만호 신몽태(辛夢台)가 살던 곳이다.

○**송동**(松洞, 명대리): 동북쪽에 절효공(節孝公) 김극일의 묘소가 있다. ≪극일은 청도 사람으로 학행이 있는 자이다.≫

○**다벌**(多伐, 명대리): 동남쪽에 삼사암(三士岩)이 있다. ≪북천(北川)이 그 앞을 가로지르고, 버드나무 숲이 그 남쪽에 있다.≫ 삼사암의 동북쪽에 미태촌(米泰村)이 있는데, 곧 청도의 경계이다.

○**우곡**(牛谷, 풍각면 성곡리 우실): ≪세칭 수동(壽洞)이라 한다.≫ 첨지(僉知) 정림(鄭琳)≪수명이 91세에 달하였다.≫·첨사 정기남(鄭奇男)≪수명이 81세에 달하였다.≫이 살던 곳이다.

○**진읍촌**(陳邑村, 삼평리 풍산): 예전 이곳에 현을 설치한 까닭에 이름한 것 같다. 임진왜란 때 부사 이방좌(李邦佐)·박경신(朴慶新)·이영이 주둔한 곳이다.

사미정(四美亭): ≪진읍촌 동남쪽 산에 있다.≫ 옛사람의 기문이 있다.

---

1) 현북면은 현재 각북면 일대를 말한다.

○지곡리(只谷里, 지슬리): ≪현청의 북쪽 23리 되는 곳에 있다.≫ 동쪽에 영천사(盈泉寺)[2] 옛터가 있다. 또 노송 수십 그루가 동네 어귀에 서 있다. 이를 만년송(萬年松)이라 칭한다.

○초경산(初更山): ≪혹 '최경산(璀瓊山)'이라 한다.≫ 산세가 겹치고 험하여 사방이 단절되어 있다. 이러한 까닭에 임진왜란 때 왜적의 선봉이 결국 이곳에 당도하지 못하였다.

○금곡(金谷, 금천리): 남쪽에 일천정(一千亭)이 있다. ≪마을 사람 천 명이 나무를 심은 곳이다.≫ 세칭 수동(壽洞)이다. ≪나이 80세 되는 자가 대대로 끊이지 않았다 한다.≫

○토현(土峴, 흘티/헐티): ≪초경산 서쪽 산기슭에 있다. 현의 북쪽 28리 되는 곳에 있다.≫ 본 도호부와 거리가 90리가 된다. 도로가 대구부(大邱府)·성주(星州)·화원현(花園縣)에 달한다. 그 남쪽에 송라사(松羅寺)의 옛터가 있다.

○오리원(烏里院): 세상에 전하기로 신라 때 설치된 곳이라 한다. 지금은 사라졌다.

○고산(孤山, 오산): 앞 교외에 고산이 있는 까닭에 이름한 것이다. 서남쪽에 봉대(鳳臺)가 있다.

---

2) 영천사(盈泉寺): 원전에는 '영천사(盈川寺)'라 되어 있으나, 모든 이본에 표기된 '영천사(盈泉寺)'의 오기라 고쳤다.

○비슬산(琵瑟山): 동북쪽에 용천사(湧泉寺)가 있고, 아래에 유지암(幽地庵)이 있다. 도은(陶隱) 이숭인(李崇仁)의 시는 다음과 같다.3)

≪속객이 동쪽 길로 분주히 가고	俗客驅東道,
고승은 작은 정자에 누워 있네.	高僧臥小亭.
구름은 아침저녁으로 희고	雲從朝暮白,
산은 예나 지금이나 푸르네.	山自古今靑.
전에 적송자(赤松子)4) 따르다가	往事追松子,
이제 떠돌게 되니 지령에게 부끄럽네.	羈遊媿地靈.
다정하다, 계곡물을 길어다가	慇懃汲澗水,
복령 한 움큼 달여주니.	一掬煑茯苓.≫

그 위에 갈방암(褐方庵)이 있고, 또 피방암(避方庵)·송운암(宋雲庵) 등의 암자가 있다.

김돈중(金敦仲)의 시는 다음과 같다.5)

≪기어올라 곧장 정상에 이르러	躋攀直上最高峯,
고개 돌려 보니 세속이 한 조각 붉은 점이라.	回首塵寰一片紅.

---

3) 원 제목은 「제비슬산승사(題琵瑟山僧舍)」로, 이숭인(李崇仁)의 문집 『도은집(陶隱集)』 권 2에 수록되어 있다. 그 전문은 다음과 같다. "俗客驅長道, 高僧臥小亭. 雲從朝暮白, 山自古今靑. 往事追松子, 羈遊愧地靈. 殷勤汲澗水, 一匊煮蔘苓."

4) 적송자(赤松子): 고대 전설상의 선인(仙人)이다. 한나라의 개국 공신 장량(張良)이 유후(留侯)의 봉작을 받고 나서, "바라건대 인간 세상의 일을 버리고 신선인 적송자를 따라 노닐고 싶다.[願棄人間事, 欲從赤松子游耳.]"라고 말하고는 벽곡(辟穀)과 도인(導引)의 술법을 행한 고사가 전한다. 『사기(史記)』 권55 「유후세가(留侯世家)」

5) 원 제목은 「지리산차계부운(智異山次季父韻)」으로, 『동문선』 권19에 수록되어 있다.

그저 노을에 기대 그윽한 정취 취하니　　　　　徒倚烟霞得幽趣,

그 풍류가 진양공(晉羊公)6) 못지않네.　　　　　風流不愧晉羊公.≫

용천사(湧泉寺): 내부에 용천(湧泉)이 있는데, 가뭄 때도 줄지 않고, 장마 때도 늘지 않으며, 폭설 때도 따뜻하고, 폭염 때도 차갑다. 그 아래에 꾀꼬리 못[鶯淵]·삼천연(三千淵) 등이 있는데, 고을 사람이 기우제를 지내는 곳이다.

○**남산(南山)**: 예전에 인가가 없었다. 1608년(宣祖41, 戊申)에 비로소 촌락을 이루었다.

○**공수지(公須旨, 공수말)**: 감찰 박림(朴霖)이 살던 곳이다.

○**지동(枝洞, 가말)**: 임진왜란 때 부사 이영이 군사를 주둔한 곳이다. ≪1597년(宣祖30, 丁酉) 가을과 겨울 무렵이다.≫ 마을 서쪽 산모퉁이에 무진대(無盡臺)가 있는데, 사족 박신(朴愼)이 축조한 곳이다. 옛사람의 시는 다음과 같다.

≪시내가 벌판 갈라 굽이 흐르니　　　　　溪割平蕪抱曲來,

산이 난간 되고 바위가 누대가 되네.　　　　　山爲橫檻石爲臺.

누가 이곳 다시 찾아볼 여한 일으키나　　　　　何人更起登臨恨,

화학(華鶴)7)만 변함없이 달밤에 돌아온다.≫　　　　　華鶴依然月夜回.≫

---

6) 진양공(晉羊公): 진(晉)나라 장군 양호(羊祜)를 말한다. 형주(荊州)에 주둔할 때 갑옷 대신 가벼운 갖옷에 허리띠를 헐렁하게 매고서 한가하게 산에 오르고 물가를 유람하였다고 한다.

누대 아래에 지곡천(只谷川)이 있다. ≪그 발원이 둘이니, 하나는 초경산이고, 또 하나는 비슬산이다. 합류하여 유천(楡川)으로 들어간다.≫ 마을로 우산(牛山)·석교(石橋)·방지(方旨)·장기(張機)·소월(所月)·배부동(背釜洞)·금동(錦洞)·백가(百嘉)[8] 등의 촌락이 있다.

---

7) 화학(華鶴): 화학은 요동(遼東)의 화표주(華表柱)에 앉은 학(鶴)을 말한다. 한(漢)나라 때 요동 사람 정영위(丁令威)가 영허산(靈虛山)에서 도를 닦아 신선이 되었는데, 천 년 뒤에 학으로 변하여 다시 고향으로 날아와 화표주에 앉았다. 마을의 소년들이 보고 활을 쏘아 잡으려고 하자, 훌쩍 날아 공중에서 배회하다가 하늘을 찌를 듯이 높이 날아올라 갔다고 한다. 『수신후기(搜神後記)』 권1.

8) 백가(百嘉): 원전과 이본 ⑧에는 '백수(百壽)'라 되어 있으나, 나머지 모든 이본에 표기된 '백가(百嘉)'의 오기라 고쳐 번역하였다.

|현남면(縣南面)| 방리(坊里)[1]

○**흑석리(黑石里, 흑석리):** ≪속칭 금물석(今勿石)이라 한다. 현의 남쪽 7리 되는 곳에 있다.≫ 그 앞에 검은 바위가 있는 까닭에 이름한 것이다. 영의정 송일(宋軼)이 이곳 출생이다. 첨사 박시우(朴時雨)가 살던 곳이다. 서북쪽에 보광산(普光山)이 있다. 아래에 오례곡(烏禮谷)이 있다. 서남쪽에 안국암(安國庵)이 있다. ≪사인 박대성(朴大成)이 지은 곳이다.≫ 옛사람의 시는≪곧 회재(晦齋) 이언적(李彦迪)이다.≫ 다음과 같다.[2]

≪계산의 맑은 경치 참 드넓으니	溪山淸景浩無邊,
9월 하늘 단풍 또 만나네.	又値丹楓九月天.
누가 절벽에서 길손을 부르나	誰喚行人斷崖上,
한 동이 술로 함께 머물며 풍경 감상하노라.	一樽留與賞風烟.≫

○**차산(車山):** 오졸재 박한주(朴漢柱)≪『인물』편에 보인다≫·참봉 박봉(朴鳳)≪오졸재 선생의 장자이다≫·찰방 박사충(朴士忠)이 살던 곳이다. 1590년(宣祖23, 庚寅)에 사림들이 선생의 여표비(閭表碑)의 건립을 논의하며 비석에 쓸 돌을 채취해 완수하려 하였다. 그러나 임진왜란을 겪은 탓에 미처 새기지 못하였다. 1634년(仁祖12, 甲戌)에 부사 이유달

---

1) 현남면은 현재 각남면 일대를 말한다.

2) 원 제목은 「안국암, 차회재선생운(安國巖, 次晦齋先生韻)」이다. 이로써 회재 이언적의 시를 차운한 시임을 알 수 있다. 박수춘(朴壽春)의 문집 『국담집(菊潭集)』 권1에 수록되어 있다.

이 도호부 유림과 함께 다시 비석을 세우려 하나, 비문 탓에 결국 이루지 못하였다. 1674년(顯宗14, 甲寅)에 비로소 세우니, 학사(鶴沙) 김 응조가 비문을 짓고, 경상관찰사 이관징(李觀徵)[3]이 글씨를 적었으며, 부사 이희년이 전자(篆字)를 적었다.

○묘봉(妙峰): 생원 성이도(成以道)가 살던 곳이다. 벽곡(辟穀)과 도인(道引)의 신선술을 익히고자 산 구석에 정자를 짓고 시를 읊으며 스스로 즐겼다. 그가 말하기를 "배 속에 선태(仙胎)가 있으니 머지않아 승천할 것이다" 하니, 세상 사람들이 그를 성신선(成神仙)이라 칭하였다. 나이 가 90에 죽었다. ≪『유궁보감(儒宮寶鑑)』에 나온다.≫

○무태리(無怠里, 안산리 무태): ≪현의 서남쪽 15리 되는 곳에 있다.≫ 예전 에 사족(士族)이 없었다.

○비현(飛峴)·마현(馬峴): 모두 도로가 창녕에 달한다.

○금동(金洞, 금곡리): 세칭 수동(壽洞)이라 한다. 북쪽에 법연사(法筵寺) 의 옛터가 있다. 또 동원(東院)·서원(西院) 등의 촌락이 있고 그 중앙에 화산(花山)이 있다. 원명(元明)[4]이 당시 비슬산(琵瑟山) 남쪽에 있었다 가 곧바로 창녕 경계 지역으로 편입되었다. 북쪽에 영수암(靈水庵)의

---

3) 이관징(李觀徵): 1618~1695. 본관 연안. 1653년 문과 급제했고, 1673년 4월부터 1675년 3월까지 경상도 관찰사 겸 대구 부사를 지냈다.

4) 원명(元明): 원전에는 '원시(元時)'라 되어 있으나, 이본 ①에 나오는 '원명(元明)'의 오기 로 보아 고쳤다. 현 청도군 풍각면 화산리의 지명유래를 보면 동원(東院), 서원(西院), 원명(元明)의 세 자연부락으로 형성되고 있다고 하는데, 현재 창녕군 성산면 대산리에 원명이라는 지명이 있다.

옛터가 있다.

○**제내리(堤內里):** ≪현의 남쪽 10리 되는 곳에 있다.≫ 동쪽에 극락제(極樂堤)가 있는 까닭에 이름한 것이다.

○**솔동(率洞):** 현감 우붕(禹鵬)·우봉(禹鳳)≪형제이다. 전부 하평(河平)의 수령을 지냈다.≫이 살던 곳이다.

○**대산사(臺山寺):** 옛 명칭은 월함산(月舍山) 용봉사(龍鳳寺)라 한다. 지금도 신라 때 지은 불사(佛舍)가 남아 있다. 옛사람의 시는 다음과 같다.

≪건물이 신라의 유적이요	棟宇羅朝舊,
산천이 상화촌의 잔재며,	山川上火餘.
좋은 경치가 천고의 부처요	奇觀千古佛,
옛 유적이 몇 줄의 글이라.	遺跡數行書.
밤새 불전에 향불 재 쌓이는데	夜榻堆香爐,
바람 부는 회랑에 목어가 울린다.	風廊響木魚.
이부자리 부근이 따뜻해지니	蒲團上方煖,
하룻밤 묵고 귀가하리라.	一宿當歸盧.≫

이는 곧 아계(鵝溪) 이산해(李山海)의 문집에 수록되어 있다.[5]
○동리에 목과동(木瓜洞)·건동(建洞)·우척동(牛隻洞)·함박동(含朴洞)·고법동(古法洞)이 있다.

---

5) 원 제목은 「선방(禪房)」이고, 『아계유고(鵝溪遺稿)』 권2에 수록되어 있다.

○대산동(代山洞): 1613년(光海5, 癸丑) 봄에 흰 까마귀 한 쌍이 있었는데, 그 흰 빛이 마치 눈과 같다. 부사 안륵(安玏)이 조정에 보고하였다.

|현동면(縣東面)| 방리(坊里)1)

신당리(神堂里): ≪현의 동남쪽 12리 되는 곳에 있다.≫ 옛 명칭이 손수개 (孫樹介)이다. ≪『동국여지승람』에 '두야부곡(頭也部曲)'이라 하였다. 마을 중 앙에 옛터가 있다.≫

○**죽암(竹岩):** 동쪽에 겹친 바위가 있는 까닭에 이름한 것이다. 서쪽에 바위굴이 있는데 그 깊이를 헤아릴 수 없다. 세상에 전하기로 '화왕산 (火旺山)과 통한다' 하였다.

○**산외(山外):** ≪속칭 '사을외(沙乙外)'라 한다.≫ 화악산 밖에 있는 까닭에 이름한 것이라 한다.

○**이곡(二谷):** ≪이곡 중 남곡은 본 도호부이고, 북곡은 청도이다.≫

○**평촌(坪村):** ≪동남쪽에 교외가 있다. 자고로 풍족하다 일컬어졌다.≫

○**마곡(馬谷):** ≪청도의 5리 되는 곳에 있다.≫

○**늑평(勒平, 이서면 구라리):** ≪청도의 경계로 넘어가 있다.≫

---

1) 현동면은 현재 청도군 이서면 일대를 말한다. 뒷날 분리된 고미면은 제외.

○**고미리(古䋦里[2]), 매전면 동산리 매전)**: ≪『동국여지승람』에 '고매부곡(古買部曲)'이라 하였다. 청도군 동북쪽 10여 리 되는 곳까지 넘어가 있다. 본 도호부와 거리가 80여 리가 된다.≫

○**두곡(杜谷, 매전면 두곡리)**: ≪일명 이사야(伊士也)라 한다.≫ 경산의 남촌(南村)과 경계를 접한다.

○**자물야(自勿也, 금천면 사전리 일대)**: ≪청도의 동북쪽 50리 되는 곳에 있다. 본 도호부와 거리가 90리가 된다.≫

○**아을읍(阿乙邑)**: 곧 경주의 서촌(西村) 인근 지역이다. 본 도호부와 거리가 120리가 된다. 임진왜란 때 도호부 사람이 전란을 피하러 많이 들어갔다.

≪이상 세 마을은 여타 고을의 경계로 넘어가 있고 궁벽한 골짜기에 치우쳐 있다. 사족(士族)이 없으나 풍토가 순박하다. 관청과 거리가 먼데 산수가 참 험준하다. 그러한 까닭에 임진왜란 때 왜적이 찾을 수 없었다. 이에 도호부 사람 중에 이곳으로 피난한 자가 몹시 많았고, 촌민 중에 안도한 자도 많았다 한다.≫

---

2) 고미리(古䋦里): 지명에 쓰인 '며(䋦)'나 '며(弥)'는 '미(彌)'와 동자이고, 구결로 쓰일 때는 '며'로 읽는다. 뒤에 고미리는 두곡, 자물야, 아을읍과 함께 고미면의 한 동리가 되었다.

밀주 인물

|명신(名臣)|

○박의신(朴義臣): 본부의 아전 출신으로 학문에 힘써 과거에 급제하였다. 여러 벼슬을 거쳐 공부상서(工部尙書)에 이르렀다. ≪고려 인종(仁宗)조 사람이다. 『동국여지승람(東國輿地勝覽)』에 나온다.≫

○박육화(朴育和): 급사중(給事中)에서 동북면병마부사(東北面兵馬副使)가 되었다. 관직이 형부상서(刑部尙書)에 이르렀다. ≪고려 의종(毅宗)조 사람이다. 『고려사(高麗史)』에 나온다.≫

○손빈(孫贇): 과거에 급제하고 여러 관직을 거쳐 정당문학(政堂文學)에

이르렀다. ≪『동사(東史)』에 나온다.≫

○**박영인(朴永寅):** ≪박의신의 5대손이다.≫ 과거에 급제하고 문림랑(文林郎) 감찰어사(監察御史)에 이르렀다. ≪『동국여지승람』에 나온다.≫

○**박윤문(朴允文):** ≪밀성군 박원(朴原)의 아들이다.≫ 충목왕(忠穆王) 원년에 서연(書筵)을 설치하고, 문학사(文學士) 30명을 선발하여 격일로 시독(侍讀)하게 하였다. 당시 공은 기거주(起居注)로 30인 중에 속하였다.

○**박인간(朴仁幹):** 과거에 급제하고, 태위심왕(太尉瀋王)[1]을 따라 토번(吐蕃)에 들어갔다. 본국으로 돌아온 후에 익찬공신(翊贊功臣) 첨의평리(僉議評理)가 되었다. ≪『동국여지승람』에 나온다.≫

1315년(忠肅王2, 乙卯)에 과거에 급제하고, 그 해에 원나라 과거에 응시하였다. 1320년(忠肅王7, 庚申)에 상왕 충선왕(忠宣王)이 시사의 변화를 미리 알고 환난을 피하려 하니≪당시 인종이 죽었다.≫ 다시 황제에게 주청하여 강향사(降香使)로서 강남(江南)에 갔다. 금산사(金山寺)≪윤주(潤州)에 있다.≫에 당도하자 황제가 사자를 보내 급히 소환하고 기병으로 하여금 다그쳐 몰아오게 하였다. 이에 시종하던 신료들은 왕이 화를 면치 못할까 두려워하여 모두 달아나 숨기도 하고 혹 독약을 마시고 죽은 자도 있었다. 9월 상왕이 대도(大都)로 돌아오니, 황제가 중서성(中書省)에 명하기를 '본국으로 호송하여 안치토록 하라' 하였다. 상왕이 지체하고 주저하며 곧장 떠나지 않았다. 황제가 상왕을

---

1) 태위심왕(太尉瀋王): 고려 충선왕(忠宣王)이 즉위 4년 만에 아들 충숙왕(忠肅王)에게 양위하자 원나라에서 충선왕에게 봉해준 이름이다.

형부(刑部)에 회부하였다. 얼마 지나지 않아 명하기를 '머리를 깎아 석불사(石佛寺)에 안치시켜라' 하였다. 또 얼마 지나지 않아 '불경을 배우라'는 명목으로 토번의 살사결(撒思結) 지역에 유배를 보냈다. ≪원나라 수도에서 15,000리 떨어진 곳이다.≫ 상왕을 수행하던 재상 최성지(崔誠之) 등은 다 달아나 숨어 나타나지 않았다. 직보문각(直寶文閣) 박인간·대호군(大護軍) 장원지(張元祉) 등 18명은 유배지까지 수행하였다. 1324년(忠肅王11, 甲子)에 본국으로 돌아와 진성병의익찬공신(盡誠秉義翊贊功臣)이 되었다. 이후 판밀직사사(判密直司事)에 올랐다. 1341년(忠惠王 후2), 辛巳)에 원나라에서 사신을 파견해 상왕의 아우를 불러 입조(入朝)하게 하자, 박인간 등 30여 명이 수행하였다. 후4년 계미년에 원자(元子)의 사부(師傅)로 원나라에서 졸하였다. 공민왕(恭愍王)이 유지(宥旨)를 선포하기를 "밀직사 박인간이 불행하게도 나보다 먼저 세상을 떠나게 되니 참으로 애석하다. 마땅히 시호를 추증하고 그의 자손을 녹용(錄用)하도록 하라." 하였다. ≪『고려사』에 나온다.≫

익재(益齋) 이제현이 준 시는 다음과 같다.[3]

≪까마귀 생겨나매 옻처럼 검다고	烏之生兮黑如漆,
보는 이들이 다 미워한다.	人之見兮心共嫉.
가련하도다. 연단(燕丹)의 치욕 풀어주고자	可憐解爲燕丹羞,
밤새 원한 극에 달해 머리 다 희어졌지.[4]	一夕含冤成白頭.

---

2) 忠惠王 후2: 충숙왕과 충혜왕이 번갈아 왕이 되면서 후원년(後元年)이라는 명칭이 생겼다. 충숙왕이 충혜왕에게 왕위를 물려준 뒤 충혜왕으로 2년을 기록했다가 다시 충숙왕이 복위하며 '충숙왕후원년(忠肅王後元年)'이라고 칭하였다. 8년이 지난 후 충숙왕이 죽자 다음 해부터는 또 '충혜왕후원년(忠惠王後元年)'이라 칭하였다.

3) 원 제목은 「오두백송박인간(烏頭白送朴仁幹)」이다. 이제현의 문집 『익재난고(益齋亂藁)』 권2에 수록되어 있다.

나는 네가 태양 속에 있음을 괴상히 여겼고 　　　　　　我嘗怪汝日中處,

또 금모(金母)5)가 너를 부렸다는 소리를 괴상히 여겼지.

　　　　　　　　　　　　　　　　　　　又怪金母常使汝.

이제야 알았다. 지저귀는 조류 중에 　　　　　　　乃知啾蹌萬類中,

일편단심 너 만한 이 없음을. 　　　　　　　　　一點丹心無與同.

깍깍대며 날아 다니면서 　　　　　　　　　　　啞啞飛來復飛去,

숲속의 반포(反哺)로 온갖 고생 감수하니, 　　　反哺林間受辛苦.

안에서 효자이고 밖에서 충신이라 　　　　　　入爲孝子出忠臣,

아, 너야말로 새 머리로 된 사람이로다. 　　　　嗟哉汝是禽頭人.

세인 중에 그 누가 너와 짝할 수 있으랴. 　　　世人與汝誰能伍,

원컨대 사람 옷을 깃털과 바꿔라.6) 　　　　　願把衿裾換毛羽.≫

≪이상은 「오두백송박인간(烏頭白送朴仁幹)」이다.≫

○**박대양(朴大陽):** ≪박윤문의 아들이다.≫ 1362년(恭愍王11, 壬寅)에 홍건적(紅巾賊)이 흥의역(興義驛)7)에 당도하자 왕이 남쪽으로 임진강을 건

---

4) 머리…희어졌지: 연(燕)나라 태자 단(丹)이 진(秦)나라에 인질로 있을 때, 진왕에게 본국으로 돌아가게 해 달라고 요청했으나, 진왕이 말하기를 "까마귀의 머리가 희어지고 말의 머리에 뿔이 나면 허락해 주겠다."라고 하였다. 연단이 하늘을 쳐다보고 탄식하는데 갑자기 까마귀 머리가 희어지고 말 머리에도 뿔이 생겨나므로 어쩔 수 없이 연단을 보냈다는 한 고사가 있다.

5) 금모(金母): 선녀인 서왕모(西王母)를 지칭하는 말인데, 태양 속에 있다는 삼족오(三足鳥)가 항상 서왕모를 위해 먹을 것을 가져다준다는 말이 있다.

6) 바꿔라: 원전에는 '수(授)'로 되어 있으나 『익재집(益齋集)』 「오두백송박인간(烏頭白送朴仁幹)」을 참고하여 '환(換)'으로 고쳐 번역하였다.

7) 흥의역(興義驛): 원전에는 '여의역(與義驛)'이라 되어 있으나, '興義驛'의 오기가 분명해 고쳤다.

너가려 하였다. 당시 수행하는 자가 어사 박대양 등 17명뿐이었다. 1363년(恭愍王12, 癸卯)에 녹훈(錄勳)되니, 사의(司議)에서 밀산군(密山君)으로 승진하였다. 《『고려사』에 나온다.》

공이 전라도 안렴사(按廉使)가 있을 때 이제현이 준 시는 다음과 같다.[8]

《서연(書筵)을 함께하던 옛 친구 생각한다면	若念書筵舊知己,
축천정(丑川亭)[9] 위에서 온화한 말 해주리라.	丑川亭上賜溫言.》

○**박의중(朴宜中)**: 《판도총랑(板圖摠郞) 박인기(朴仁杞)의 아들이다.》 공민왕 연간에 장원 급제하고, 전의직장(典儀直長)에 제수되며, 거듭 관직을 거쳐 헌납(獻納)이 되었다. 신우(辛禑) 연간에 문하사인(門下舍人)에 제수되고 좌사의대부(左司議大夫)로 승급되었다. 정리(鄭釐)와 함께 상소하며 신우에게 극구 간언하기를 "이목의 쾌락에 따라 멋대로 하고, 심지의 욕구에 따라 함부로 하십니다." 하였다. 이윽고 성균관 대사성이 되었고, 밀직제학(密直提學)에 제수되었다.

공은 남경으로 가서 철령(鐵嶺) 이북 지역의 반환을 요청하였다. 공민왕조 이래로 사신으로 간 자들이 대부분 금·은·토산물을 가지고 가서 채색 비단·가벼운 귀중품 등과 바꾸었다. 이에 중국 사람이 "고려인은 사대를 구실로 무역을 탐하려고 온다." 하였다. 그런데 공은 물건 하나

---

8) 원 제목은 「송박대양안렴(送朴大陽按廉)」이다. 이제현의 문집 『익재난고』 권4에 수록되어 있다. 그 전문은 다음과 같다. "七旬殘叟有孤孫, 謫宦區區傍海村. 若念書筵舊知己, 丑川亭上賜溫言."

9) 축천정(丑川亭): 원전과 이본 모두에 '축(丑)'자가 빠져 있으나, 『익재집(益齋集)』「송박대양안렴(送朴大陽按廉)」을 참고하여 '丑'자를 넣어 번역하였다. 축천정은 남원에 있다.

도 가져가지 않았다. 요동호송진무(遼東護送鎭撫) 서현(徐顯)이 포(布)를 요구하였다. 공은 주머니를 털어 보여주고, 자신이 입던 모시옷을 벗어 주었다. 서현이 그 청렴함에 탄복하더니 예부에 알렸다. 천자가 공을 인견하고 더 후대하였다. 서현이 나와서 사람들에게 말하기를 "설(偰) 재상10) 이래로 내가 만난 고려 사신이 많았다. 그런데 천자의 예우가 박 재상만한 자는 없었다." 하였다. 황제가 다시 예부 관원에게 명하여 회동관(會同館)에서 의중에게 잔치를 베풀어 주게 하였다. 결국 철령위를 세우려는 논의를 중단하였다.

신창(辛昌)이 즉위하자 추성보조공신(推誠補祚功臣)의 칭호를 하사하였다. 공양왕(恭讓王) 대에 이르러 동지경연(同知經筵)이 되었다. 왕이 시강관에게 말하기를 "내 나이가 이미 많으니, 성인의 경서를 읽더라도 이로움이 없을 것 같다." 하니, 공이 아뢰기를 "예전 평공(平公)이 사광(師曠)에게 말하기를 '내 나이가 이미 77세라, 배우고 싶지만 너무 늙은 것 같다.' 하자, 사광이 말하기를 '어째서 촛불을 밝히지 않는지요. 제가 듣건대 소년기에 배우기 좋아함은 마치 일출 때의 볕과 같고, 장년기에 학문을 좋아함은 마치 대낮 때의 볕과 같으며, 노년기에 학문을 좋아함은 마치 촛불의 불빛과 같다 합니다. 촛불을 밝히는 것이 어둠 속을 걷는 것과 무엇이 더 낫겠습니까.' 하니 평공이 옳게 여겼다 합니다. 지금 전하께서 연세가 아직 넉넉하시니, 학문하기에 늦지 않았습니다." 하였다.

이윽고 예문관제학(藝文館提學) 겸 성균관 대사성에 제수되었다. 본조에 이르러 검교참찬 의정부사(檢校叅贊議政府事)11)가 되었다. 향년

---

10) 설(偰) 재상: 설장수(偰長壽)를 말한다. 고려 말부터 조선 초까지 8번에 걸쳐 명나라에 사신으로 가서 중요 외교 현안을 해결한 인물이다.

67세에 졸하였다.

공은 천성이 총명 민첩하고 학문이 독실하다. 청렴 강개하여 평안할 때나 위험할 때나 절개가 한결같았다. 그 문장과 학문됨이 정밀하고 전아하였다. ≪그 아들은 박경빈(朴景贇)·박경무(朴景武)·박경문(朴景文)이다. 『고려사』에 나온다.≫

○**당성(唐誠)**[12]: 절강(浙江) 명주(明州) 사람으로, 원나라 말기에 전란을 피해 우리나라로 왔다. 조선 초기부터 사대이문(事大吏文)[13]을 관장하였다. 관직이 공안부윤(恭安府尹)에 이르렀다. 왕명으로 밀양을 본관으로 삼게 되었다. ≪『동국여지승람』에 나온다.≫

○**박돈지(朴敦之)**: 과거에 급제하고, 관직이 비서감(秘書監)에 이르렀다. ≪『동국여지승람』에 나온다.≫

○**변중량(卞仲良)**: 이원계(李元桂)≪태조의 형이다.≫의 사위이다. 고려 말기에 출사하고, 관직이 밀직사승지(密直司承旨)에 이르렀다. 포은(圃隱) 정몽주(鄭夢周)와 절친하였다. ≪모의를 누설한 일이 있다. 그 일은 『고려사』 '본전(本傳)'에 보인다.≫ 그 후 조선조에 이르러 태종·세종을 두루 섬겼다. 관직이 판중추부사(判中樞府事)에 이르렀다. 수산현(守山縣) 구령리(龜齡里)에 살았다.

---

11) 검교참찬 의정부사(檢校叅贊議政府事): 원전에는 '검교참찬의정부사(檢校叅贊議政府使)'로 되어 있으나 '使'는 '事'의 오기라 고쳤다.

12) 당성(唐誠): 밀양 당씨의 시조이다. 예부상서 박정수의 손녀와 결혼해 산외 다죽리에 정착했고, 관련 유적으로 모당천(毛唐泉)이 죽원재사 표지석 아래에 있다.

13) 사대이문(事大吏文): 중국과 주고받는 외교문서를 말하는데, 문서에는 이문이라는 독특한 용어나 문체를 사용하였다.

○**변계량(卞季良)**: 자가 거경(巨卿)이고, 포은 정몽주의 문인이다. 17세에 과거에 급제하고 관직이 판우군도총제부사(判右軍都摠制府事) 겸 세자이사(世子貳師)에 이르렀다. 문형(文衡)을 20여 년 동안 관장하니, 중국 사대·일본 교린에 관한 외교문서가 전부 그의 손에서 나왔다. ≪시호가 문숙(文肅)이고, 호가 춘정(春亭)이다.≫

공은 성품이 고집스러웠다. 선덕(宣德) 연간 「흰 꿩을 하례하는 표문」 중에 '유자백치(惟玆白雉)'라는 문구가 있었는데, 문숙[변계량]이 말하기를 "자(玆)자는 중행(中行)으로 해야 한다." 하였다. 공들이 말하기를 "성상에 속하지 않거늘, 어째서 중행이라 하는가." 하는데도 문숙이 이를 고집하였다. 공들이 말하기를 "의당 성상의 뜻을 따라야 한다." 하였는데, 세종께서 공들의 의론을 옳게 여겼다. 문숙이 다시 아뢰기를 "농업은 사내종에게 물어야 하고, 길쌈은 계집종에게 물어야 합니다. 전하께서 나라를 다스릴 적에 매나 개로 사냥할 경우 의당 문효종(文孝宗)[14]의 무리에게 물어야 합니다. 그러나 사명(辭命)의 경우 의당 이 노신에게 맡기셔야 하지, 여타 의론을 경솔히 따라서는 안 됩니다." 하니, 세종께서 부득이 그 말을 따랐다. ≪『필원잡기(筆苑雜記)』에 나온다.≫

세종조에 대제학 권근(權近)이 『동국통감(東國通鑑)』[15]을 편수하다가, 완수하기 전에 병세가 위중해졌다. 왕이 묻기를 "불행하게도 공이 사망한다면 그 일을 누가 대신할 수 있겠소?" 하니, 권근이 답하기를 "변계량은 정직하니 거의 감당할 수 있을 것입니다." 하였다. 이에

---

14) 문효종(文孝宗): 세종 때에 문효종·문계종(文繼宗) 형제가 사냥을 잘하기로 이름이 났었다.

15) 동국통감(東國通鑑): 권근이 편찬한 역사서는 『동국사략(東國史略)』이다.

대제학에 발탁되어 그 사서 편찬을 완수하였다. 수산현 구령리에 살
았다. ≪『동국여지승람』에 이르기를 "묘소는 장단군(長湍郡) 임강현(臨江縣)
서쪽 구화리(九和里)에 있다." 하였다.≫

○**박중손(朴仲孫)**: 과거에 급제하고, 청요직을 두루 거쳤다. 정난공신
(靖難功臣)으로 밀산군(密山君)에 봉해졌다. 관직이 좌참찬(左參贊)에 이
르렀다. 시호는 공효(恭孝)이다. ≪묘소는 교하군(交河郡) 탄포면(炭浦面)
오고리(烏古里)에 있다.≫

○**박미(朴楣)**: ≪박중손의 아들이다.≫ 과거에 급제하고, 관직이 예조참
의(禮曹參議)에 이르렀다. 광주목사로 부임할 적에 점필재(佔畢齋) 김종
직(金宗直)이 준 시는 다음과 같다.[16]

≪응당 변방 백성 위해 조정 관직 버렸으니	應爲邊萌輟鷺班,
지방관 나가는 일 한탄하지 마라.	一麾休恨出江關.
해양(海陽)[17]의 옛 영토 남방 중 으뜸이고	海陽舊壤雄南服,
서석(瑞石)[18]의 높은 표치 산세 중 으뜸이라.	瑞石高標冠衆山.
드넓은 도량으로 청렴한 관리 나무라지 않을 테니	曠度不敎廉吏譎,
좋은 시절 되면 의당 허리 굽혀 춤추는 광경 구경하리.	
	良辰宜賞舞腰彎.
묻건대 지금도 견훤(甄萱)[19] 가문의 습속이 남았다면	問今尙有甄家俗,

---

16) 원 제목은 「송광주박목사미(送光州朴牧使楣)」이다. 김종직의 문집 『점필재집(佔畢齋集)』
   시집(詩集) 권16에 수록되어 있다.

17) 해양(海陽): 광주의 옛 지명이다.

18) 서석(瑞石): 무등산 정상 천왕봉 남서쪽에 있는 바위이다.

적자(赤子)와 용사(龍蛇)의 선정20)도 참 난감하리라. 赤子龍蛇亦甚難.≫

○**박건(朴楗)**: ≪박미의 동생이다.≫ 과거에 급제하고, 관직이 찬성(贊成)에 이르렀다. 시호가 공간(恭簡)이다. 세종께서 문치(文治)에 전념함이 만고에 뛰어나셨다. 1480년(成宗11, 庚子)에 비로소 집현전을 설치하고 문사 20명을 선발하되 10명에게 경연을 맡기고 10명에게 서연을 맡겨 문한(文翰)을 전담하게 하고 고금의 사적을 토론하게 하였다. 당시 공이 부친 박중손과 함께 참여하였다. ≪『필원잡기』에 나온다.≫

공이 일찍이 경상도 감사(監司) 시절에 부로(父老)를 많이 보살펴주었다. 그가 체직으로 조정으로 복귀함에 이르러 영내(營內)에 베 몇 필과 곡식 몇 섬을 남겨 향사(鄕社)의 의재(義財)로 삼게 하였다. ≪『점필재집』에 나온다.≫

○**손비장(孫比長)**: 두 번 과거에 급제하고, 문장의 명성이 있었다. 관직이 좌부승지(左副承旨)에 이르렀다. ≪『동국여지승람』에 나온다.≫

○**박익(朴翊)**: ≪삼재(三宰) 박영균(朴永均)의 아들이다.≫ 세종 조에 관직이 좌의정에 이르렀다.

---

19) 견훤(甄萱): 견훤이 처음 무진(武珍)에서 일어난 뒤에 전주(全州)에 도읍하였는데 무진이 바로 지금의 광주 지역이다.

20) 적자(赤子)와 용사(龍蛇)의 선정: 적자는 순한 어린아이, 용사는 포악한 사람을 말한다. 한유(韓愈)의 「운주계당시서(鄆州谿堂詩序)」에 "공이 고을에 처음 이르렀을 적에는 백성들이 공과 친숙하지 않아 무(武)로 다스리면 분개하여 원망을 품고, 은혜로 다스리면 방자해지므로 한편으로는 적자(赤子)로 여기고, 한편으로는 용사(龍蛇)로 여겨 오랜 세월 동안 노심초사하며 노력하고 나서야 교화가 크게 행해져 백성들이 모두 공을 친부모처럼 떠받들었다."라고 한 데서 온 말이다.

○박열(朴說): 과거에 급제하고 관직이 찬성(贊成)에 이르렀다. 시호는
이정(夷靖)이다. ≪『동국여지승람』에 나온다.≫

○현석규(玄碩圭): 과거에 급제하고, 관직이 의정부(議政府) 찬성(贊成)
에 이르렀다. 성종 조에 그 은총이 비상하니, 유자광·임사홍·박효원
등이 그를 축출하려고 하였다. 유자광 등은 모의가 실패하여 도리어
동래로 유배가게 되었다. ≪「유자광전(柳子光傳)」에 나온다.≫ 부북면(府
北面) 대항리(大項里)에 살았다.

○안구(安覯): 성품이 순정하며, 매사에 구차하지 않다. 뜻을 받들어
어버이를 봉양하고 예를 다하여 상례를 행하였다. 1494년(成宗25, 甲寅)
에 급제하였다. 연산군 때 헌납(獻納)·예조정랑(禮曹正郎)에 제수되었는
데, 전부 질병을 핑계로 출사하지 않았다. 중종 초기에 청도 군수에
발탁되었다. 학교를 부흥시키고 농상(農桑)을 권면하니, 그 정사가 청명
해져 고을이 잘 다스려졌다. 성상께서 특별히 표리(表裏)를 하사하며
가자(加資)하고 또 청백리에 기록하였다. 1518년(中宗13, 戊寅)에 사간원
사간(司諫院司諫) 겸 지제교(知制敎)로서 득실을 논하다가, 심정(沈貞)의
비위를 거슬러 남원 군수로 좌천되었다. 그 정사가 청렴 분명하니,
당시 제일이었다. 성상이 특별히 표리를 하사하고 선유(宣諭)하였다.
≪이 사실은 청도와 남원의 명환록(名宦錄)[21]에 나온다. 공이 점필재의 문인으
로 무오사화를 면할 수 있었던 까닭은 그 출사일이 점필재 선생의 사후였기
때문이다. 구령리(龜齡里)에 살았다.≫

___

21) 명환록(名宦錄): 원전에는 '명관록(名官錄)'으로 되어 있으나 '명환록(名宦錄)'의 오기로
보아 고쳤다.

○강혼(姜渾): ≪호가 목계(木溪)이다.≫ 일찍이 과거에 급제하고 문장에 뛰어났다. 연산군 초에 승지가 되고 그 후 정국공신(靖國功臣)에 참여하며 진천군(晉川君)에 봉해졌다. 관직이 판중추부사(判中樞府事)에 이르렀다. 1498년(燕山君4, 戊午)에 점필재의 문인으로 장형을 받고 유배되었다. 그 죄목은 다음과 같다. "붕당을 조직하여 서로 추어주거나, 혹 국정을 비난하고 시사를 비방하였다."≪「무오사화사적(戊午史禍事蹟)」에 나온다.≫

일찍이 신당(新堂) 정붕(鄭鵬) 선생과 절친한 바 있다. 연산군조에 공이 심순문(沈順門)과 함께 사인(舍人)이 되었다. 둘 다 눈독을 들인 기생이 있는데, 신당이 그들에게 경계하기를 "즉시 멀리하여, 후회를 끼치지 말라." 하였다. 공은 곧장 내쳤으나, 심순문은 따르지 않았다. 그 후 두 기생이 궁중에 선발되어 연산군의 총애를 받게 되자, 심순문은 결국 죄 없이 죽었고 공은 화를 면하였다. ≪「신당사적(新堂事蹟)」에 나온다.≫

1483년(成宗14, 癸卯)에 생원으로 장원 급제하였다. 하동면(下東面) 금물리(今勿里)[22]에 살았다.

○손수(孫洙): ≪정당문학 손빈의 후손이다.≫ 문장과 기개가 당대 으뜸이다. 중종조에 부모의 봉양을 위해 군수직을 청하였다. 그러나 왕이 그 재주를 아낀 까닭에 하교하기를 "강하 같은 역량으로 고작 100리의 소임에 적합하지 않다." 하고는, 홍문관 교리로 승진시켰다. 얼마 지나지 않아 경저(京邸)[23]에서 졸하였다. 그가 지은 시문이 세상에 전해

---

22) 금물리(今勿里):『신증동국여지승람』에 나오는 금음물부곡(今音勿部曲)이고, 신익전의 『밀양지』에서 '금물리(金勿里)'를 방리의 하나로 들었다. 현재 임천리, 청학리, 용성리 일대를 말한다.

진다. 하동면 금물리에 살았다.

○신엄(申儼): 과거에 급제하고, 청요직을 두루 거쳤다. 이후 대구 부사
로 폄척되었다.24) 심성이 맑고 정사가 간결하였다. ≪「명환록」에 나온
다.≫ 세상에서 칭하기를 '봉황이 가시나무에 깃들었다'25) 하니, 명성
이 있었다.

○이광진(李光軫): ≪문절공(文節公) 이행(李行)의 후손이다.≫ 성품이 엄격
하고 과감하며 또 학문과 행실이 있었다. 1540년(中宗35, 庚子)에 생원
시에 합격하였다. 1546년(明宗1, 丙午)에 과거에 급제하였다. 관직이
승정원 좌부승지(左副承旨)에 이르렀다. 부내면(府內面) 승벌리(僧伐里)
에 살았다.

---

23) 경저(京邸): 지방에서 파견되어 서울에 있으면서 그 지방 관청의 사무를 연락하고 대행
하는 관리들이 있던 곳이다.
24) 폄척되었다: 원전에는 '근(斤)'이라 되어 있으나, 나머지 모든 이본에 표기된 '척(斥)'의
오기라 고쳐 번역하였다
25) 봉황이…깃들었다: 재능이 뛰어난 자가 낮은 지위에서 뜻을 펴지 못하는 것을 말한다.
후한(後漢)의 왕환(王渙)이 구람(仇覽)을 주부(主簿)로 임명하려다가 그의 그릇이 매우
큼을 보고 "가시나무는 봉황이 깃들 곳이 아니다. 100리의 지역이 어찌 대현이 밟을 땅이
리오.[枳棘非鸞鳳所棲, 百里豈大賢之路?]"라고 하였다.

|향현(鄕賢)|

○**박증영(朴增榮):** 어려서부터 성품이 아순(雅馴)하였다. 평소 신중 묵묵하니 적기에만 말하였다. 14살부터 성균관에 유학하였다. 그런데 그 차근차근함이 마치 일개 노성한 자 같으니, 명성을 떨치기 전에 사람들이 다 그 덕성과 기량을 잘 알았다. 작문을 배움에 그 근본이 참으로 두텁고 그 성취도 원대하니 결국 나라를 빛낸 대가가 되었다. 약관의 나이에 급제하여 홍문관 정자(弘文館正字)가 되고, 또 3년 후 중시(重試)에 합격하여 수찬(修撰)이 되며, 또 6년 후 교리가 되었다. ≪성종조이다.≫

그 이듬해 부모상을 당하자 너무 슬퍼한 나머지 병을 얻었다. 병세가 위중하나 상복을 벗지 않고 상례(喪禮)를 읽었다. 그 부인이 실외에서 탕약을 달이는데 방에 들어오지 못하게 하였다. 그러던 어느 날 아침에 그는 단정히 앉아서 직접 타구(唾具)에 침을 뱉더니 쓰러져버렸다. 부인이 그제야 들어가 살폈으나, 이미 세상을 떠났다. 아, 증영은 순정한 성품을 타고나면서 어찌 유독 수명을 타고나지 못하였는가. 아서라. 증영과 함께 지낼 수 없음을 생각하니 더 이상 견딜 수 없다. 마침내 애사(哀詞)를 지어 슬픔을 달래노라.

그 애사는 다음과 같다.[1]

---

1) 원 제목은 「박희인애사(朴希仁哀辭)」이다. 김일손(金馹孫)의 문집 『탁영집(濯纓集)』 권4에 수록되어 있다.

드넓은 저 하늘 아득해	太空茫茫,
끝이 없어라.	無有窮已.
본래 삶이 없다면	本無生兮,
그 누가 죽음이 있으랴.	孰有死.
800년 장수한 팽조(彭祖)도	八百年之彭祖,
이곳에 길이 살지는 못하였으니.	不能長存乎此.
이 고작 29년 단명한 증영도	廿九年之增榮,
그 죽음은 마찬가지.	同歸於是.
하루살이 같은 생사여	蜉蝣出沒兮,
만고토록 동일하도다.	萬古一視.

≪『탁영집(濯纓集)』에 나온다.≫

○**손조서(孫肇瑞)**: ≪호가 격재(格齋)이다. 직성군(直城君)[2] 정평공(靖平公) 손홍량(孫洪亮)의 현손(玄孫)이고 부사 손관의 아들이다.≫ 1435년(世宗17, 乙卯)에 과거에 급제하고, 한림(翰林)에 보임(補任)되었다. 병조정랑(兵曹正郎)을 거친 후 관직이 통정대부(通政大夫)·봉산군수(鳳山郡守)에 이르렀다. 만년에 시로 여생을 보냈다. 그 문집이 세상에 전해진다. 점필재(佔畢齋)가 준 시는 다음과 같다.[3]

≪요새 포홀(袍笏)[4] 임금께 돌려드렸거늘	年來袍笏已還君,

---

2) 직성군(直城君): 손홍량의 봉호(封號)이다.

3) 원 제목은 「화담수운정손봉산(和談叟韻呈孫鳳山)」 2수이다. 김종직의 문집 『점필재집』 시집 권4에 수록되어 있다.

4) 포홀(袍笏): 포는 관리의 예복이고 홀은 조회할 때에 손에 들던 작은 판으로 모두 벼슬을 상징하는 물건이다.

높이 누워 어찌 대궐을 꿈꾸랴.　　　　　　高臥何嘗夢五雲.

등불 밝혀 북쪽 창가에서 글을 읽으며　　燈火呻唔北窓下,

학동들도 작문에 능하게 하노라.　　　　　却敎童稚亦能文.≫

○**손효조(孫孝祖):** ≪격재 손조서의 조카[5]이다.≫ 공은 점필재의 문인으로 널리 배우고 힘써 행하며 효성과 우애가 지극하니, 고을 사람들이 그를 칭송하였다. 점필재가 부쳐준 시는 다음과 같다.[6]

≪선대 성왕의 법전은 노나라 『춘추(春秋)』라　　百王要典魯春秋,

산림에서 연구하면 근심 풀기에 족하다네.　　林下研窮足解憂.

만물은 고고함을 싫어하니 마음으로 표해야 하고　物忌孤芳心可表,

인간은 이탈함을 싫어하니 죄수머리[7] 해서 되리오.　人嫌一行首堪囚.

구원(邱園)에는 내 담박한 교유 반기는데　邱園喜我交遊淡,

향리에는 오직[8] 그대만 도의를 닦네.　　鄕里惟君道義修.

진중히 영산(靈山)으로 보낼 생각에　　珍重鷲城相送意,

혹 거공(蚷蛩)[9] 같은 친분 지속할 방도 없겠는가.　蚷蛩終始豈無由.≫

---

5) 손조서의 조카: 원전에는 손조서(1412~1473)의 아들로 되어 있으나, 조카가 분명하므로 고쳤다. 한편 이본 ④에는 손관의 손자로 표기되어 있고, 이본 ①~③와 ⑧에는 손관의 아들로 바로 되어 있다. 참고로 『일직손씨대동보』의 가계를 보면, '손홍량-손득수-손영유-손관-㉠손조서-손유하/손윤한, ㉡손조상(孫肇祥)-손효조-손운주'로 이어진다.

6) 원 제목은 「부용전운, 기손생원효조(復用前韻, 寄孫生員孝祖)」이다. 김종직의 문집 『점필재집』 시집 권15에 수록되어 있다.

7) 죄수 머리[囚首]: 송나라 때 소순(蘇洵)이 「변간론(辨姦論)」을 지어 왕안석(王安石)의 행위를 지적하여 "노예처럼 천한 사람의 옷을 입고, 개와 돼지가 먹는 음식을 먹고, 죄수처럼 머리를 빗지 않고, 초상 당한 사람처럼 얼굴을 씻지 않고서 『시경』과 『서경』을 이야기하고 있으니, 이것이 어찌 인지상정에 맞는다는 말인가."라고 한 데서 온 말이다.

8) 오직: 원전에는 '추(推)'로 되어 있으나, 『점필재집』「부용전운기손생원효조(復用前韻寄孫生員孝祖)」를 참고해 '유(惟)'로 고쳐 번역하였다.

『점필재집』에 나온다. ≪그 주(註)에 이르기를 "생원은 3개월 간 나에게 『춘추(春秋)』를 배웠다. 내가 금릉으로 돌아갈 무렵 그가 영산(靈山) 일문역(一門驛)에서 나를 전송하였다." 하는데, 여기서 생원이 곧 공이다.≫ 부내면 구대촌(仇代村)에 살았다.

○민구령(閔九齡): ≪진사 민경(閔頸)의 아들이다.≫ 삼랑강(三浪江)[10] 가에 정자를 짓고 '오우(五友)'라 이름하였다. 그 아우인 구소(九韶)·구연(九淵)·구주(九疇)·구서(九叙)와 잠을 잘 때도 같은 이불을 덮고 밥을 먹을 때도 같은 탁자를 썼다. 재물을 거래할 때도 문권(文券)으로 하지 않고 단지 구두로 하였다. 당시 관찰사 김상질(金尙質)이 이를 듣고 기이하게 여겼다. 이에 단기로 달려 오우정에 찾아갔다. 그 돈독한 우애를 보고서 그 일을 열거하여 조정에 보고하였다. 이에 각기 한 자급을 더하였다. 마을 사람들이 그를 칭송하고는 '오우정'이라 하였다. 부내면(府內面) 대동리(大洞里)에 살았다.

○손기양(孫起陽): ≪생원 손겸제의 아들이다.≫ 1585년(宣祖18, 乙酉)에 진사로 급제하고, 1588년(宣祖21, 戊子)에 과거에 급제하였으며, 관직이 부사에 이르렀다. 성품이 순수 성실하고 효성과 우애가 있다. 가내에서 검소하고 관직에서 청렴 근실하였다. 평생 향풍을 바로잡고 유학에 종사함을 소임으로 여기니, 그 선현을 추모하는 정성과 후학에게 모범이 된 공로가 참으로 대단하였다. 일찍이 지산(芝山) 조호익(曺好益)·우

---

9) 거공(鉅蛩): 『회남자(淮南子)』에 나오는 거허(蛩驉)와 공공(蛩蛩)이라는 짐승으로 둘 사이의 관계가 매우 밀접한 것을 상징한다.

10) 삼랑강(三浪江): 원전에는 '삼랑강(三郞江)'으로 되어 있으나, '三浪江'으로 고쳤다. 지금의 삼랑진이다.

복(愚伏) 정경세(鄭經世)와 교분이 두텁고, 또 한강(寒岡) 정구(鄭逑)에게 인정받았다. ≪호가 오한(聱漢)이다.『배민록(排悶錄)』·『철조록(輟釣錄)』등 그의 저서가 남아 있다.≫ 부동면(府東面) 죽원리(竹院里)에 살았다.

|효자(孝子)|

○**이신(李申):** ≪사재령(司宰令) 이일선(李日善)의 아들로, 재령(載寧) 사람이다.≫ 관직이 사헌부 지평(司憲府持平)에 이르렀다. 부친상을 지낼 적에 밤새 상복을 벗지 않고, 슬픔이 지나친 나머지 몸이 수척해졌다. 모든 상구(喪具)는 형제들과 함께 마련하지 않고 직접 부담하였다. 3년 동안 여묘살이하였다. 그 일이 조정에 보고되어 정려(旌閭)되었다. ≪『삼강행실도(三綱行實圖)』와 『동국여지승람』에 나온다.≫

사람됨이 강직하고 방정하며 충직하고 효성스럽다. 소싯적에 길가에서 웅산(熊山)의 괴물을 만난 적이 있었다. 번번이 붙잡으며 욕보이려하기에 격파하였다. 이때부터 요기가 감히 낙동강을 건너 좌편으로 가지 못하였다. ≪세속에 전하기로 괴물이란 세속의 이른바 천왕신(天王神)인데 강우(江右) 지역의 주민을 현혹시켰다 한다. 대구·영천의 풍신(風神)처럼 섬겼는데, 그 폐해가 심하였다.≫

1392년(恭讓王4, 壬申)에 간관(諫官) 김진양(金震陽) 등이 공과 함께 상소하여, 조준(趙浚)[1]·정도전(鄭道傳)·남은(南誾)·윤소종(尹紹宗)·남재(南在)·조박(趙璞) 등을 극론하였다. 그러나 상소가 보류되어 하달되지 않았다. 다음 날 공들이 궐문 앞에 엎드려 거듭 청하였다. 결국 조준 등이 먼 지역으로 유배되었다. 또 대사헌(大司憲) 강회백(姜淮伯)·정희(鄭熙) 등과 함께 연일 상소하여 '조준 등을 주벌하고 오사충(吳思忠)도

---

1) 조준(趙浚): 원전과 이본 ④·⑧에는 '趙俊'이라 되어 있으나, 이본 ①·②에 표기된 '趙浚'의 오기가 분명하므로 고쳤다.

탄핵하기'를 청하였다. 왕이 명하기를 '먼저 조준 등을 국문하라' 하였다. 이윽고 정몽주가 화를 당하자, 공들을 먼 곳으로 유배보냈다. ≪『동사찬요(東史纂要)』에 나온다.≫ 부남면 조음리(召音里)에 살았다.

○**김불수(金不受)**: 부모를 위해 6년 동안 여묘살이하였다. 그 일이 조정에 보고되어 정려되었다. ≪『동국여지승람』과 『삼강행실도』에 나온다.≫ 효행으로 찰방(察訪)에 특별히 제수되었다. 수산현 파서막리(把西幕里)에 살았다.

○**박심(朴尋)**: 출사하여 남해현령(南海縣令)이 되었다. 부모상에 3년 동안 여묘살이하는데, 본가에 돌아간 적이 한 번도 없었다. 그 일이 조정에 보고되어 정려되었다. ≪『동국여지승람』과 『삼강행실도』에 나온다.≫ 부내면 북정리(北亭里)에 살았다.

○**금지(今之)**: 나이 12세에 어머니를 따라 산전(山田)에 가서 김매기 하였다. 저녁이 되자 어머니가 호랑이에게 잡혀갔다. 금지가 한 손으로는 어머니를 붙잡고 한 손으로는 호미를 가지고 호랑이를 때리면서 소리를 질렀다. 이에 마을 사람들이 다 구원해주었다. 그런데 100걸음 정도 되자 붙잡던 어머니가 점차 굳어지니 호랑이가 버리고 가버렸다. 시신을 거두어 본가에 돌아와 밤새 시신을 껴안고 통곡하다가, 옷을 팔아 관을 사서 장사지냈다. 그 일이 조정에 보고되어 정려되었다. ≪『동국여지승람』과 『삼강행실도』에 나온다.≫ 부동면(府東面)[2] 천화리(穿火里)에 살았다.

---

2) 부동면(府東面): 도호부 중동면의 약칭으로 쓴 듯하다.

○**전불산(全佛山)**: 성품이 지극히 효성스러웠다. 아버지가 돌아가시고 여묘살이를 함에 밤새 비바람이 불어도 반드시 통곡하며 아침이 오기를 기다렸다. 삼년상을 마치고 다시 삼년상을 더 하는데 본가에 돌아간 적이 한 번도 없었다. 그 일이 조정에 보고되어 정려되었다. ≪『동국여지승람』과 『삼강행실도』에 나온다.≫ 수산현(守山縣) 곡량리(谷良里)[3]에 살았다.

○**어영하(魚泳河)**: ≪성균 진사(成均進士)이다.≫ 부모님을 섬기매 애경(愛敬)을 중시하였으니, 부모의 뜻에 따라 기쁘게 해드리고 계절의 변화에 따라 온도를 적당히 해드림이 다 곡진하지 않음이 없었다. 부친상을 당하자 피를 토할 정도로 통곡하니 거의 목숨을 잃을 지경이 되었다. 물 한 모금 마시지 않다가, 염빈한 후에 죽을 먹고 장을 마셨다. 장례가 끝난 후에 3년 동안 여묘살이를 하였다. 그 후 모친상을 당하자 이전보다 더 슬픔이 지나쳤다. 지나친 슬픔에 이전보다 더 몸이 상하였다. 또 3년 동안 여묘살이를 하는데 상장(喪杖)을 짚은 채 산어귀를 벗어나지 않고, 종일 바로 앉은 채 상복을 벗지 않았다. 신주에 배례(拜禮) 부복(俯伏)하며 부축받아 일어났다. 지켜보는 자들이 다 눈물을 흘렸다. 상례가 끝난 후에도 반드시 새벽마다 사당을 배알하고, 외출 때나 복귀 때도 고하며, 자질(子姪)이나 친척의 경조사 때도 고하였다. 그 기일마다 밤새 눈물을 흘리며 쌀 한 톨 먹지 않았다. 이후 그 일이 조정에 보고되어 정려되었다. 부서면(府西面)[4] 마의례리(磨義

---

3) 곡량리(谷良里): 앞의 지리편에서 부남면 소속이라 했으므로, 여기서는 수산현에 인접한 마을의 뜻으로 보아야 한다.

4) 부서면(府西面): 도호부 하서면의 약칭으로 쓴 듯하다.

禮里)에 살았다.

○**양말손(梁末孫)**: 아버지가 돌아가시자 3년 동안 여묘살이하였다. 당시 어머니가 돌아가신 지 26년이 지났는데, 말손은 전에 나이가 너무 어려 모친상을 제대로 행하지 못한 사실을 한스럽게 여겼다. 이에 어머니의 묘를 아버지 묘 곁으로 이장하더니 다시 삼년상을 지냈다. 상례가 끝나자 묘소 아래로 이주하며 조석으로 묘소를 참배하였다. 그 일이 조정에 보고되어 정려되었다. 부북면(府北面) 저대리(楮代里)에 살았다.

○**조광익(曺光益)**: ≪호가 취원당(聚遠堂)이다.≫ 지극한 효성으로 부모를 모시는데 시종일관 태만하지 않았다. 부친상과 모친상을 연이어 겪으면서 장례와 제례를 다하고 죽만 먹으면서 지나치게 슬퍼하였다. 이에 마을 사람들이 탄복하였다. 그 일이 조정에 보고되어 정려되었다. ≪『삼강행실도』에 나온다.≫[5]

　공은 일찍 급제하고 문장에 뛰어났다. 나중에 중시에 장원 급제하였다. 관직이 평안도사(平安都事)에 이르렀다. 그가 지은 시문이 세상에 대거 전해진다. 공은 재주가 뛰어나고 뜻이 원대하며 성품 또한 오기가 있으니, 명류를 싫어하고 권세가를 경멸하였다. 이러한 까닭에 조정에 오래 남지 못하고 자주 배척된 것이다. 공의 아우인 지산(芝山)≪조호익(曺好益)이다.≫은 소싯적에 강동으로 유배되었다. 이러한

---

5) 『신증동국삼강행실도』에 「광익수상(光益守喪)」으로 실려 있는데, 한문을 번역한 전문을 소개하면 다음과 같다. "조광익은 챵원부 사롬이니 지셩으로 어버이롤 셤기믈 종시예 게을리 아니흐더니 부모샹을 년흐여 만나 영장과 졔스롤 녜로써 흐고 죽만 마시고 셜워 샹훼흐니 일향 므올사롬이 탄복흐더라. 금샹됴애 졍문흐시니라".

까닭에 공이 평안도사 되기를 자청한 것이다. 그곳에서 병으로 졸하였다. 부서(府西)6) 오방동(五榜洞)에 살았다.

○**손기륜(孫起倫)**: ≪군수 손영제(孫英濟의 아들이다.≫ 임진왜란 때 어머니 서씨(徐氏)를 모시고 재악산(載岳山)에서 왜적을 피하였다. 어느 날 왜적이 습격하자 어머니가 말하기를 "나는 늙은 탓에 걸어갈 수 없다. 너도 피하지 못한다면, 필시 모자가 다 죽을 것이다. 그러면 무슨 소용이 있나." 하자, 기륜이 답하기를 "차라리 같이 죽을지언정 어찌 감히 혼자 살겠습니까." 하니 결국 서로 껴안은 채 앉아있었다. 왜적이 칼을 뽑은 채 왔는데 기륜이 몸을 펼쳐 어머니를 감쌌다. 결국 기륜이 해를 입고 서씨가 화를 면하였다.

○**배상경(裴尙絅)**: 임진왜란 때 아버지 배헌(裴憲)과 함께 왜적을 피하였다. 수풀에 숨어있는데, 왜적이 아버지를 발견해 죽였다. 상경이 대성통곡하더니 몽둥이를 든 채 돌입하여 왜적 한 명을 때려죽였다. 결국 아버지 시신 곁에 나란히 죽었다.

○**신동현(申東顯)**: ≪송계(松溪) 신계성(申季誠)의 5대손이다.≫ 부모님을 모심에 효성이 지극하고, 상례와 제례에 정성을 다하였다. 마을 사람들은 그 장례를 잘 치르고 자식 된 도리를 다함을 어질게 여겼다. 충효사(忠孝祠)에 배향되었다. ≪『신지(新誌)』7)에 나온다.≫

---

6) 부서(府西): 도호부 상서면의 약칭으로 쓴 듯하다.

7) 신지(新誌): 새 읍지, 곧 1765년 편찬 완료된 『여지도서』와 1770년대 후반 이후에 나온 『경상도읍지』(『밀양부읍지』)를 말한다.

○**손약해(孫若海)**: 《손인갑(孫仁甲)의 아들이다.》 임진왜란 때 그 아버지 손인갑이 순절하였다. 그 후 잔여 군사로 분전하다가 전사하였다. 충효사에 배향되었다. 《『신지』에 나온다.》

○**권건리(權件里)**: 부모님을 모심에 효성이 지극하니 전력으로 봉양하였다. 처가 부모님에게 순종하지 않는다는 이유로 처 3명을 연이어 내쳤다. 부모의 병세가 위중해져 기절하자 단지(斷指)로 구원하여 열흘 남짓 연명하게 하였다. 그 일이 조정에 보고되어 정려되었다. 《『신지』에 나온다.》

○**김유부(金有富)**: 임진왜란 때 노모를 업은 채 전장에 참전하여 왜적의 수급을 베었는데 모자 모두 온전하였다. 충효(忠孝)로 조정에 보고되어 정려되었다. 《『신지』에 나온다.》

○**석수도(石守道)**: 부친상과 모친상 두 상사로 총 6년 동안 여묘살이하였다. 그 일이 조정에 보고되어 부역이 면제되었다. 《『신지』에 나온다.》

○**배영세(裵永世)**: 부모를 모시매 효도를 다하였다. 그 일이 조정에 보고되어 호조좌랑(戶曹佐郎)에 추증되었다. 《『신지』에 나온다.》

○**오영달(吳英達)**: 일찍 아버지를 잃었는데 효성으로 어머니를 모셨다. 어머니가 돌아가시자 3년 동안 여묘살이하였다. 그는 전에 나이가 너무 어려 부친상을 제대로 행하지 못한 사실을 한스럽게 여겼다. 이에 그 여막에서 태복(稅服)[8] 3년을 행하였다. 그 일이 조정에 보고되어 정려되었다. 《『신지』에 나온다.》

○김유식(金有軾): 부모를 모시매 생전에는 효성으로 봉양하고 사후에는 슬픔으로 추모하였다. 3년 동안 여묘살이하였다. 그 일이 조정에 보고되어 부역이 면제되었다. ≪『신지』에 나온다.≫

○박양춘(朴陽春): 성품이 지극히 효성스러웠다. 나이 16세에 부친상을 당하자 40리 떨어진 곳에서 여묘살이하였다. 야간에는 묘소를 지키고 주간에는 어머니를 만나는데, 비바람이 불어도 중단하지 않았다. 임진왜란 때 모친상을 당하자 산중에 초빈(草殯)[9]하더니 항상 빈소 가에 엎드렸다. 왜적이 발견하나 해치지 않았다. 이에 당시 사람들은 그 효성이 왜적[10]도 감응시킨 것이라 하였다. ≪『신지』에 나온다.≫

○손지겸(孫智謙): 효성으로 어머니를 섬기면서 좋은 식사를 잘 제공하였다. 그 어머니가 항상 병세가 위중한데 그 변을 맛보며 그 경중을 점검하였다. 마을 사람 중에 탄복하지 않은 이가 없었다. ≪『신지』에 나온다.≫

○윤갑생(尹甲生): 천성이 지극히 효성스러웠다. 어머니가 돌아가시자 40리 떨어진 곳에서 장사지내고 조석으로 그곳에 가 곡하였는데, 아무리 거센 바람이 불어도 중단하지 않았다. 그러자 맹수들이 수행하는 기이한 일이 있었다. 이에 사람들은 그 효성의 감응이라 여겨 감탄

---

8) 태복(稅服): 시일이 지나서 뒤늦게 복을 입는 것을 말한다.
9) 초빈(草殯): 어떤 사정으로 인하여 장사를 바로 지내지 못하고 시신을 방안에 둘 수 없을 때 임시로 바깥에 관을 놓고 이엉 따위로 그 위를 가리는 것이다.
10) 왜적: 원전에는 '이류(異類)'라 되어 있는데, 당시에는 왜적을 같은 사람으로 보지 않고 짐승과 같은 다른 부류로 보았기 때문에 이류라고 표현한 것이다.

하였다. ≪『신지』에 나온다.≫

○윤흥신(尹興莘): ≪윤갑생의 아들이다.≫ 그 처가 한 사건으로 어머니의 비위를 거스르자 즉시 내쫓아 버렸고, 나중에 어머니의 명으로 돌아오게 하였다. 부친상과 모친상이 전후로 이어지자 가슴을 치면서 슬픔을 다하고 마치 하루처럼 3년을 보냈다. 초하루와 보름마다 묘소에 올라가 제사를 지냈는데, 다 늙도록 중단하지 않았다. ≪『신지』에 나온다.≫

○윤선치(尹善致): 효성이 타고났다. 모친상을 당하자 장례와 제례에 정성을 다하였다. 그 아버지인 윤원상(尹元尙)이 거사(居士)가 되어 산속에 들어가 나오지 않은 적이 있다. 당시 선치가 차마 아버지와 떨어져 지낼 수 없기에 머리를 깎고 승려가 되어서 밤낮으로 아버지 곁을 떠나지 않았다. 이에 그 부인의 수절을 가엾게 여겨 귀가를 권하였다. 아버지가 돌아가시자 3년간 여묘살이하니, 그 족적이 본가에 미치지 않았다. ≪『신지』에 나온다.≫

○박지화(朴之華): 성품이 지극히 효성스러웠다. 일찍 아버지를 여의고 어머니를 모심에 정성을 다하였다. 집안이 가난한 탓에 봉양할 방도가 없자 심지어 구걸하기도 하면서 직접 음식을 조리해 좋은 식사를 제공하였다. 늙은 어머니의 대소변이 묻은 이불도 직접 세탁하며, 부인이 대신하지 못하게 하였다. 심지어 이불에 대변이 묻어 말라 굳은 데를 이빨로 긁어 제거하기도 하였다. 정성으로 봉양하였는데 나이가 다 늙어도 쇠하지 않았다. ≪『신지』에 나온다.≫

|효부(孝婦)|

○**노조이(魯召史)**[1]: ≪김석흥(金碩興)의 부인이다.≫ 시부모를 섬기매 효도를 지극히 하였다. 시부모가 늙어 병들자 항상 목욕재계하며 북두칠성에 기도하였다. 그 일이 조정에 보고되어 부역이 면제되었다. ≪『신지』에 나온다.≫

---

1) 노조이(魯召史): 조이(召史)는 양민의 아내 혹은 과부를 일컫는 말로, 흔히 성(姓) 밑에 붙여 부른다.

|열녀(烈女)|

○**손씨(孫氏)**: ≪윤하(胤河)의 딸이다.≫ 나이 16세에 초계(草溪) 사람 안근(安近)에게 시집갔다. 불과 며칠 만에 안근이 죽었는데, 눈물을 흘리며 3년 동안 직접 제사지냈다. 상례가 끝나자 조부와 어머니가 그 어린 나이를 가엾게 여겨 그 지조를 빼앗으려 하였다. 그러자 손씨가 죽음으로 거부하였다. 조부의 진노가 닥치자 손씨는 정원 내의 대숲에 잠입해 목을 매었다. 그 언니가 마침 이를 발견해 풀어주었다. 손씨는 곧장 시부모 댁으로 돌아가 살더니, 아침저녁으로 반드시 먼저 남편을 제사지낸 후에 식사하였다. 나이 32세에 임종하였다. ≪『동국여지승람』과 『삼강행실도』에 나온다.≫

○**난비(卵非)**[1]: ≪정병(正兵) 김순강(金順江)의 부인이다.≫ 뒤에 남편에게 버려지자 그 부모가 개가시키려 하였다. 난비가 통곡하며 말하기를 "한 몸으로 두 남편을 섬기는 짓은 죽어도 감히 하지 못합니다." 하고는 자결하였다. 그 일이 조정에 보고되어 정려되었다. ≪『동국여지승람』과 『삼강행실도』에 나온다.≫ 중동면(中東面) 벌원리(伐苑里)에 살았다.

---

[1] 난비(卵非): 일명 난을비(卵乙非)의 효행은 1523년 9월에 있었던 일이다. 풍각현의 박군효 살부(殺父) 사건으로 현(縣)으로 강등되었던 밀양이 한 해 전에 부(府)로 복구되었다. 밀양의 분위기 쇄신에 나선 조정에서는 난비의 미담을 주목해 1530년 간행된 『신증동국여지승람』에 등재되었고, 1617년 『동국신속삼강행실도』에 '난비자경(卵非自經)' 제목으로 수록되었다. 하강진, 「밀양시의 연혁」, 『들려주고 싶은 삼랑진 이야기』(공저), 경진출판, 2022, 25~26쪽.

○**정씨(鄭氏)**: ≪양갓집 딸이다.≫ 나이 15세에 시집가니, 이윽고 남편이 병사하였다. 부모는 그 어린 나이를 가엾게 여겨 그 지조를 빼앗으려 하였다. 그러자 정씨가 죽음으로 맹세하나 그 아버지는 믿지 않았다. 새 사위를 집안에 맞이해 핍박하려 하니 정씨가 침실로 잠입하여 자결하였다. 그 일이 조정에 보고되어 정려되었다. 부남면 고곡리(古谷里)에 살았다.

○**장씨(張氏)**: ≪장계인(張繼仁)의 딸이자, 손기후(孫起後)의 부인이다.≫ 임진왜란 때 왜적이 범하려 하는데 장씨가 굳게 거부하며 따르지 않았다. 결국 왜적이 얼굴을 베고 귀를 잘랐는데 이틀 만에 죽었다. 그 일이 조정에 보고되어 정려되었다. 부내면 승벌리(僧伐里)에 살았다.

○**민씨(閔氏)**: ≪처녀. 민응녕(閔應寧)의 딸이다.≫ 나이 19세에 임진왜란을 겪었다. 아버지가 말하기를 "네 나이가 장성하였거늘 시집가지 못하니, 어떻게 대처해야 하겠는가." 하자, 민씨가 답하기를 "제 몸은 본디 처할 데가 있습니다. 부디 부모님께서 잘 피난하시기 바랍니다." 하였다. 이윽고 왜적이 경계를 침입하였다는 소식을 듣자 곧 자결하였다.

○**민씨(閔氏)**: ≪박희량(朴希良)의 부인이다.≫ 임진왜란 때 남편의 다른 부인 둘과 함께 본가 북쪽 산 바위굴에서 왜적을 피하였다. 왜적이 벼랑을 따라 다가오자 민씨는 화를 면할 수 없음을 깨닫고는 벼랑 아래로 투신해 자결하였다. 부동(府東)[2] 가곡리(佳谷里)에 살았다.

---

2) 부동(府東): 도호부 상동면의 약칭으로 쓴 듯하다.

○**이씨(李氏)**: ≪노개방(盧盖邦)의 부인이다.≫ 그 남편의 사후에도 항상 그가 준 홍패(紅牌)를 지니고 있었다. 엄광산(嚴光山)에서 왜적을 피하였다. 왜적이 범하려 하자 이씨가 절벽 아래로 투신해 자결하였다.

○**민씨(閔氏)**: ≪처녀. 민한(閔僴)의 셋째딸이다.≫ 임진왜란 때 두 언니와 함께 본가 북쪽의 산≪이른바 남산(南山)이다.≫에서 왜적을 피하였다. 왜적이 범하려 하는데 민씨가 굳게 거부하며 따르지 않고 심지어 돌을 던졌다. 결국 왜적이 마구 베어버렸다.

○**조씨(趙氏)**: ≪손시일(孫諟一)의 부인이다.≫ 1598년(宣祖31, 戊戌)에 남편과 함께 비슬산(琵瑟山)에서 왜적을 피하였다. 왜적이 범하려 하는데 조씨가 죽도록 따르지 않았다. 왜적이 칼을 뽑아 위협하는데도 조씨는 여전히 동요하지 않았다. 결국 왜적이 마구 베어버렸다.

○**안씨(安氏)**: ≪남순길(南順吉)의 부인이다.≫ 임진왜란 때 사촌(士村) 북쪽의 산에서 왜적을 피하였다. 왜적이 잡아가려 하는데 안씨는 나무를 부둥켜 쥐며 따르지 않았다. 왜적이 그 오른팔을 베었는데, 안씨는 왼손으로 더욱 부둥켜 쥐며 움직이지 않았다. 결국 왜적이 마구 베어버렸다.

○**박조이(朴召史)**: ≪부사 박경명(朴敬明)의 부인이다.≫ 임진왜란 때 부사 박언곤(朴彦鵾)의 모친과 함께 용두산(龍頭山)의 바위틈에서 왜적을 피하였다. 왜적이 갑자기 나타나자 두 여인이 함께 벼랑 아래 깊은 연못으로 투신해 자결하였다.

○이조이(李召史): 《부사 박학수(朴鶴壽)의 부인이다.》 임진왜란 때 박조이와 함께 왜적을 피하였다. 왜적이 갑자기 나타나자 박조이와 함께 연못으로 투신해 자결하였다. 《『신지』에 나온다.》

○서씨(徐氏): 《이명신(李明信)의 부인이다.》 남편의 병세가 위중해지자 목욕재계하고 하늘에 기원하는데 1년 내내 태만하지 않았다. 남편이 사망하자 물 한 모금 입에 대지 않았다. 다른 사람들이 식사를 권유하면 답하기를 "시부모도 안 계시고 자녀도 없거늘, 오래 살더라도 무슨 이득이 있겠습니까." 하였다. 남편의 장례일이 임박하자 장례 물품을 조치하고는 자결하였다. 남편과 묘소를 함께하였다. 《『신지』에 나온다.》

○이씨(李氏): 《이명억(李命億)의 부인이다.》 재가한 지 얼마 되지 않아 남편의 병세가 위중하였다. 이에 물 한 모금 입에 대지 않고 눈을 붙이지 않으며 마치 하루처럼 한 해를 보냈다. 남편이 사망하자 자결하였다. 남편과 묘소를 함께하였다. 《『신지』에 나온다.》

○윤자화(尹自花): 《정병 정칠발(丁七發)의 부인이다.》 일찍 남편을 잃었는데, 효성으로 시어머니를 봉양하였다. 부모는 그 일찍 과부가 되어 자식이 없음을 가엾게 여겨서 개가시키고 싶었으나, 자화가 끝내 따르지 않았다. 하루는 그 남편의 동생인 정칠선(丁七善)이 기회를 틈타 말하기를 "형수의 길쌈에 대해 사람들이 다 탐냅니다. 행여 불의한 일이 생긴다면 그 장차 어찌하겠습니까." 하니, 자화가 대성통곡하며 말하기를 "내게 이 손이 있는 탓에 이런 소문이 생겼도다! 차라리 이 손을 베어 내 마음에 맹세하는 편이 낫도다." 하더니, 곧장 도끼를

가지고 그 오른손의 네 손가락을 자르고는 남편 무덤 가에 묻었다. 그 일이 조정에 보고되어 정려되었다. ≪『신지』에 나온다.≫

○**강아지(姜阿只)**: ≪조만창(曺萬昌)의 부인이다.≫ 성품과 행실에 의리와 절개가 있다. 남편이 사망하자 포악한 자가 욕보이려 하니 자기 손을 자르며 맹세하였다. 그 일이 조정에 보고되어 부역이 면제되었다. ≪『신지』에 나온다.≫

|충렬(忠烈)|

○**손인갑(孫仁甲)**: ≪군수 손흥서(孫興緒)의 아들이다.≫ 임진왜란 때 관군이 패퇴하자 소속이 사라졌다. 이에 의병장 김면(金沔)의 휘하에 자원하고는, 그 중군으로 의령 정암진(鼎巖津)에서 분전하였다. 그럼에도 패배하자 강물에 투신해 자결하였다. 선조조에 병조판서로 추증되었다. 충효사(忠孝祠)에 배향되었다.

○**손약해(孫若海)**: ≪손인갑의 아들이다.≫ 아버지가 전사한 후에 복수하려고 잔여 병력으로 분전하다가 전사하였다.

○**노개방(盧盖邦)**: 임진왜란 때 동래교수(東萊教授)로 성묘(聖廟, 문묘)의 위판(位版)을 받들어 성으로 들어가 부사 송상현(宋象賢)과 함께 전사하였다. 선조조에 정충묘(旌忠廟)[1]에 배향되었다. ≪사당은 동래부에 있다. 『삼강행실도』에 나온다.≫ 공은 자가 유한(維翰)이다.

어려서부터 보통 아이와 전혀 달랐다. 나이 겨우 10세에 학문에 해박하고 문장에 뛰어났다. 항상 『시경(詩經)』과 『서경(書經)』을 지니고 다니며 외웠다. 또 「백자부(白字賦)」와 「일자부(一字賦)」를 지었는데, 그 문장됨이 굳건하면서 기이하고 그 조어됨이 풍부하면서 자유분방하니, 선배들의 추대를 크게 받았다. 그 부모를 모심에 효성이

---

1) 정충묘(旌忠廟): 현재 노개방의 위패는 충렬사에 있다. 충렬사로 옮겨지기 전에 별묘(別廟)에 배향되어 있었다는 기록이 『실록(實錄)』에 나오는데 정충이라는 이름은 상고할 수 없고 시기도 선조 때가 아닌 숙종 때이다.

있고 친구를 대함에 신의가 있었다. 매사에 구차하지 않고 강직한 지조가 있으니 수립한 바가 그러하다.

1588년(宣祖21, 戊子)에 급제하였다. 그 후 집안이 가난하고 부모가 연로한 까닭에 동래교수가 되기를 자청하였다. 임진년(壬辰年, 1592) 봄에 휴가를 내고 집으로 돌아갔다. 도중에 왜적의 침략 소식을 듣자 즉시 동래로 달려갔다. 혹자가 만류하자 공이 말하기를 "전란을 피해도 안 되고 위판을 버려도 안 된다." 하였다. 결국 위판을 받들어 성으로 들어가 동래 부사와 함께 전사하였다. 아. 변란의 초기에 위판을 버리고 살기 바라는 것은 온 나라 사람이 다 그러할 것이다. 그런데 공은 백면서생으로 감히 하늘을 뒤덮은 왜적을 무릅쓰며 함께 성을 지키려하니, 그 목숨을 바쳐 의를 취함은 가히 열사 중의 으뜸이라 할 만하다. 송상현과 어찌 차이가 있겠는가. ≪두 공의 사적은 정충묘에 나온다.≫ 부서(府西)2) 둔지리(芚只里)에 살았다.

---

2) 부서(府西): 도호부 상서면의 약칭으로 쓴 듯하다.

|명장(名將)|

○**손긍훈(孫兢訓)**: 고려 태조를 보좌한 공적이 있다. 삼중대광사도(三重大匡司徒)에 추증되고, 광리군(廣理君)에 봉작되었다. ≪곧 성황사(城隍祠)의 신(神)이다. 『동국여지승람』에 나온다.≫ 공의 공훈과 명성은 당대에 으뜸이었다. 그럼에도 사서에 그 공적이 누락되었으니 개탄할 노릇이다. 고을 사람들이 그 공덕을 흠모하니, 추화산(推火山) 정상에 사당을 세웠다. 지금도 향사되고 있다.

○**손맹(孫孟)**: 세상에 전하기로 공은 두 차례 바다 건너 동쪽 일본을 정벌한 공로가 있다 한다. 관직이 대장군(大將軍)에 이르렀다.

○**박성진(朴成進)**: 1280년(忠烈王6, 庚辰)에 부장으로 상장군 박지량(朴之亮)을 따라 군사 25,000명을 이끌고 일본을 정벌하였다. ≪『고려사』에 나온다.≫

○**박위(朴葳)**: 그는 최초에 우달치[亏達赤]¹⁾에 보임되었다. 신우(辛禑) 연간에 김해 부사가 되어 황산강(黃山江)에서 왜적을 공격하였다. 또 왜적이 김해 남포(南浦)에 이르러 황산강을 거슬러 가서 밀양을 공격하였는데 공이 이를 요격하니 왜적이 어지러워져 자결하거나 강물에

---

1) 우달치[亏達赤]: 고려 후기 몽고의 영향을 받아 설치된 군사 조직으로 국왕 주위에서 근시(近侍), 숙위(宿衛)하는 업무를 담당하였다. 문지기[司門人]를 뜻하는 몽고어의 차자(借字)이다.

투신해 거의 다 죽었다. 첩보가 이르니 포상이 후하였다. 그 후 경상도 순문사(慶尙道巡問使)가 되었다. 신우가 요동을 공격할 적에 공은 원수(元帥)로서 이성계를 따라 회군하였다. 다시 경상도 순문사가 되어 상주에서 왜적을 공격해 격파하고, 또 고령에서 왜적을 공격하였다.

또 전함 100척으로 대마도를 공격하여 왜선 300척과 가옥의 대다수를 불태우고, 포로가 된 백성 100여 명을 찾아 귀환시켰다. 신창(辛昌)이 하교하기를 "경은 예측할 수 없는 험난한 파도를 무릅쓰고 가 여러 해 묵은 개미굴을 전복시켜 국가의 수치를 설욕하고 신민의 원수를 갚았다." 하고는 의복·안마(鞍馬)·은괴를 하사하였다.

그 후 판자혜부사(判慈惠府事)로서 이성계를 따라 공양왕 옹립에 공적을 세웠다. 공양왕이 이에 문하부사(門下府事)에 제수하고 충의군(忠義君)에 봉작하였다. 당시 전교하기를 "경은 넓은 도량과 활달한 자질로 때를 만나 재능을 펼치고 몸을 바쳐 분주하게 일하였다. 일을 처리하는 영민함과 왕을 호위하는 충성은 선왕께서 칭찬한 바다. 네 차례 수령이 되고 세 차례 남방을 지키면서 왜구를 그치게 하고 백성을 편안하게 하니 명성과 공적이 성대하다. 재주가 경감(耿弇)·가복(賈復)2)의 무리보다 뛰어나고, 용맹이 관우(關羽)·장비(張飛)보다 앞선다. 주(州)에 축성하매 금탕(金湯)3)의 이득이 비로소 징험되었고, 왜선을 공격하매 해도의 경계를 죄다 근절하였다. 지난 대마도의 전투를 상고컨대 1401년(太宗1, 辛巳)의 정벌보다 더 빛났다.

천자가 이성(異姓)을 왕으로 즉위시킨 일을 책망하자, 경은 수문하

---

2) 경감(耿弇)·가복(賈復): 후한 광무제(光武帝) 시대의 명장이다.

3) 금탕(金湯): 금성탕지(金城湯池)의 준말로 쇠로 만든 성과 끓는 물을 부은 해자(垓子)라는 뜻이다. 난공불락의 요새를 비유할 때 쓰는 말이다.

시중(守門下侍中) 이성계《태조》와 함께 대의를 수창하며 과인을 추대하였다. 이로써 국가의 기틀을 안정시키고 군신의 직분을 정립시키니, 과인은 이를 가상히 여겨 경의 성덕을 잊지 못하노라. 선조의 칭호를 추숭하고, 후손의 은전을 더하며, 토지와 전답을 하사하고, 노비를 딸려주노라. 경은 부디 이 대우를 가슴 깊이 새겨 더욱 충성을 다하라." 하였다. 김종연(金宗衍)의 옥사가 일어나자 그 말이 공과 연루되어 풍주(豊州)로 유배되었다. 그 후 회군공신(回軍功臣)에 책록되었다. 《『고려사』에 나온다.》

○**박언충(朴彦忠)**: 《삼사좌윤(三司左尹) 박천경(朴天卿)의 아들이다.》 고려말 왕복명(王福命)을 따라 왜군을 격파하고 동래성을 수복하였다. 조선조에 이르러 호조참의(戶曹參議)를 거쳐, 외직으로 경상좌도 도절제사(慶尙左道都節制使)가 되었다. 97세에 졸하였다. 「이존록(彝尊錄)」에 이르기를 "공은 벼슬에서 물러나 구령리에 살았다. 나이가 70이 넘어서도 사냥을 즐기다가 여생을 마쳤다." 하였다. 함안(咸安) 박융(朴融)[4]이 시를 지어 곡하였다. 그 시는 다음과 같다.[5]

《국경 침범한 섬 오랑캐 죄가 너무 커 　　　　島夷侵境罪斯盈,

임금님 대노해 군사 일으켜 소탕하려 하셨지. 　　赫怒興師欲廓淸.

제장들의 군사 운용 다 군율대로 하나 　　　　諸將用兵皆以律,

---

4) 박융(朴融): 1347~1428. 호는 우당(憂堂)이고, 송은 박익(1332~1398)의 장남이며, 소요당 박하담의 증조부이다. 1408년 과거 급제해 경상도 경력을 지냈고, 1425년 10월 함안 군수로 도임해 1428년 3월 관아에서 졸했다.

5) 해당 시는 박홍신의 죽음을 슬퍼하여 지은 것인데 잘못 편입되어 있다. 이본 ②, ④, ⑧에도 마찬가지이다. 반면에 ①에는 박홍신 조에 바르게 수록되어 있다. 한편 이 시는 『이존록』과 박융의 『우당집』에 실려 있는데, 제목은 「곡박감정(哭朴監正)」이다.

우리 경만 홀로 분전(奔殿)[6]해 목숨 바쳤지.　　　　我卿奔殿獨捐生.

조정 사람들이 애도하며 은전을 더하고　　　　朝廷震悼恩加數,

향리 사람들이 슬퍼하며 통곡하였지.　　　　閭里悲呼哭失聲.

태평성대 지금도 무인 참 많은데　　　　聖代至今多武士,

그 누가 동쪽으로 가 한바탕 소탕할 수 있을까나.　誰能一洒更東征.≫

○**박홍신(朴弘信)**: ≪박언충의 동생이다.≫ 나이 12살에 벌써 활쏘기와 말타기에 능하였다. 장성한 후에 검교중랑장(檢校中郞將)을 거쳐 사재감정(司宰監正)에 올랐다. 1419년(世宗1, 己亥)에 좌군병마사(左軍兵馬使)로서 삼군도체찰사(三軍都體察使) 장천군(長川君) 이종무(李從茂)를 따라 대마도를 정벌하러 갔다. 출발할 무렵에 성상이 한강정(漢江亭)에 거둥하여 전별하였다. 당시 상왕≪태종≫이 박홍신에게 말하기를 "내 박언충의 용맹을 안지 오래되었거늘, 자네도 무재(武才)가 있음을 생각지 못하였다. 가히 백중지세라 할 만하다." 하였다. 박홍신은 가장 먼저 대마도에 상륙하여 분전하다가 전사하였다. 이종무가 수군을 이끌고 복귀하였다. 밀양 지동(池洞) 앞길을 지나자 박 부인≪박홍신의 딸이자 점필재의 어머니≫이 담 너머에서 통곡하다가, 계집종들로 하여금 대로에 나가 "우리 아버지가 어디로 가셨나?" 물어보게 하였다. 이종무가 말고삐를 잡고 소매로 얼굴을 가린 채 지나가며 답하기를 "저의 죄가 아니라, 장수들이 경솔히 진군했기 때문입니다. 부디 부인께서 저를 탓하지 말기 바랍니다." 하였다. 이에 행인과 이웃 모두가 이로 인해 눈물을 흘렸다. ≪『점필재집』「이존록」에 나온다.≫

---

6) 분전(奔殿): 전투에 패해서 후퇴할 때 맨 뒤에서 추격하는 적을 막는 것을 말한다.

○**김치원(金致元):** ≪선산인(善山人)으로, 예조참판(禮曹參判) 김유장(金有章)의 아들이다.≫ 이시애(李施愛)의 난 토벌 때 전공이 있었다. 그 후 관직이 병마절도사(兵馬節度使)에 이르렀다. 부내면(府內面) 삽포리(鈒浦里)에 살았다.

○**장효범(蔣孝範):** 1528년(中宗23, 戊子)에 무과로 급제하고, 경주판관(慶州判官)에 제수되었다. 팔룡(八龍)이라는 토적(土賊)이 무뢰배 수백 명을 소집시켜 단석산(斷石山)에 은신하였다. 동서로 서로 호응하니 그 화를 예측하기 어려웠다. 공이 결국 진군하여 소굴을 박살내며 적당을 모조리 소탕하였다. 명종이 이를 가상히 여겨서 특별히 통정대부에 가자하였다. 그 후 토적이 또 평산(平山)에서 봉기하자, 특령으로 평산부사에 제수되었다. 얼마 지나지 않아 병으로 졸하였다. 부내면(府內面) 지동리(池洞里)에 살았다.

○**김태허(金太虛):** ≪문하찬성사(門下贊成事) 김훤(金晅)[7]의 후손이다.≫ 1580년(宣祖13, 庚辰)에 무과로 급제하였다. 임진왜란 때 산관(散官)으로 울산(蔚山) 지역을 방어할 적에 흩어진 군사를 소집하고는 삽혈(歃血)의 맹세로 주둔하며 분전하였다. 울산의 백성들이 도륙되지 않고 경상좌도가 점차 회복된 것은 다 공의 덕이었다. 선조가 그 전공과 의리를 가상히 여겨, 특별히 자헌대부(資憲大夫)에 가자하여 이를 기렸다. 조방장(助防將)·성주목사(星州牧使)·방어사(防禦使)[8]·좌우도병사(左

---

7) 원전에는 '김환(金桓)'으로 되어 있으나, 오기가 분명해 고쳐 번역하였다.

8) 방어사(防禦使): 원전에는 '방어사(防禦史)'라 되어 있으나 '사(史)'는 '사(使)'의 오기이므로 고쳐 번역하였다.

右道兵使)9)·충청병사(忠淸兵使)·도총관(都摠管)·호위대장(扈衛大將) 등
에 제수되었다. 공은 천성이 질박하고 풍채가 엄정하고 군건하며 마
음가짐이 강직하고 유순하며 외관을 꾸미지 않았다. 이러한 까닭에
지위가 2품관에 올랐는데 시기하는 자가 없었다. 세 차례 진수(鎭帥)10)
가 되면서도 본가가 마치 한사(寒士) 같았다. 관직이 중추부사(中樞府
使)에 이르렀다. 시호가 양무(襄武)이다. 부남면(府南面) 귀명동(貴名洞)
에 살았다.

---

9) 좌우도병사(左右道兵使): 원전에는 '좌좌도병사(左左道兵使)'로 되어 있다. 김태허는 경
   상좌병사와 경상우병사를 역임했으므로 고쳐 번역했다.
10) 진수(鎭帥): 각 지방 군무의 총사령관인 병마절도사(兵馬節度使)와 수군절도사(水軍節度
    使)를 통틀어 이르는 말이다.

|명현(名賢)|

○**문간공(文簡公)**: 점필재 김 선생은 휘가 종직(宗直)이고 자가 계온(季昷)이다. 그 선조는 선산 사람이다. 증조부가 김은유(金恩宥)이고 조부가 김관(金琯)이며 선친이 성균사예(成均司藝) 김숙자(金叔滋)인데 봉작(封爵)에 추증되었다. 어머니 박씨는 사재감정(司宰監正) 박홍신(朴弘信)의 딸이다. 선덕 6년에 밀양 대동촌(大洞村)에서 태어났다.

공은 천성이 몹시 고상하고, 소싯적에 작시의 명성이 있었다. 매일 수천 마디 말을 암기하였다. 약관 이전에 이미 문명(文名)을 크게 떨쳤다. 1453年(端宗1, 癸酉)에 진사로 급제하고, 1459년(世祖5, 己卯)에 문과로 급제했으며 승문정자(承文正字)에 보임되었다. 당시 어세겸(魚世謙)이 작시의 명성이 있었다. 그런데 그가 승문원 선배로서 공의 시를 보자 감탄하며 말하기를 "내게 채찍을 들게 하여 노예로 삼더라도 응당 감수할 것이오." 하였다. 승문원 교리로 승진되고 사헌부감찰로 이직되었다. 마침 입대(入對)하다가 왕의 비위를 거슬러 파직되었다. 이어 영남 병마평사(嶺南兵馬評事)로 기용되었다.

성종 즉위 초에 경연을 열면서 문학에 뛰어난 선비를 특별 선발하였다.[1] 선발된 자가 전부 수십 명인데 공이 가장 우수하였다. 이윽고 외직으로 함양군수(咸陽郡守)[2]가 되었는데, 학문의 부흥·인재의 육성·

---

1) 문학에…선발하였다: 모든 이본에 '특선지사(特選之士)'로 되어 있으나, 『점필재집』「신도비명(神道碑銘)」을 참고해 '특선문학지사(特選文學之士)'로 번역하였다.

2) 함양군수(咸陽郡守): 원전과 이본 ①·④·⑧에 '함안군수(咸安郡守)'라고 되어 있고, 이본 ②·③에는 '함양군수'로 되어 있다. 함양군수가 맞으므로 고쳐 번역하였다.

민생의 안정·대중의 화합을 급선무로 삼으니 그 치적이 가장 뛰어났다. 상이 전교하기를 "종직에게 군을 잘 다스린다는 명성이 있다. 좋은 자리로 옮기도록 하라." 하니, 결국 승문원참교(承文院參校)에 제수되었다. 이윽고 선산부사(善山府使)가 되었다.

어머니가 돌아가시자 3년 동안 여묘살이하였다. 상례는 『주자가례(朱子家禮)』를 준수하되 슬픔이 지나친 나머지 몸이 수척해지니, 사람들이 그 효성에 감복하였다. 모친상이 끝나자 금산(金山)에 서당을 지었다. 그 가에 연못을 파고 연꽃을 심으며 그 당에 '경렴(景濂)'이라 편액하였다. 이는 대개 무극옹(無極翁) 주돈이(周敦頤)를 흠모해서다. 매일 그 당에서 독서하며 세상사를 생각하지 않았다.

이후 홍문관응교(弘文館應敎)로 부름을 받았다. 질병을 핑계로 사양했으나 상이 윤허하지 않아 부득이 출사하였다. 경연에 입시할 적에 말이 간략하면서 뜻이 유창하니, 강독 중에 가장 뛰어나 상이 그를 총애하였다. 좌부승지(左副承旨)로 승진되었다. 도승지(都承旨) 자리가 비어 특명으로 제수하나, 공이 감당할 수 없다며 사양하였다. 상이 하교하기를 "경의 문장과 정사로 충분히 감당할 수 있다. 사양하지 말라." 하였다.

이윽고 이조참판(吏曹參判)과 동지경연사(同知經筵事)로 옮겨졌다. 상이 금대(金帶) 하나를 특별 하사하니, 그 공을 후대함이 이와 같다. 그 후 호남관찰사(湖南觀察使)가 되었다가, 내직으로 한성부윤(漢城府尹)과 공조참판(工曹參判)에 제수되었고, 형조판서(刑曹判書)로 승진되었다.

1489년(成宗20, 己酉) 가을에 질병으로 사직하자 지중추부사(知中樞府事)로 옮겨졌다.

공은 질병으로 사직하고 낙향하고 싶어 동래 온천으로 목욕하러 가기를 청하였다. 상이 허락하자 그대로 밀양으로 돌아가 휴식하였다. 상이 특별히 이전 관직을 교체하지 못하게 허락해 주었다. 혹 봉록을 받기를 권하기도 했으나 응하지 않았다. 세 번이나 거절했으나 상이 윤허하지 않았다. 심지어 상이 총 두 차례나 친히 비답(批答)을 작성해 내려준 바 있는데, 그 가운데 "단정하고 성실하여 거짓이 없다", "학문에 연원이 있다." 등의 표현이 있다. 공이 가난하다는 말을 듣자 본 도(道)에 명하여 쌀 70석을 하사해주었고 내의원을 파견해 약제를 하사해주었다.

1492년(成宗23, 壬子) 8월 19일에 졸하니 향년 62세였다. 부고가 알려지자 이틀간 조회를 중단하고, 태상시(太常寺)에서 논의하여 문충(文忠)으로 시호를 정하였다.

공은 현령 조계문(曺繼門)의 딸에게 장가들어 3남 2녀를 낳았다. 그 아들들은 다 일찍 죽었다. 장녀는 진사 류세미(柳世湄)에게 시집가고, 차녀는 진사 이핵(李翮)에게 시집갔다. 이후 공은 문극정(文克貞)의 딸에게 장가들어 1남 1녀를 낳았다. 그 아들은 숭년(崇年)[3]이다.

공은 거처할 적에 새벽이 되면 일어나 세수하고 빗질하며 의관을 정제하여 단정히 앉았다. 설령 처자식의 사이라 할지라도 나태한 모습을 보이지 않았다. 소싯적에 아버지인 사예공이 병세가 위중해져 수척하니, 공이 이를 상심하며 「유천부(籲天賦)」를 지었다. 어머니가 살아 계실 적에 공이 조정에서 안주한 적이 없고, 봉양을 위해 세 번이나 외직을 청해 나갔다. 친형이 악창(惡瘡)에 걸리자 의원이 말하기를 '지렁이 즙이 병에 좋다' 하니, 공이 먼저 맛보고 올리는데 과연

---

3) 숭년(崇年): 모든 이본에는 '숭년(崇年)'이라 되어 있으나, 『점필재집』 「신도비명」에는 '숭년(嵩年)'이라 되어 있다.

효험이 있었다. 공의 효성과 우애의 지극한 천성이 이와 같다.

관직에 임명되어 백성을 다스릴 적에는 간략함에 처하여 번잡함을 금하고, 고요함을 주로 하여 동요를 억제하였다. 가는 곳마다 형적을 드러내지 않고 업무를 잘 처리하니, 백성들이 차마 속이지 못하였다. 평소 사람을 접대함에 있어 온통 온화한 기운뿐이나, 의리가 아니면 조금도 타인에게 취하지4) 않았다. 오직 경전과 사서만 탐독하는데, 나이가 다 늙도록 태만할 줄 모르니 터득한 바가 드넓었다. 사방의 학자들이 각자 역량의 차이에 따라 충분히 터득해 돌아갔다. 공의 품평을 한번 거치면 곧장 훌륭한 선비가 되니, 문학으로 세상에 명성을 떨친 자들이 참으로 많았다. 세상 사람들은 이로써 그를 위대하게 여겼다. 공이 편찬한 『여지승람』・『청구풍아(靑丘風雅)』・『동문수(東文粹)』5)・『오경석의(五經釋義)』 등이 세상에 전해진다. ≪「신도비명」에 나온다.≫

애당초 선생께서 돌아가시자 부남면 무량원(無量院) 북쪽 산에서 장사지냈다. 6년 후 무오사화의 여파가 무덤에 미치자 부서면 대동리(大同里) 서쪽 산으로 이장하였다. 부인 문씨는 그 문서가 화를 초래한 데에 격분한 나머지, 마루로 나와 원고를 다 불태워 버렸다. 이러한 까닭에 선생의 문집에 단 시문 몇 권만 남아 있고, 사제 간의 난의처(難疑處)의 문답에 관한 글이나 도를 행함에 길잡이가 되는 글 등은 세상에 전해지지 않게 되었다. 1507년(中宗2, 丁卯)≪중종 2년≫에 신원되어 그

---

4) 타인에게 취하지: 원전과 이본 ④・⑧에는 '취저(取諸)'라 되어 있으나, 이본 ①・②에는 '취저인(取諸人)'이라 되어 있다. 『점필재집』「신도비명」을 참조해 고쳐 번역하였다.

5) 『동문수(東文粹)』: 원전과 이본 ②・④・⑧에는 '동문수어(東門粹語)'로 되어 있다. '門'은 오기라 고치고, '語'는 연문(衍文)으로 보아 삭제했다. 참고로 「신도비명」에는 '東文粹'라 되어 있다.

관작이 복구되었다. 1567년(明宗22, 丁卯)에 퇴계 선생의 건의로 밀양 자씨산(慈氏山) 아래에 서원이 건립되었다. ≪일명 덕성서원(德城書院)이다.≫

중국 사신 허국(許國)·위시량(魏時亮)이 우리나라에 와서 동방의 효자·절의·공맹의 심학(心學)에 뛰어난 자를 물었다. ≪당시 퇴계 선생이 예조판서로서 답문을 지었다.≫ 이에 효자 5인·충신 5인·열녀 5인·공맹의 심학에 뛰어난 자 16인이라 답하였다. 그런데 선생 역시 그 16인 중에 속한 것이다. 그 내용은 다음과 같다. "점필재는 경상도 선산 사람입니다. 강정대왕(康靖大王)을 섬겨 관직이 형조판서에 이르렀습니다. 학문이 정밀하고 심오하며 문장은 고상하고 예스러워 당대의 유종(儒宗)이 되었습니다. 다른 사람을 가르치는 일에 태만하지 않으니, 전후로 명사들이 그 문하에서 대거 배출되었습니다. 통칭 점필재 선생이라 합니다." ≪16인은 최치원·설총·최충·우탁·안유·정몽주·이색·길재·윤상·김종직·김굉필·정여창·조광조·이언적·김안국·서경덕이다.≫

○오졸자(迃拙子): 박 선생은 휘가 한주(漢柱)이고 자가 천지(天支)이며 훈도(訓導) 박돈인(朴敦仁)의 아들이다. 1459년(世祖5, 己卯)에 풍각현(豐角縣) 차산리(車山里)에서 태어났다. 어린 시절에 생원 고극경(高克敬)에게 학문을 배웠다. 당시 고극경이 선생의 언어와 기상을 기특하게 여겨 선생을 대할 적에 예를 갖추었다. 장성하자 강개하게 큰 뜻이 있으니, 옛 성현처럼 되기를 다짐하였다.

탁영(濯纓) 김일손(金馹孫)·한훤당(寒暄堂) 김굉필(金宏弼)과 함께 점필재의 문하에서 공부하였는데, 독실하게 믿고 힘써 행하며 널리 배우고 힘껏 외우니 문장과 기절(氣節)이 무리 중에 가장 뛰어났다. 먼 곳의 선비 중에 선생의 풍도를 듣고 일어난 자들도 많았다. 이에 당시 사람들이 천하제일[6]이라 칭찬하였다.

1483년(成宗14, 癸卯)에 생원으로 급제하고 1485년(成宗16, 乙巳)에 과거로 급제하여 한성 참군(漢城參軍)에 제수되었다. 1548년(明宗3, 戊申)에 사헌부감찰에 제수되었고, 이윽고 영안 평사(永安評事)에 제수되었다. 1491년(成宗22, 辛亥)에 사간원 정언(司諫院正言)에 제수되었다.

성종은 유술(儒術)을 숭상하고 문치(文治)에 뜻을 쏟았는데 공은 대궐에 들어가 성상을 대할 때마다 마치 신명을 대하듯 마음을 가다듬고 생각을 엄숙히 하였다. 아는 대로 다 말하지 않은 적이 없고 곡진하게 말하지 않은 적이 없으니, 오로지 성실한 마음으로 성상을 감동시켰다. 일찍이 대궐에 들어간 적이 있는데, 성상이 말하기를 "사투리 정언이 오셨는가." 하였다. 이는 대개 공이 빠짐없이 사투리를 쓰는데 거의 직언하기 때문이다.

7월에 창녕현감(昌寧縣監)에 임명되었는데, 백성을 다스리고 관리들을 거느림에 크고 작은 일에 다 조리와 법도가 있었다. 이에 관리와 백성들이 부모처럼 사랑하고 신명처럼 경외하였다. 1493년(成宗24, 癸丑)에 치적이 가장 우수하니 특별히 품계를 하나 더 올려주고, 표리(表裏)[7]를 하사해 장려하였다.[8]

1496년(燕山君2, 丙辰)≪연산 2년≫에 임기가 끝나자 주부(主簿)에 임명되었다. 1497년(燕山君3, 丁巳)에 사간원 헌납(司諫院獻納)[9]이 되었는

---

6) 천하제일: 원전의 '두남(斗南)'은 북두칠성의 남쪽으로 곧 천하를 가리킨다. 당(唐)나라 적인걸(狄仁傑)이 "북두 이남에는 오직 한 사람뿐이다.[北斗以南 一人而已]"라는 평가를 받은 데서 유래하였다.

7) 표리(表裏): 옷 한 벌을 지을 수 있는 겉감과 안감을 말한다.

8) 장려하였다: 원전과 이본 ⑧에는 '장(奬)'이라 되어 있으나, 나머지 모든 이본들에 표기된 '장(獎)'의 오기라 고쳐 번역하였다.

9) 사간원 헌납(司諫院獻納): 원전에는 '사간헌원납(司諫獻院納)'이라 되어 있으나, '사간원

데, 당시 간언의 초고는 대략 다음과 같다. "문소전(文昭殿)·연은전(延恩殿) 및 여러 왕릉과 문묘에는 한 번도 친히 제사를 올리지 않으시면서, 잔치를 베푸는 일에는 한번을 쉬거나 멈추지 않으시고 인정전(仁政殿) 앞에서 흥겨운 노래와 신나는 춤으로 떠들썩하게 춤을 추고 있으니, 참으로 온당치 못합니다." 하루는 입시(入侍)하여 간언하기를 "부태묘(祔太廟)10) 이후로 친히 제사를 올린 적이 하나도 없습니다. 그러면서 잔치를 열고 노시는 데는 종일 일정하지 않습니다. 또 용봉장막(龍鳳帳幕)으로 말하자면 천자의 사신이 찾아올 때나 큰 연회가 개최될 때 설치하는 것입니다. 그런데 지금 혹 며칠 내내 이를 거두지 않는데, 이는 전하께서 방탕한 유희를 일삼아서 그런 것입니다. 그것이 전하의 효심에 무슨 도움이 됩니까." 하였다.

연산군이 발끈 안색이 변하며 말하기를 "용봉장막이 자네 장막인가." 하니, 공이 다시 아뢰기를 "이 장막은 다 백성들의 노력에서 나온 것이라, 신민의 장막이라고 할지라도 옳습니다. 어찌 전하의 사사로운 물건입니까." 하며 물러났다. 또 노사신(盧思愼)11)·임사홍(任士洪) 등의 사안에 대해 차자(箚子)를 통해 논박하였다. 이에 결국 두 간신의 모함을 당해 화를 입었다. 6월에 형조정랑으로 옮겼는데, 수많은 사람이 해결하지 못한 의옥(疑獄)12)을 다 판결하였다. 이에 사람들이 귀감이 된다고 칭찬하였다.

헌납(司諫院獻納)'의 오기라 고쳤다. 참고로 이본 모두 제대로 표기되어 있다.

10) 부태묘(祔太廟): 임금의 삼년상을 마친 뒤 그 신주를 태묘(太廟)에 함께 모시는 일이다.

11) 노사신(盧思愼): 원전에는 '노사신(盧思信)'이라 되어 있으나, '노사신(盧思愼)'의 오기라 고쳤다.

12) 의옥(疑獄): 범죄 혐의는 받고 있으나 그 범죄 사실이 분명치 않아 결단하기 어려운 옥사(獄事)를 말한다.

당시 성상의 심중이 나날이 황폐해지고 국사가 나날이 잘못되니, 공은 이제 성상과 함께 훌륭한 정사를 할 수 없음을 깨닫고는 결국 물러날 뜻을 두었다. 외직을 청하여 평해 군수(平海郡守)에 보임되었다. 고을이 멀고 부모님이 연로하다는 이유로 예천 군수(醴泉郡守)로 옮겼다. 그 정사가 잘 다스려지니 관리들이 경외하고 백성들이 감복하였다.

8개월이 지나 사화가 일어났다. 1498년(燕山君4, 戊午) 7월에 점필재의 문도라는 이유로 서울로 압송되었다. 벽동군(碧潼郡)에 부처(付處)되었다. 1500년(燕山君6, 庚申)에 낙안군(樂安郡)으로 이배(移配)되었다. 부친상을 당하자 유의복(遺衣服)으로 신위를 설치하고 조석토록 붙들고 울부짖으며 지나치게 슬퍼했는데, 여러 차례 기절과 회생을 반복하였다. 1504년(燕山君10, 甲子)에 사화가 다시 일어났다.

공은 46세의 나이로 유배지에서 압송되어 가다가 김준손(金駿孫)의 유배지《순창(淳昌)》를 지났다. 김준손이 길에서 기다리고 있다가 공에게 넌지시 간하였다. 이는 대개 공에게 자신의 입장을 밝히기 위함이었다. 공이 묵묵히 답하지 않자 김준손이 말하기를 "노모가 계시니 다시 생각해보시게." 하였다. 이에 공이 대답하였는데 대개 노모 때문에 화를 면해서는 안 된다는 뜻인 것 같으나 자세히 알 수는 없다. 김준손이 말없이 작별하면서 탄식하며 말하기를 "박 군이 삶을 버리고 정의를 지키려는 것은 다른 사람들이 미칠 수가 없도다." 하였다. 공은 사형에 임할 적에 기색이 변하지 않고 그 의기양양한 태도가 평소와 같았다. 서로 알고 지내던 자들을 전별하며 말하기를, "공들은 잘 지내시오. 이제 저는 죽을 때가 되었습니다." 하니 당시 5월 12일이었다. 이날 대낮에 갑자기 어두워져 호우가 쏟아지고 세찬 바람이 불며 천둥 번개가 치니 마치 1468년(世祖14, 戊子) 유배지가 결정된

날 같았다. 그해 겨울 10월에 함안 봉산(蓬山) 동쪽 기슭에 장사지냈다.

부인 안씨는 사직(司直) 안효문(安孝文)의 딸이다. 공이 돌아가신 후로 뼈가 앙상할 정도로 지나치게 슬퍼하다가 1505년(燕山君11, 乙丑)에 병으로 졸하였다. 공의 묘소 왼쪽에 부장되었다. 연산군이 명하기를 "가산을 몰수하고 자식들을 유배 보내라." 하니, 장남 박봉(朴鳳)은 거제도로 가고 차남 박난(朴鸞)은 낙안(樂安)으로 가되 막내 박붕(朴鵬)은 너무 어려 면제되었다. 중종 초기에 다 석방되어 돌아왔다. 1510년 (中宗5, 庚午)에 통정대부 승문원도승지 겸 경연참찬관 춘추관수찬관 예문관직제학 상서원정(通政大夫承文院都承旨兼經筵參贊官春秋館修撰官藝文館直提學尙瑞院正)에 추증되었다.

공은 어릴 적부터 성리학을 독실하게 좋아하여 그 입지를 굳게 세우니 다른 일을 돌보지 않았다. 경전에 침잠한 채 부지런히 쉬지 않고 책상을 마주한 채 밤새[13] 책을 보았다. 제자백가·『산해경(山海經)』·지리지, 장자·노자·부처의 설도 다 탐구하여 이치를 궁구하는 요지로 삼고, 『중용(中庸)』·『대학(大學)』을 손에서 놓지 않았다. 그 언어와 행동이 예의를 항상 준수하니, 아무리 급박한 상황에도 다급한 말투나 황급한 기색이 없었다.

부모를 모실 적에는 사랑과 공경을 중시하니, 부모의 뜻에 따라 기쁘게 해드리고 계절의 변화에 따라 온도를 적당히 해드림이 다 곡진하지 않음이 없었다. 매일 새벽에 일어나 반드시 세수하고 빗질하여 의관을 바르게 하고서 예를 갖춰 문안드렸고, 물러나서는 방에 조용히 거처하며 종일 바르게 앉아있었다. 이에 집안사람들이 그 나

---

13) 밤새: 원전과 이본 ⑧에는 '야이달효(夜而達孝)'라 되어 있으나, 이본 ①~④에 표기된 '夜而達曉'의 오기라 고쳐 번역하였다.

태한 모습을 본 적이 없다.

일찍이 창녕현감으로 있으면서 며칠 동안 부모님을 뵙지 못하니 스스로 마음이 불편하였다. 이에 초저녁에 마부는 떼어놓고 홀로 말에 올라 급히 달려와서 문안을 드리고는 조용히 곁에서 이야기를 나누다가 새벽이 되면 돌아갔다. 아무도 그 사실을 알지 못하였다. 공은 마음에 품은 뜻이 드넓어 사물을 빈틈없이 꿰뚫어 보았고 청렴한 절개가 세속의 으뜸이라 바라봄에 마치 태산과 같다. 유학의 부흥을 소임으로 여겨, 교육과 훈도에 태만하지 않고 재능에 따라 성취하게 하였다. 이에 최산두(崔山斗) 등 많은 학자가 그분의 문하에서 나온 것이다. 미암(眉巖) 유희춘(柳希春)이 평가하기를 "호남 지역의 학문 연원이 다 공에게서 나왔다." 하였다.

공은 위태롭고 어지러운 조정을 만나 간사한 자들을 배척하고 왕의 잘못을 바로잡으며 왕의 면전에 대놓고 간언하면서 전혀 회피하지 않았다. 어떤 사람이 말리면서 말하기를 "공의 행동은 아무래도 몸을 보존하는 도리가 못 될 것 같습니다. 부디 이러지 마십시오." 하자, 공이 말하기를 "신하 된 자는 도리로 주군을 섬기다가 부합하지 않으면 떠나는 것입니다. 생사는 하늘에 달린 것입니다. 어찌 자신의 몸을 보전하려고 주군을 불의에 빠트릴 수 있습니까." 하니, 이 말을 들은 자들이 부끄러워하며 탄복하였다. 공의 저술이 참으로 많았다. 그런데 화를 당한 후에 부인이 사화(史禍)를 경계하여 죄다 태워 버렸다. 이 때문에 세상에 전하지 않는다.

○송계(松溪): 처사 신계성은 자가 자함(子誠)이고, 고려 원훈(元勳) 신숭겸(申崇謙)의 후손 신탁(申倬)의 아들이다. 공은 자태가 단정하고 기개가 강개하며 엄정하고 굳건하였다. 다급한 말투나 황급한 기색을 보

인 적이 없고, 행동과 대화를 다 법도에 맞게 하였다.

어려서부터 성현의 학문에 뜻을 두어 과거의 유습을 행하지 않았다. 육경(六經)의 문장에 침잠하고 『소학(小學)』의 서적에 종사하니, 경(敬)을 마음을 보존하는 요지로 삼고 성(誠)을 경을 지키는 근본으로 삼았다. 진심으로 오래도록 정진하니 도가 정밀해지고 인(仁)이 익숙해져서 심오한 의리와 대소의 사물에 있어 접하는 것마다 환히 알고 그 겉과 속을 통찰하였다. 그 본말을 논설하고 시비를 분별하며 사람을 대하고 말을 주고받음이 심중에 추호도 지체됨이 없고, 호연히 막을 수 없는 바가 있었다.

일찍이 송당(松堂) 박 선생≪박영(朴英)≫에게 학문을 배운 바 있고 또 운문(雲門) 김 선생≪김대유(金大有)≫·남명(南冥) 조 선생≪조식(曺植)≫과 종유한 바 있으니, 자못 사우연원(師友淵源)의 정통이 있다. 일찍이 말하기를 "명교(名敎)[14] 가운데 자연히 즐거운 데가 있다. 굳이 좋은 음식이 아니더라도 배가 부르며, 굳이 잘 꾸미지 않더라도 아름다우며, 악기를 연주하지 않더라도 즐겁다. 성현께서 어찌 나를 속이겠는가." 하였다. 또 말하기를 "마음을 보존하고 본성을 기름에 익숙해지면 그 기상이 절로 드높아지고, 자아 성찰을 오래 하면 이 마음이 절로 확실해진다. 그러면 외물이 다가와도 자연히 널리 호응하고 세밀히 들어맞게 된다." 하였다. 또 말하기를 "'고확(顧確)' 두 자는 내 심중에 잊은 적이 없다." 하였다. 또 흰 병풍 2폭을 만들고는 한 폭에는 '경(敬)으로 안을 곧게 하고 의(義)로 밖을 바르게 한다.[15]'라고 적고, 한 폭에는 '그 등에 그치면 그 몸을 얻지 못하고 그 뜰에 가더라도

---

14) 명교(名敎): 명분을 바로잡는 것을 위주로 하는 예교(禮敎)로, 흔히 유교를 가리킨다.
15) 경(敬)으로…한다: 『주역(周易)』 「곤괘(坤卦)」에 나오는 말이다.

그 사람을 보지 못한다.16)'라고 적었다. 평소 지낼 때는 펼쳐 두었다가 손님이 올 때는 거두어 버렸다.

석계(石溪) 가의 소나무와 대나무 숲속에 초당을 짓고는 석계정사(石溪精舍)라 칭하였다. 그 거처가 겨우 무릎을 펼 정도이나 추우나 더우나 그곳을 떠나지 않았다. 도서를 펼치고 향을 피워 단정히 앉을 뿐 부귀영화에 마음을 두지 않았다. 근엄하게 의관을 정제하니 마치 소상 같았다. 바라보매 너무 엄숙하니 가까이하지 못할 것 같았다. 다른 사람을 대할 적에는 마치 화기(和氣)가 뭉쳐진 것 같았다. 가까이 해서는 안 될 자가 찾아오면 예로써 대접하되 정색하며 전혀 말하지 않았다. 그러면 그자는 부끄러워 땀을 흘리면서 어찌할 바를 모르다가 곧장 인사하고 떠났다. 자제들이 그 까닭을 물으니 답하기를 "사악한 자는 가까이해서도 안 되고 또 거부해서도 안 된다. 찾아올 때 단지 이렇게 대하면 저자가 분명 다시는 오지 않는다. 이것이 이른바 '미워하지 않아도 엄숙함이 있고, 성내지 않아도 위엄이 있다.' 함이다." 하였다.

30세 이전부터 잠잘 때 등불을 켜지 않고 이불을 덮거나 베개를 베지 않으며 의관을 벗지 않고 나무 책상을 마주한 채 단정하게 앉아 깊이 사색하고 말없이 빠져 있다가, 밤이 깊어지면 책상에 기대 잠시 눈을 붙일 뿐이었다. 40세 이후로 비로소 침구류를 두었으나 대개 삼경(三更)에 취침하고 새벽이 되면 곧장 일어나는데, 죽을 때까지 그렇게 하였다.

평소 번잡함을 몹시 싫어하여 부인과 아이들이 가까이 오지 못하게

---

16) 그…못한다: 『주역』「간괘(艮卦)」에 "그 등에 그치면 그 자신을 얻지 못하지만, 그 뜰을 다녀도 사람을 보지 못하니, 허물은 없다.[艮其背, 不獲其身, 行其庭, 不見其人, 无咎.]"라 하였다.

하였다. 집안일은 자제에게 맡겨두고 항상 담박하게 지냈다. 그런데 집안을 다스림에 엄숙하게 하여 범하지 못하게 하였다. 자제들 나이가 장년이 되었는데도 대청에 올라 마주 앉기를 허락하지 않았다. 모든 행동거지는 다 예로 가르쳤다. 배움에 있어서는 반드시 먼저 『소학』으로 입문하여 함양의 근본으로 삼게 하고, 실천에 독실함을 급선무로 삼게 하였다. 또 어린 종에게도 다 엄격함으로 대하니, 아무도 감히 함부로 하는 경우가 없었다. 그러한 까닭에 외출하여 행인을 만나면 전부 어느 집의 종이나 자제인지 잘 알았다. 다른 사람이 상을 당하면 반드시 흰옷으로 조문하였다. 친구가 상을 당하면 10일 동안 술과 고기를 먹지 않았다. 상복을 입지 않아도 되는 친족이 상을 당하면 1개월 동안 고기를 끊었다. 친한 자면 직접 상을 주관하였고, 소원한 자면 사람을 보내 제를 지내게 하였다. 그 행의에 독실함이 이와 같았다. 불의한 일을 저지른 자가 굳이 말하기를 "차라리 관청에서 벌을 받을지언정 신 아무개에게 알려지지 않기를 바란다." 하니, 그 사람됨에 경외 심복할 바가 이와 같았다.

　1562년(明宗17, 壬戌)에 졸하니 향년 64세였다. 밀양 장선산(長善山)에 장사지냈다. 공은 찰방(察訪) 이철수(李鐵壽)의 딸에게 장가들어 2남 1녀를 낳았다. 아들은 유정(有定), 유안(有安)이다. 딸은 사인(士人) 조몽길(曺夢吉)에게 시집갔다. ≪행장(行狀)에 나온다.≫ 남명 선생이 지은 묘갈명은 다음과 같다.[17]

　우리 중에　　　　　　　　　　　　　　吾黨有人,

17) 원 제목은 「처사신군묘표(處士申君墓表)」이다. 조식의 문집 『남명집(南冥集)』 권2에 수록되어 있다.

신 군이 가장 뛰어나니,　　　　　　申君爲最.

안으로 장중하고　　　　　　　　齋莊於內,

밖으로 청빈하다.18)　　　　　　氷蘗於外.

여러 선인을 사숙하니　　　　　　私淑諸人,

송당(松堂)의 문하라.　　　　　　松堂之門.

비록 이제 벼슬에서 물러나나19)　　雖家食吉,

그 남긴 향기 전해진다네.　　　　遺香則聞.

---

18) 청빈하네: 원전의 '빙벽(氷蘗)'은 얼음을 삼키고 황벽(黃蘗)나무를 먹는다는 뜻으로, 청 빈한 생활을 하면서 깨끗하게 절조를 지킨다는 뜻이다.

19) 비록…물러나나: 원전의 '가식(家食)'은 벼슬에서 물러나 집에서 밥을 먹는다는 뜻이다. 『주역』「대축괘(大畜卦) 단(彖)」에, "집에서 밥을 먹지 않으면 길하다.[不家食吉]"라고 하 였다.

|사환(仕宦)|[1]

○박언부(朴彦孚): 《밀성군(密城君)》

○박효신(朴孝臣): 《박언부의 아들. 관직이 도평의사(都評議事)에 이르렀다.》

○손중견(孫仲堅): 《중랑장(中郞將)》

○손계경(孫季卿): 《문하평리(門下評理)》

○당성(唐誠): 《절강(浙江) 명주(明州) 사람으로 원나라 말에 우리나라로 왔다. 공안부윤(恭安府尹)》

○손승길(孫承吉): 《손계경의 아들. 승지(承旨).》

○신윤원(申允元): 《문과급제. 정언(正言).》

○김숙자(金叔滋): 《사예(司藝). 호 강호(江湖).》

○박간(朴幹): 《찬성(贊成)》

○박영균(朴永均): 《박간의 아들. 부원군(府院君).》

○박융(朴融): 《이조정랑(吏曹正郞)》

○박문빈(朴文彬): 《사성(司成)》

○박신경(朴臣敬): 《박문빈의 아들. 참의(參議).》

○박신총(朴臣寵): 《박신경의 동생. 참판(參判).》

○박시용(朴時庸): 《문과급제. 교리(校理).》

○박문로(朴文老): 《문과급제. 참의(參議).》

---

1) 사환은 밀양 출신으로 벼슬을 역임했거나 학덕이 높았던 사람을 말한다. 해당 인물의 구체적인 가계 정보는 하강진의 『밀양 천년의 인물계보와 고전학』(밀양문화원, 2021, 55~254쪽) 참조.

○공문충(孔文沖): ≪과거에 급제하여 중국 조정에 사신으로 갔다가 황제가 그의 사람됨을 가상히 여겨 중국에 머무르게 하고는 돌려보내 주지 않았다. 마침내 중국에서 사망하였다.≫

○박기(朴耆): ≪문과급제. 참판(參判).≫

○박대생(朴大生): ≪병사(兵使)≫

○박천경(朴天卿): ≪문과급제. 좌윤(左尹).≫

○이오(李午): ≪문과급제. 참의(參議).≫

○이술(李戌): ≪수사(水使)≫

○송일(宋軼): ≪영상(領相)≫

○이영중(李榮中): ≪감사(監司)≫

○민위(閔暐): ≪좌윤(左尹)≫

○안증(安嶒): ≪문과급제. 사서(司書).≫

○손관(孫寬): ≪부사(府使)≫

○강자평(姜子平): ≪감사(監司)≫

○조효동(趙孝仝): ≪사간(司諫). 학행이 있었다.≫

○신엄(申儼): ≪부사(府使)≫

○강흥숙(姜興叔): ≪문과급제. 정언(正言).≫

○손이순(孫以恂): ≪무과급제. 병사(兵使).≫

○김치향(金致享): ≪수사(水使)≫

○박곤(朴坤): ≪무과에 세 번 장원급제했고, 관직이 군수(郡守)에 이르렀다. 일찍이 천자에게 조회하러 가는 사신단의 종사관으로 북경에 갔는데 완력이 여러 나라 가운데 최고였다. 천자가 장수의 씨를 얻고자 하여 중국 여자를 아내로 삼게 하였는데 박곤은 그녀가 임신한 것을 알고 이름을 삼걸(三傑)이라

지어주고 귀국하였다. 임진왜란이 일어나자 삼걸이 종군을 자청하여 도총관(都摠管)의 군교(軍校)로 조선에 와서 친족을 찾아갔다.≫

○이태(李迨): ≪문과급제. 한림(翰林).≫

○이광진(李光軫): ≪문과급제. 한림(翰林). 문학으로 칭송받았다.≫

○최환(崔渙)[2]: ≪문과급제. 장령(掌令).≫

○김효급(金孝給): ≪문과급제. 참의(參議).≫

○박민준(朴民俊): ≪문과급제. 지평(持平).≫

○손영제(孫英濟): ≪문과급제. 정랑(正郎) 학행으로 칭송받았다.≫

○조광익(曺光益): ≪정랑(正郎). 호 취원당(聚遠堂). 효행으로 정려되었다.≫

○류효천(柳孝川): ≪문과급제. 제학(提學).≫

○박수춘(朴壽春): ≪학행과 효우로 당대에 칭송받았다. 병자호란 이후로는 산골짜기 밖으로 걸음을 하지 않다가 세상을 떠났다. 대구 남강서원(南崗書院)에 배향되었다.≫

○고신인(高信仁): ≪판윤(判尹)≫

○류분(柳芬): ≪훈도(訓導) 학행으로 칭송받았다.≫

○성수겸(成守謙): ≪감사(監司)≫

○손약수(孫若水): ≪문장(文壯)≫

○노수(盧琇): ≪문장(文壯)≫

○박문손(朴文孫): ≪문과급제. 통례(通禮).≫

○강영숙(姜英叔): ≪문과급제. 정언(正言).≫

○안억수(安億壽): ≪문과급제. 현감(縣監).≫

---

2) 최환(崔渙): 원전에는 '최환(崔奐)'이라 되어 있으나, 오기라 고쳤다. 나주목사를 지냈고, 가계는 '최지영-최계동-최숙강-최환-최여기(1528~1586)'으로 이어진다.

○안여충(安汝忠): ≪무과급제. 우후(虞候).≫

○박향간(朴享幹): ≪문과급제. 군수(郡守).≫

○박구원(朴龜元): ≪문과급제. 현감(縣監).≫

○박말주(朴末柱): ≪문과급제. 정자(正字).≫

○박대수(朴大秀): ≪우후(虞候). 임진왜란 때 홀로 왜적의 진영과 맞서 죽이고 사로잡은 왜적이 매우 많았다.≫

○손기종(孫起宗): ≪무장(武壯)≫

○안숙(安璹): ≪문과급제. 도사(都事).≫

○김희로(金希魯): ≪진사(進士)≫

○김수인(金守認): ≪생원(生員). 효행과 문예로 칭송받았다.≫

○김일준(金馹駿): ≪문과급제. 부사(府使).≫

○박진한(朴振翰): ≪병사(兵使)≫

○성이도(成以道): ≪생원(生員). 문장에 능하였다. 과거 공부를 접고 묘봉(妙峯)에 은거하여 끝내 세상에 나오지 않았다.≫

○허신(許伸): ≪성품이 기개가 높고 호방하여 거리낌이 없었고 강개하여 큰 절의가 있었다. 일찍이 원수(元帥) 김응하(金應河) 막하에서 백의종군하였는데 이때 북방 오랑캐들이 굳세고 강하여 화의론이 마침내 일어나게 되자 통군정(統軍亭)에 올라 시를 지으니, 다음과 같다. "칼을 집고 서쪽으로 온 뜻이, 큰 공 세워 백두산에 새기려 함인데, 아. 화(和) 이 한 글자가, 나 홀로 누정에 오르게 하는구나." 이후 병자호란이 일어났을 때 천릿길을 도보로 다시 또 행재소(行在所)3)로 달려가니 당시 사람들이 그 충의에 탄복하였다.≫

○장문익(蔣文益): ≪효우와 학행으로 이름이 드러났다. 병자호란 때 12읍

---

3) 행재소(行在所): 임금이 파천(播遷)하여 임시로 머무르던 곳을 가리킨다.

(邑)의 의병장으로 추대되었다. 그 후 낙동강 위에 정자를 짓고 지내면서 초연히 자득한 뜻이 있었다.≫

○곽세익(郭世翼): ≪문과급제. 사예(司藝).≫

○박옥형(朴玉衡): ≪무과급제. 군수(郡守).≫

○박몽룡(朴夢龍): ≪무과급제. 임진왜란 때 죽인 왜적이 매우 많았다. 원종공신(原從功臣)에 녹훈되었다.≫

○이선지(李先智): ≪무과급제. 첨지(僉知).≫

○김지건(金之鍵): ≪무과급제. 부사(府使).≫

○김기(金淇): ≪무과급제≫

○조정하(曺挺夏): ≪무과급제. 우후(虞候).≫

○하충(河沖): ≪문과급제. 집의(執義).≫

○이유근(李惟謹): ≪문과급제. 부사(府使).≫

○손은(孫誾): ≪문과급제. 부사(府使).≫

○현홍윤(玄洪潤): ≪문과급제. 부사(府使).≫

○박시예(朴時乂): ≪문과급제. 부사(府使).≫

○**심익(沈瀷)**[1]: 《사인 심광세(沈光世)의 증손이다. 문장과 덕의(德義)가 명문가에서도 빼어났으며 짊어진 신망이 두터웠다. 숙종조에 과거 급제하였는데 보직을 부여받기도 전에 졸하였다. 이후 사서(司書)로 추증되었다.》

○**이명기(李命夔)**[2]: 《호 청옹(聽翁). 성산군(星山君) 이식(李軾)의 6세손이다. 숙종조에 과거에 급제하였으나 일관(一官)[3]도 얻지 못하고 졸하였다.》

○**손만중(孫萬重)**[4]: 《찰방(察訪). 손영제(孫英濟)의 5대손이다.》

○**류봉명(柳鳳鳴)**[5]: 《문과급제. 군수(郡守)》

○**신유한(申維翰)**[6]: 《호 청천(青泉). 문장에 능했다. 숙종조에 과거 급제하여 관직이 첨정(僉正)에 이르렀다.》

---

1) 심익(沈瀷): 1645~1710. 본관 청송. 가계는 '심광세-심은-심약명-심익'으로 이어진다.

2) 이명기(李命夔): 1653~1716. 생부는 이이주의 동생인 이이두(李而杜)이다. 가계는 '이식-이덕창-이엽-이만생-이계윤-이이주-이명기'로 이어진다. 원전에는 호가 '청천(聽天)'으로 되어 있으나 오기라 고쳐 번역했다.

3) 일관(一官): 일명(一命)과 같은 말로, 처음으로 관등(官等)을 받고서 되는 관원을 말하는데, 보통 9품관을 가리킨다.

4) 손만중(孫萬重): 1664~1708. 본관 밀양. 숙부 손석좌의 양자. 가계는 '손영제-손기후-손반-손창조-손석보-손만중'으로 이어진다.

5) 류봉명(柳鳳鳴): 1672~1725. 본관 문화. 자 덕휘(德輝), 호 역학당(易學堂). 삼랑진읍 청룡리 출생으로 1708년 문과 급제했다. 성균관 전적, 사헌부 감찰, 결성현감, 거창현감, 마전현감 등을 지냈다. 가계는 '류광윤-류한-류성익-류세보-류봉명'으로 이어진다. 노상직, 「거창부사류공묘갈명」, 『소눌집』 권41.

6) 신유한(申維翰): 1681~1752. 본관 영해. 밀양 죽원에서 서얼로 태어난 그는 1713년 장원 급제했고, 이듬해 경북 고령으로 이거했다. 1719년 통신사 제술관으로 일본을 다녀온 뒤 『해유록』을 지어 '삼국문장'으로 명성을 떨쳤다.

|관안(官案)|[1]

○박진(朴譜)[2]: ≪당시 풍각현에 기이한 사건이 있어서 현감(縣監)으로 강등되었다.≫

○김광철(金光轍)[3]

○이충걸(李忠傑)[4]: ≪소루(召樓)를 보수하고 증축하였다.≫

○권벌(權橃)[5]: ≪가정 계사년 부임. 을미년 체귀(遞歸, 발병이나 부모 봉양, 혹은 연로한 이유로 관직을 벗고 귀향함)≫

○조적(趙績)[6]: ≪문과급제≫

○이언적(李彦迪)[7]: ≪호 회재(晦齋). 백성을 다스리고 관리들을 거느리면서 크고 작은 일에 모두 조리가 있으니 관리들은 단속되고 백성들은 잘 따르게 되었다.≫

---

1) 관안은 1516년 박진부터 1785년 김이탁까지의 밀양부사 명단이다. 16세기 명부에 일부 선후가 바뀌었다. 부사의 정보에 대해서는 하강진의 「역대 밀양 행정의 최고 책임자」(공저, 『들려주고 싶은 삼랑진 이야기』, 경진출판, 2022, 41~56쪽) 참조.

2) 박진(朴譜): 그가 재임하던 1516년(중종 11) 12월 24일 풍각현의 박군효(朴君孝)가 그 아비의 머리를 난타해 살해한 사건이 일어났다. 이에 밀양도호부는 밀양현으로 강등되었고, 땅은 청도·영산·경산·현풍 등으로 나누어졌다가 1522년 2월 3일 밀양부로 복구되었다. 하강진, 「밀양시의 연혁」, 『들려주고 싶은 삼랑진 이야기』(공저), 경진출판, 25쪽 참조.

3) 김광철(金光轍): 1517년 윤12월 17일 밀양부사에 제수되었다.

4) 이충걸(李忠傑): 1503년경 밀양부사를 지냈다. 원래 이름은 이세걸이고, 1504년 5월 이충순(李忠純)으로 개명했다. 재임 중 소루(召樓)를 증축한 뒤 임경당(침류당의 전신)으로 개칭했다.

5) 권벌(權橃): 1533년 6월부터 1535년까지 재임했다.

6) 조적(趙績): 1529년 밀양부사를 지냈다.

7) 이언적(李彦迪): 1592년 11월부터 1530년 10월까지 재임했다.

○조수천(趙守千)8): ≪문과급제≫

○장적(張籍)9): ≪문과급제≫

○어득강(魚得江)10): ≪문과급제≫

○박세후(朴世煦)11): ≪기해년 부임. 임인년 체귀(遞歸)≫

○전팽령(全彭齡)12): ≪문과급제≫

○안주(安宙)13): ≪문과급제≫

○장응성(張應星)14): ≪신해년 부임≫

○강응태(姜應台)15): ≪임자년 부임≫

○김우(金雨)16): ≪계축년 부임≫

○이도남(李圖南)17): ≪을묘년 부임≫

○최개국(崔蓋國)18): ≪정사년 부임≫

○서구연(徐九淵)19): ≪신유년 부임≫

○정현(鄭礥)20): ≪신유년 부임≫

---

8) 조수천(趙守千): 1529년 밀양부사를 지냈다.

9) 장적(張籍): 1538년부터 동년 10월까지 재임했다. 남수정을 창건했다.

10) 어득강(魚得江): 1538년 10월부터 1539년 12월까지 재임했다. 남수정 작명 및 단청하였다.

11) 박세후(朴世煦): 1539년 12월부터 1542년 가을까지 재임했다. 영남루를 중수하고, 망호
    당 이건 후 능파당으로 개칭하였으며, 임경당 중수 후 침류당으로 개칭하였다. 남수정을
    확장하였다.

12) 전팽령(全彭齡): 1546년 밀양부사를 지냈다.

13) 안주(安宙): 1546년 12월부터 1550년까지 재임했다.

14) 장응성(張應星): 1551년 6월 밀양부사를 지냈다.

15) 강응태(姜應台): 1551년 7월부터 1552년 1월까지 재임했다. 재직 중 졸하였다.

16) 김우(金雨): 1553년부터 1555년까지 재임했다. 향교를 보수하고 기민을 구제하였다.

17) 이도남(李圖南): 1555년 가을부터 1557년 봄까지 재임했다.

18) 최개국(崔蓋國): 1557년부터 1561년 봄까지 재임했다.

19) 서구연(徐九淵): 1561년 여름부터 1562년 2월까지 재임했다. 재직 중 졸하였다.

20) 정현(鄭礥): 1562년 3월부터 동년 가을까지 재임했다.

○한성원(韓性源)[21]: 《임술년 부임. 선정비(善政碑)가 있다.》

○이경우(李慶祐)[22]: 《을축년 부임》

○송거(宋鐻)[23]: 《무진년 부임》

○박승간(朴承侃)[24]: 《경오년 부임》

○황박(黃博)[25]: 《신미년 부임》

○양의(梁艤)[26]: 《계유년 부임》

○김극일(金克一)[27]: 《을해년 부임》

○이언유(李彦愉)[28]: 《기묘년 부임》

○하진보(河晋寶)[29]: 《기묘년 부임. 묘비명은 다음과 같다. "효성스럽고 인자하며, 천성이 화평하였네. 침착하게 일을 처리하고, 부지런하고 간소함으로 자신을 단속하였네. 교육에 정성스럽고 독실하며, 정사의 일과를 달마다 점검하였네. 제례(祭禮)와 예악(禮樂)에 반드시 친히 제사에 임하였네. 책상엔 밀린 장부가 없었고 마을엔 관리가 보이지 않으니[30], 우리 백성의 부모이자, 참으로

---

21) 한성원(韓性源): 1562년 겨울부터 1565년 봄까지 재임했다.

22) 이경우(李慶祐): 1565년 봄부터 1568년 여름까지 재임했다. 덕성서원(예림서원 전신)을 창건했다.

23) 송거(宋鐻): 1568년 10월부터 1570년 여름까지 재임했다.

24) 박승간(朴承侃): 1570년 8월부터 1571년 봄까지 재임했다.

25) 황박(黃博): 1571년 가을부터 1573년 가을까지 재임했다.

26) 양의(梁艤): 1573년 겨울부터 1575년 봄까지 재임했다.

27) 김극일(金克一): 1575년 봄부터 1579년 봄까지 재임했다. 김종직의 쌍수정을 보수하고, 신계성여표비를 건립했다.

28) 이언유(李彦愉): 1579년 4월부터 동년 9월까지 재임했다.

29) 하진보(河晋寶): 1579년 겨울부터 1583년 여름까지 재임했고, 현 관아 앞에 인정비 (1906.2 중수)가 있다. 성황사를 읍성 동문 안으로 이전했다. 신원촌에 있던 여단을 구대촌 서쪽으로, 종남산 아래의 사직단을 오례촌 남쪽으로 각각 이전했다.

30) 관리가…않으니: 선정을 뜻함. 『후한서(後漢書)』 권76 「순리열전(循吏列傳)」 「유총(劉寵)」 에, "개들도 밤에 짖지 않고 백성들도 관리를 볼 수 없었다.[狗不夜吠, 民不見吏]"라는 표현이 있다.

군자로다. 마음으로 사랑하니 어찌 끝이 있었겠는가."≫

○김우홍(金宇弘)[31]: ≪계미년 부임≫

○박광옥(朴光玉)[32]: ≪을유년 부임≫

○정인관(鄭仁寬)[33]: ≪병술년 부임≫

○김해(金澥)[34]: ≪정해년 부임≫

○신잡(申礛)[35]: ≪경인년 부임≫

○변기(邊璣)[36]: ≪신묘년 부임≫

○박진(朴晉)[37]: ≪신묘년 부임. 임진왜란 때 작원(鵲院)에서의 전공으로 좌병사(左兵使)로 승진되었다.≫

○이수일(李守一)[38]: ≪임진년 부임≫

○박경신(朴慶新)[39]: ≪계사년 부임≫

○이방좌(李邦佐)[40]: ≪갑오년 부임≫

○배설(裵楔)[41]: ≪을미년 부임≫

○박기백(朴己百)[42]: ≪병신년 부임≫

○김준계(金遵階)[43]: ≪정유년 부임≫

---

31) 김우홍(金宇弘): 1583년 가을부터 1584년 겨울까지 재임했다.
32) 박광옥(朴光玉): 1585년 봄부터 1586년 봄까지 재임했다.
33) 정인관(鄭仁寬): 1586년 봄부터 동년 가을까지 재임했다.
34) 김해(金澥): 1587년 봄부터 1590년 가을까지 재임했다. 사장을 건립했다.
35) 신잡(申礛): 1590년 11월부터 1591년 6월까지 재임했다. 밀양읍성의 해자를 조성했다.
36) 변기(邊璣): 1591년 7월부터 동년 9월까지 재임했다.
37) 박진(朴晉): 1591년 10월부터 1592년까지 재임했다.
38) 이수일(李守一): 1592년 10월부터 1593년 3월까지 재임했다.
39) 박경신(朴慶新): 1593년 4월부터 1594년까지 재임했다.
40) 이방좌(李邦佐): 1594년 9월부터 1595년 여름까지 재임했다.
41) 배설(裵楔): 1595년 10월부터 1596년 1월까지 재임했다.
42) 박기백(朴己百): 1596년 1월부터 1596년까지 재임했다.
43) 김준계(金遵階): 1597년 1월부터 동년 5월까지 재임했다.

○이영(李英)44): 《정유년 부임》

○김응서(金應瑞)45): 《경자년 부임》

○이염(李琰)46): 《신축년 부임》

○최기(崔沂)47): 《임인년 부임. 묘비명은 다음과 같다. "공이 오니 백성들이 떠받들고, 공이 떠나니 백성들이 그리워하네. 그리움만으론 부족하여 비를 세웠네."》

○여유길(呂裕吉)48): 《계묘년 부임》

○정기룡(鄭起龍)49): 《갑진년 부임. 묘비명은 다음과 같다. "맑은 바람이 6월의 더위를 날려 버리듯, 검소한 덕으로 한 지역의 고달픔을 소생시켰네. 갑자기 떠나가지 마시게 굶어 죽을 지경이니, 백성이라고 어찌 뒷날의 걱정이 없으리오."》

○이수(李璲)50): 《을사년 부임》

○오응태(吳應台)51): 《병오년 부임》

○김억추(金億秋)52): 《정미년 부임》

○기효복(奇孝福)53): 《정미년 부임》

---

44) 이영(李英): 1597년 5월부터 1599년까지 재임했다. 억석당(영남루 전신)을 건립했다.

45) 김응서(金應瑞): 1601년 8월부터 동년 12월까지 재임했다.

46) 이염(李琰): 1601년 2월부터 동년 겨울까지 재임했다.

47) 최기(崔沂): 1602년 2월부터 동년 6월까지 재임했다. 용가리의 소실된 대성전을 교동에 중창하였다.

48) 여유길(呂裕吉): 1603년 7월부터 동년 12월까지 재임했다.

49) 정기룡(鄭起龍): 1604년 2월부터 1605년 7월까지 재임했다.

50) 이수(李璲): 1605년 7월부터 동년 12월까지 재임했다.

51) 오응태(吳應台): 1606년 1월부터 동년 겨울까지 재임했다. 덕성서원을 복원하고, 회내창을 중창하였으며, 군기소를 창건했다.

52) 김억추(金億秋): 1607년 1월부터 동년 9월까지 재임했다.

53) 기효복(奇孝福): 1607년 9월부터 1610년 5월까지 재임했다. 침류당·능파당을 중창하고, 대동청 신설했다.

○원유남(元裕男)[54]: ≪경술년 부임≫

○안륵(安玏)[55]: ≪임자년 부임≫

○정사신(鄭士信)[56]: ≪계축년 부임≫

○성진선(成晉善)[57]: ≪계축년 부임≫

○이홍사(李弘嗣)[58]: ≪을묘년 부임≫

○신경진(申景珍)[59]: ≪기미년 부임≫

○박계장(朴啓章)[60]: ≪임술년 부임≫

○변흡(邊潝)[61]: ≪계해년 부임≫

○한호문(韓好問)[62]: ≪계해년 부임≫

○이안직(李安直)[63]: ≪계해년 부임≫

○여우길(呂祐吉)[64]: ≪병인년 부임≫

○정두원(鄭斗源)[65]: ≪무진년 부임≫

○이언영(李彦英)[66]: ≪기사년 부임≫

---

54) 원유남(元裕男): 1610년 5월부터 1612년 윤11월까지 재임했다. 관아를 중창했다.

55) 안륵(安玏): 1612년 12월부터 1613년 7월까지 재임했다. 연당을 건립하고, 향사당을 중창했다.

56) 정사신(鄭士信): 1613년 8월부터 동년 10월까지 재임했다.

57) 성진선(成晉善): 1613년 11월부터 1615년 여름까지 재임했다. 향교의 동서무를 중창하고, 판청을 중창했다.

58) 이홍사(李弘嗣): 1615년 7월부터 1618년 12월까지 재임했다. 대성전의 들보 붕괴로 동쪽에 이건하고, 명륜당과 동서재를 중창했다.

59) 신경진(申景珍): 1619년 2월부터 1622년 가을까지 재임했다.

60) 박계장(朴啓章): 1622년 9월부터 1623년 4월까지 재임했다.

61) 변흡(邊潝): 1623년 5월부터 동년 7월까지 재임했다.

62) 한호문(韓好問): 1623년 8월부터 동년 10월까지 재임했다.

63) 이안직(李安直): 1623년 윤10월부터 1626년 여름까지 재임했다. 부사(부장청)를 중건했다.

64) 여우길(呂祐吉): 1626년 7월부터 1628년 1월까지 재임했다. 정묘호란 때 밀양인 박유의 참전을 지원했다.

65) 정두원(鄭斗源): 1628년 3월부터 동년 12월까지 재임했다. 용두연의 기우제를 거행했다.

○이필영(李必榮)67): ≪경오년 부임≫

○이유달(李惟達)68): ≪계유년 부임≫

○이필달(李必達)69): ≪을해년 부임. 병자년에 본부의 병사를 이끌고 쌍령(雙嶺)의 전장으로 달려갔다.≫

○이사상(李士祥)70): ≪무인년 부임≫

○선약해(宣若海)71): ≪기묘년 부임≫

○심기성(沈器成)72): ≪신사년 부임≫

○이지선(李祗先)73): ≪계미년 부임≫

○정태제(鄭泰濟)74): ≪을유년 부임≫

○김여옥(金汝鈺)75): ≪병술년 부임≫

○강대수(姜大遂)76): ≪정해년 부임≫

○나위소(羅緯素)77): ≪무자년 부임≫

---

66) 이언영(李彥英): 1629년 2월부터 1630년 4월까지 재임했다.

67) 이필영(李必榮): 1630년 8월부터 1633년 1월까지 재임했다. 용두제를 수축하고, 서역소·동고·교방을 중창하였으며, 형옥의 담장을 중수했다.

68) 이유달(李惟達): 1633년 2월부터 1635년 7월까지 재임했다. 연정을 건립하고, 김종직신도비·신계성여표비를 중건하였으며, 위양제를 수축하고, 덕성서원을 예림으로 이건을 시작했다.

69) 이필달(李必達): 1635년 10월부터 1638년 4월까지 재임했다. 덕성서원의 이건을 완료하고, 예림서원으로 개칭했다.

70) 이사상(李士祥): 1638년 4월부터 1639년 8월까지 재임했다.

71) 선약해(宣若海): 1639년 11월부터 1641년 9월까지 재임했다.

72) 심기성(沈器成): 1641년 10월부터 1643년 8월까지 재임했다. 공진관을 중창하고, 영남루·능파당을 신축했다. 어떤 일에 연루된 탓인지 읍지에는 대개 성씨만 표기했다.

73) 이지선(李祗先): 1643년 9월부터 1645년 7월까지 재임하다가 졸하였고, 현 관아 앞에 청검선정비(1646.2)가 있다.

74) 정태제(鄭泰濟): 1645년 10월부터 1646년 4월까지 재임했다.

75) 김여옥(金汝鈺): 1646년 6월부터 1647년 8월까지 재임했다.

76) 강대수(姜大遂): 1647년 10월부터 1648년 5월까지 재임했다. 향약의 절목을 수정했다.

77) 나위소(羅緯素): 1648년 7월부터 1649년 봄까지 재임했다.

○**최욱(崔煜)**[78]: ≪기축년 부임≫

○**김응조(金應祖)**[79]: ≪신묘년 부임≫

○**신익전(申翊全)**[80]: ≪임진년 부임≫

○**이진(李袗)**[81]: ≪임진년 부임≫

○**정창주(鄭昌胄)**[82]: ≪계사년 부임≫

○**윤득열(尹得說)**[83]: ≪을미년 부임≫

○**권령(權坽)**[84]: ≪병신년 부임≫

○**김하량(金厦樑)**[85]: ≪정유년 부임≫

○**황준구(黃儁耈)**[86]: ≪무술년 부임≫

○**송시철(宋時喆)**[87]: ≪기해년 부임≫

○**이지온(李之韞)**[88]: ≪경자년 부임≫

○**이극성(李克誠)**[89]: ≪계묘년 부임≫ ≪갑진(1664) 연간에 수령이 역률(逆

---

78) 최욱(崔煜): 1649년 12월부터 1651년 10월까지 재임했다.

79) 김응조(金應祖): 1651년 12월부터 1652년 4월까지 재임했다. 공진관을 영남루 북쪽에 중창하고, 예림서원의 강당과 신문을 창건했다. 원전에는 '김응화(金應和)'라 되어 있으나 오기이다.

80) 신익전(申翊全): 1652년 5월부터 동년 8월까지 재임했다. 『밀양지』를 편찬하였다. 자형 조계원(1592~1670)이 경상도관찰사가 됨으로써 상피로 물러났다.

81) 이진(李袗): 1652년 11월부터 1653년 8월까지 재임했다.

82) 정창주(鄭昌胄): 1653년 10월부터 1654년 12월까지 재임했다. 백산 봉수대 설치했다.

83) 윤득열(尹得說): 1655년 1월부터 1656년 10월까지 재임했다.

84) 권령(權坽): 1656년 12월 밀양부사에 제수되었다.

85) 김하량(金厦樑): 1657년 2월부터 동년 9월까지 재임했다.

86) 황준구(黃儁耈): 1658년 1월부터 동년 12월까지 재임했다.

87) 송시철(宋時喆): 1659년 2월부터 1660년 2월까지 재임했다.

88) 이지온(李之韞): 1660년 5월부터 1662년 가을까지 재임했다. 침류당을 단청하고, 내창·동고 창건했으며, 공진관을 단청한 후 밀주관으로 개칭했다. 서고를 신축하고, 좌기청 신설하였으며, 고마창을 설치했다.

89) 이극성(李克誠): 1663년 3월부터 동년 4월까지 재임했다.

律, 역적을 처벌하는 법률)로 죽었는데, 지금 여기에는 감히 기록하지 않는다.≫

○홍성구(洪聖龜)[90]: ≪을사년 부임≫

○이정(李晸)[91]: ≪을사년 부임≫

○이동직(李東稷)[92]: ≪병오년 부임≫

○이규진(李奎鎭)[93]: ≪기유년 부임≫

○이희년(李喜年)[94]: ≪임자년 부임≫

○윤이익(尹以益)[95]: ≪을묘년 부임≫

○김빈(金鑌)[96]: ≪병진년 부임≫

○류지(柳楮)[97]: ≪정사년 부임≫

○이혜(李秇)[98]: ≪무오년 부임≫

○박흥문(朴興文)[99]: ≪기미년 부임≫

○목창명(睦昌明)[100]: ≪경신년 부임≫

---

90) 홍성구(洪聖龜): 1664년 9월부터 1665년 10월까지 재임했다. 요선관(현 천진궁)을 창건하고, 노형소를 관민국으로 개명하였다.

91) 이정(李晸): 1665년 12월부터 1666년 7월까지 재임했다.

92) 이동직(李東稷): 1666년 9월부터 1669년 2월까지 재임했다. 회내창·좌기청·서고를 재건하고, 용두제를 증축하였다.

93) 이규진(李奎鎭): 1669년 봄부터 1671년 겨울까지 재임했다. 예림서원이란 사액이 내려지고, 향사당을 확장하였다.

94) 이희년(李喜年): 1672년 2월부터 1675년 9월까지 재임했다. 대동청·좌기청·서고를 중수하고, 연당 별관을 건립했으며, 성황사를 남림(현 삼문동)으로 이전하였다. 용두제를 축조하고, 삼랑창을 신설했다.

95) 윤이익(尹以益): 1675년 9월부터 동년 가을까지 재임했다.

96) 김빈(金鑌): 1676년 11월부터 1677년 5월까지 재임했다.

97) 류지(柳楮): 1677년 6월부터 1678년 1월까지 재임했다.

98) 이혜(李秇): 1678년 4월부터 1679년 2월까지 재임했다. 예림서원의 강당과 사우가 소실되었다.

99) 박흥문(朴興文): 1679년 4월부터 1680년 1월까지 재임했다.

100) 목창명(睦昌明): 1680년 5월 밀양부사로 재임했다.

○남익훈(南益熏)[101]: ≪경신년 부임≫

○이효원(李孝源)[102]: ≪신유년 부임≫

○심익상(沈益相)[103]: ≪갑자년 부임≫

○홍수주(洪受疇)[104]: ≪무진년 부임≫

○류이정(柳以井)[105]: ≪기사년 부임≫

○김봉지(金鳳至)[106]: ≪계유년 부임≫

○홍득우(洪得禹)[107]: ≪갑술년 부임≫

○심징(沈澂)[108]: ≪정축년 부임≫

○정시선(鄭是先)[109]: ≪신사년 부임≫

○조태로(趙泰老)[110]: ≪계미년 부임≫

○김홍정(金弘楨)[111]: ≪갑신년 부임≫

○이징하(李徵夏)[112]: ≪병술년 부임≫

○임방(任埅)[113]: ≪무자년 부임≫ ≪신묘(1711) 연간에 수령이 노적(峑

---

101) 남익훈(南益熏): 1680년 6월부터 1681년 1월까지 재임했다. 예림서원을 사포에 이전 복원하였다.

102) 이효원(李孝源): 1681년 2월부터 1684년 3월까지 재임했다.

103) 심익상(沈益相): 1684년 5월부터 1688년 11월까지 재임했다.

104) 홍수주(洪受疇): 1688년 12월부터 1689년 7월까지 재임했다.

105) 류이정(柳以井): 1689년 11월부터 1693년 1월까지 재임했고, 현 관아 앞에 휼민선정만 세불망비(1693.5)가 있다. 밀양향안을 작성하였다.

106) 김봉지(金鳳至): 1693년 3월부터 1694년 7월까지 재임했다. 하담 김시양의 증손이다.

107) 홍득우(洪得禹): 1694년 9월부터 1696년 12월까지 재임했고, 현 관아 앞에 청덕선정비 (1696.12)가 있다.

108) 심징(沈澂): 1697년 1월부터 1701년 3월까지 재임했고, 현 관아 앞에 선정혜민비(1703.2) 가 있다.

109) 정시선(鄭是先): 1701년 9월부터 1703년 8월까지 재임했다.

110) 조태로(趙泰老): 1703년 9월부터 1704년 8월까지 재임했다.

111) 김홍정(金弘楨): 1704년 10월부터 1706년 4월까지 재임했다.

112) 이징하(李徵夏): 1706년 7월부터 1708년 6월까지 재임했다.

籍)114)에 들었는데, 감히 기록하지 않는다.≫

○김창석(金昌錫)115): ≪임진년 부임≫

○김시경(金是慶)116): ≪병신년 부임≫

○홍중연(洪重衍)117): ≪정유년 부임≫

○이정영(李梃英)118): ≪무술년 부임≫

○이수(李洙)119): ≪신축년 부임≫

○이희주(李熙疇)120): ≪임인년 부임≫

○조언신(趙彦臣)121): ≪을사년 부임≫

○이경제(李敬躋)122): ≪정미년 부임≫

○정혁선(鄭赫先)123): ≪경술년 부임≫

○이중협(李重協)124): ≪계축년 부임≫

○한덕전(韓德全)125): ≪갑인년 부임≫

---

113) 임방(任埅): 1708년 9월부터 1710년 1월까지 재임했다.

114) 노적(孥籍): 수노적산(收孥籍産)의 준말로, 처자식을 노비로 삼고 가산을 몰수한다는
    뜻이다.

115) 김창석(金昌錫): 1712년 3월부터 1716년 4월까지 재임했고, 현 관아 앞에 휼민선정비
    (1716.3)가 있다. 효충사를 건립하고, 표충사 건립과 표충암 중창을 시작했으며, 향사당
    을 이건했다.

116) 김시경(金是慶): 1716년 10월부터 1717년 9월까지 재임했다.

117) 홍중연(洪重衍): 1717년 9월부터 1718년 4월까지 재임했다.

118) 이정영(李梃英): 1718년 7월부터 1721년 1월까지 재임했다.

119) 이수(李洙): 1721년 2월부터 1722년 6월까지 재임했다.

120) 이희주(李熙疇): 1722년 8월부터 1725년 7월까지 재임했다. 영남루·능파당을 중건하고,
    연정을 개수했다.

121) 조언신(趙彦臣): 1725년 8월부터 1727년 6월까지 재임했다.

122) 이경제(李敬躋): 1727년 9월부터 1730년 9월까지 재임했다.

123) 정혁선(鄭赫先): 1730년 11월부터 1733년 3월까지 재임했다.

124) 이중협(李重協): 1733년 5월부터 1734년 3월까지 재임했다.

125) 한덕전(韓德全): 1734년 5월부터 동년 9월까지 재임했다.

○홍진유(洪晉猷)[126]: ≪갑인년 부임≫

○이광보(李匡輔)[127]: ≪병진년 부임≫

○임수적(任守迪)[128]: ≪정사년 부임≫

○윤무교(尹懋敎)[129]: ≪경신년 부임≫

○이현보(李玄輔)[130]: ≪계해년 부임≫

○송문상(宋文相)[131]: ≪갑자년 부임≫

○홍윤보(洪允輔)[132]: ≪을축년 부임≫

○이연덕(李延德)[133]: ≪정묘년 부임≫

○신준(申畯)[134]: ≪무진년 부임≫

○이덕현(李德顯)[135]: ≪신미년 부임≫

○조집명(趙集命)[136]: ≪임신년 부임≫

○김상열(金相說)[137]: ≪갑술년 부임≫

○이창원(李昌元)[138]: ≪정축년 부임≫

---

126) 홍진유(洪晉猷): 1734년 10월부터 1735년 10월까지 재임했다. 밀양부사 홍득우의 손자이다.

127) 이광보(李匡輔): 1736년 1월부터 1737년 7월까지 재임했다.

128) 임수적(任守迪): 1737년 9월부터 1740년 1월까지 재임했다. 공수를 중수하고, 매죽당을 중수하였으며, 요선관이 소실되고, 작원잔도 보수하였다.

129) 윤무교(尹懋敎): 1740년 3월부디 1742년 1일까지 재임했다.

130) 이현보(李玄輔): 1743년 4월부터 1744년 4월까지 재임했다.

131) 송문상(宋文相): 1744년 6월부터 1745년 4월까지 재임했다. 표충암 승려 남붕의 장계로 파직되었다.

132) 홍윤보(洪允輔): 1745년 7월부터 1747년 5월까지 재임했다.

133) 이연덕(李延德): 1747년 7월부터 1748년 5월까지 재임했다.

134) 신준(申畯): 1748년 윤7월부터 1751년 5월까지 재임했다. 요선관을 중창했다.

135) 이덕현(李德顯): 1751년 8월부터 1752년 5월까지 재임했다.

136) 조집명(趙集命): 1752년 9월부터 1754년 5월까지 재임했고, 현 관아 앞에 영세불망비(1754.10)가 있다. 석빙고를 창설하였다.

137) 김상열(金相說): 1754년 7월부터 1757년 3월까지 재임했다. 서창, 동창을 건립했다.

○조재선(趙載選)139): ≪기묘년 부임≫

○이익현(李益炫)140): ≪경진년 부임≫

○김인대(金仁大)141): ≪계미년 부임≫

○윤상후(尹象厚)142): ≪정해년 부임≫

○송진흠(宋晉欽)143)

○황인겸(黃仁謙)144)

○김상무(金相戊)145)

○이백규(李白圭)146)

○김상직(金相直)147)

○정존중(鄭存中)148)

○윤광유(尹光裕)149)

○김이안(金履安)150)

---

138) 이창원(李昌元): 1757년 3월부터 1759년 3월까지 재임했다.
139) 조재선(趙載選): 1759년 윤6월부터 1760년 12월까지 재임했고, 현 관아 앞에 영세불망
비(1760.12)가 있다.
140) 이익현(李益炫): 1760년 12월부터 1763년 12월까지 재임했다.
141) 김인대(金仁大): 1764년 2월부터 1767년 4월까지 재임했고, 현 삼랑진 후조창에 유애비
(1766)가 있다. 향사당을 중수하고, 신계성여표비 중건하였으며, 후조창을 설치하고, 읍
승정을 창건했다.
142) 윤상후(尹象厚): 1767년 4월부터 동년 윤7월까지 재임했다.
143) 송진흠(宋晉欽): 1767년 윤7월부터 1770년 4월까지 재임했다.
144) 황인겸(黃仁謙): 1770년 4월부터 1772년 1월까지 재임했다. 남창을 창건했다.
145) 김상무(金相戊): 1772년 1월부터 동년 12월까지 재임했다.
146) 이백규(李白圭): 1772년 12월부터 1773년 4월까지 재임했다. 조선(漕船) 사건으로 파직
되었다.
147) 김상직(金相直): 1773년 6월부터 동년 8월까지 재임했다.
148) 정존중(鄭存中): 1773년 10월부터 1776년 11월까지 재임했고, 현 관아 앞에 유애불망비
(1778.6)가 있다. 향교 절목을 제정하고, 매죽당을 중건하였으며, 삼강사비를 이건하였다.
149) 윤광유(尹光裕): 1776년 11월부터 1779년 5월까지 재임했다. 남루 누각 공해루를 건립
했다.

○홍병은(洪秉殷)[151]
○김이탁(金履鐸)[152]

---

150) 김이안(金履安): 1779년 6월부터 1780년 2월까지 재임했다.

151) 홍병은(洪秉殷): 1780년 3월부터 1781년 1월까지 재임했다.

152) 김이탁(金履鐸): 1781년 3월부터 1785년 4월까지 재임했다. 1783년 무봉암을 중건했고, 영남루에 시판이 있다.

(원문) 밀주지리인물문한지
(密州地理人物文翰誌)

戊戌重陽日獲麟

密州地理

|府內面|

凝川: ≪在府城南.≫ 其源有三, 一出府東載藥山, 一出淸道郡東雲門山, 一
出豐角縣北琵瑟山, 合流爲匯過府城, 南入于三郎津. ≪佔畢齋詩曰:

> 檻外澄江百頃雲, 畵船橫渡皺生紋.

> 晚來半醉撑篙看, 兩岸靑山更十分.≫

東至梁山郡界四十九里, 至彦陽縣界九十三里. 南至金海府界四十七里,
至守山縣昌原府界五十里. 西至靈山縣界三十八里. 北至淸道郡界三十一
里, 至豐角縣北星州牧界九十里. 距京都八百十二里.

建置沿革: 本新羅推火郡. 景德王改密城郡. ≪按『東史』: "景德王十六年, 置九州, 分統郡縣, 改郡爲縣.≫ 高麗初因之. 成宗改密州刺史, 顯宗還爲密陽郡. 忠烈王, 降爲歸化部曲, 屬鷄林. 後稱密城縣, 十一年陞爲郡, 恭讓王以曾祖妣益陽侯朴氏之鄕, 陞爲密陽府.

太祖朝, 還爲密城. 後以入朝宦者金仁甫之鄕, 復陞爲府, 改今名. 太宗朝, 還爲郡, 後例爲都護府. 宣祖朝始設防禦營, 府使例兼. 己巳還罷. 辛巳兼討捕使. 己酉還罷. 屬縣按『新羅地理』: "密城郡領縣五, 尙藥·密津·烏岳·荊山·蘇山."

○『輿地勝覽』「靈山沿革」註云: "新羅景德王, 以尙藥爲密城領縣. 高麗元宗, 置監務."「淸道沿革」註云: "景德王, 以烏岳·荊山·蘇山, 俱爲密城領縣. 高麗初, 復合三縣, 爲淸道郡, 仍屬密城. 睿宗置監務."

○按『高麗地理』: "密城郡屬郡二縣四, 昌寧·淸道郡·玄風·桂城·靈山·豐角縣."『輿地勝覽』「玄風沿革」註云: "高麗顯宗, 以玄風屬密城. 恭讓王置監務, 割密城地仇知山部曲, 屬之."「昌寧沿革」註云: "高麗顯宗以昌寧屬密城. 明宗置監務."

○密津縣≪一名竹山≫『輿地勝覽』: "金富軾云: '景德王改名, 爲密陽領縣.', 今未詳. 今按權近『史略』「新羅地理」〈推火〉註云'密陽', 〈尙藥〉註云'靈山', 〈推浦〉註云'密津'. 以此觀之, 靈山南三十里有蔑浦, 推與蔑密, 方音同, 疑此其地. 況高麗時靈山桂城, 皆密城領縣, 則此地亦屬密陽, 明矣.

郡名: 推火·密城·密州·歸化·凝川·密山.

姓氏: 本府: 孫·朴·金·卞·趙·邊·楊·唐≪浙江明州人, 元時來≫·李·崔·尹·曺≪並來≫, 守山: 徐·孫≪金州來≫, 豐角: 魯·田·劉·斧·苔·金≪淸道來≫, 來進: 卞·朴, 豆也保: 白·魯·朴≪續≫, 今音勿: 諸. 伊冬音: 諸·尹≪漆原≫.

土産: 紙·笛竹·箭竹·銀口魚·黃魚·鰤魚·鱸魚·訥魚·松蕈·石蕈·石榴·栗·麻·茯苓·天門冬·麥門冬·斑石

邑城: 《周回四千六百七十尺, 高九尺. 內有八井三池. 成化十五年己亥築. 萬曆十八年庚寅, 府使申礁開潢南門內, 鑿池引水, 以爲防守之計. 己亥卽成廟十年, 庚寅卽宣廟十三年.》

將軍井: 《在客舍東北, 泌沸淸洌, 冬溫夏冷, 深可十餘尺, 雖大旱不渴. 諺傳金碩將軍井. 出『輿地勝覽』.》

蓮池: 《在客舍東, 萬曆癸丑, 府使安功所開. 至甲寅, 府使李喜年改鑿建別館.》

衙舍: 《內外·東西軒·別室, 百餘間. 壬辰蕩盡. 萬曆辛亥, 府使元裕男重創. 府使鄭斗源, 題咏壁上其詩曰: 歲暮銅章兩鬢華, 罷衙閑坐日西斜. 庭前只有寒梅樹, 猶似孤山處士家.》

客舍: 《在南門內, 東上軒·中大廳·上西軒·郞廳房·下西軒·左右夾室·鋪陳庫, 並百餘間. 壬乱蕩盡.》

敎坊: 《在客舍東, 府使李必榮重創. 有竹枝曲九章. 其詩曰:

絲管高樓鳴珮環, 頓香半落蓼花灣.
鴛鴦屬玉雙雙舞, 惹得愁攢八字山.

梅天靄靄雨頻來, 雲開岩壑水喧雷.
誰知萬派同流意, 無限離腸不自裁.

樓下清江畫鷁浮, 樓中簫鼓每驚鷗.

使君燕罷皇華使, 深鎖樓臺彈玉鉤.

又是江頭祓禊春, 閑追女伴賽江神.

江洲日暮蘋花吐, 安得招招捐袂人.

四月江頭楊柳花, 花飛渡江点晴波.

相隨惟有浮萍草, 奈此人生離別何.

金洞驛邊蒲獵獵, 馬山巷口荇田田.

佳期三五又二八, 試問前村採蚌船.

郎意搖搖如竹枝, 妾心休比藕中絲.

竹枝從來多苦節, 藕絲寧有勝針時.

靈井山頭月欲高, 玄裳羽客唳江皋.

共君須向中秋夜, 閑艤倉灘看雪濤.

咫尺樓前潮欲到, 須臾却向海門廻.

長安遠信猶堪寄, 潮縱不來魚自來.

出『佔畢齋集』≫

司倉: ≪在衙東, 坐起廳·書員廳·億萬庫·四方棟, 並百七十餘間. 萬曆戊子, 府使金澍, 以倉庫盈溢, 露積於外, 別營一棟, 三十五間. 會內倉穀, 荒租·黃豆·白米·糙米·牟麥·木麥, 並十四萬三千七百三十石. 壬辰四月十八日, 府使朴晉, 見敗於鵲院, 焚倉庫. 至癸巳五月, 火始絶. 萬曆丙午, 府使吳應台, 重創二棟. 至辛丑, 府使李之馧, 又創東庫. 至戊申, 府使李東稷, 又創坐起廳及西庫.≫

官廳: ≪在客舍北, 進上貢物庫·戶籍庫·炭庫·沈藏庫·雜物庫, 並百三十餘間. 壬辰蕩盡. 萬曆乙卯, 府使成晉善, 重創二棟. 壬申, 府使李必榮, 又創東庫. 壬寅, 府使李之馧, 淸簡節用, 庫儲盈溢, 又建東西庫及坐起廳.≫

大同廳: ≪在衙西, 古無大同. 萬曆己酉, 府使奇孝福設立, 置有司三員. 至甲寅, 府使李喜年, 重修坐起廳及西庫.≫

軍器廳: ≪在客舍東, 房·廳, 並十五間. 束伍軍, 八千餘名. 壬辰蕩盡. 萬曆戊申, 府使李安直修正先生案, 吳應台重創一棟.≫

府司: ≪在客舍北, 百餘間. 壬辰蕩盡. 有先生案, 壬乱府使孫諟, 藏得全. 天啓丙寅, 府使李安直, 修正先生案.≫

安逸班: ≪在客舍東, 七十間. 非曾經戶長者, 不得入. 倭亂蕩盡.≫

書役所: ≪在客舍東, 百餘間. 田結之數, 一萬二千二百三十七結九負三束. 壬辰後用二百八十三結. 崇禎壬申, 府使李必榮, 重創十間.≫

奴刑所: ≪在客舍南, 一名舍館所, 倭使所接處. 銅鐵丹木貢木庫, 並四十間. 壬辰蕩盡. 後重創, 又置坐起廳. 丙午, 府使洪聖龜, 料理聚財, 以雜穀並六七百石, 補民役置, 奴刑所改名寬民局.≫

舞鳳山: ≪在客舍東, 上有臺, 因名曰舞鳳臺.≫

嶺南樓: ≪卽古嶺南寺之小樓, 寺廢. 至正乙巳, 高麗恭愍王十四年也, 金湊爲知郡, 仍舊改創, 因以寺名, 名之. 嘉靖壬寅間, 府使朴世煦重修. 壬亂蕩盡. 至壬午凌波堂失火, 府使沈 一時並建大樓及堂, 壬寅府使李之馧丹膜.≫

十景徐居正詩: ≪牛嶺閑雲, 凝川釣艇, 龍壁春花, 塋峯初旭, 西郊修禊, 馬山飛雨, 鈑浦漁灯, 栗島秋烟, 羅岾積雪, 南浦送客. 有徐居正記, 申叔舟記, 申光漢記.≫

凌波堂: ≪在大樓東, 萬曆戊申, 府使奇孝福重創. 壬午失火. 府使沈 與大樓一時並建. 辛丑失火, 廳板燒落. 府使李之馧, 修補丹膜. ○朴世煦重創記:

"樓之東北隅舊有堂, 名曰望湖. 弘治年中, 府使金永錘創之, 爲賓客宴寢之所, 爲美制也. 然堂卑樓高, 賓客之投宿者, 妨於升降, 且日月旣久, 基圮棟傾, 殆不愜處, 余乃病之. 乃撤其舊, 小移于南, 築石, 崇其基, 視其舊制增架一間, 堂始得與樓連楹, 飾其三面而丹膜之, 虛其南以臨江流, 改名曰凌波堂. 高明爽豁, 正所謂'於焉嘉客'者也."

○堂東北有連簷三室. 一審藥檢律房, 一使星從者房, 一鋪陳醫庫. 壬辰蕩盡. 萬曆己亥, 府使李英, 搆草屋于舊址. 監司韓俊謙, 以憶昔名之.≫

枕流堂: ≪在大樓東, 府使安質營之. 邑人稱小樓. 正統七年壬戌, 都事權技, 名以召樓, 所召父召伯之義. ○後府使李忠傑, 仍舊增制, 改名臨鏡堂. 嘉靖壬寅, 府使朴世煦, 重修增制, 改名枕流. 壬辰蕩盡. 萬曆, 府使奇孝福重創. 辛丑, 府使李之馧丹膜. 有權技記.≫

拱辰館: ≪在樓西北, 藏殿牌故名. 壬辰蕩盡. 至後壬辰, 府使金應祖創建. 辛丑, 府

使李之馧丹腠.≫

邀仙館: ≪古無是館. 乙巳年間, 府使洪聖龜創建.≫

納淸堂: ≪在樓北, 是云北別室. 今廢.≫

延薰堂: ≪在樓西南, 是謂南別室, 今廢.≫

餞月堂: ≪在樓西, 是謂小別室, 今廢.≫

新堂: ≪在樓北, 使星入府, 則主倅視膳處. 壬辰樓閣及別館等處蕩盡無餘, 古路陳荒. 天啓癸亥, 府使朴啓章築墻通古路.≫

獄: ≪在府西門外, 崇禎壬申, 府使李必榮築墻重修.≫

蓮堂: ≪在客舍北, 卽古爐治所遺址. 萬曆癸丑, 府使安玏, 鑿池種蓮. 崇禎癸酉, 府使李惟達, 乃於塘心築石爲小島, 搆竹爲舍, 極其精妙.≫

鄕射堂: ≪在西門外, 壬辰蕩盡. 萬曆癸丑, 重創五間. 座首一員, 別監三員. 有鄕憲及鄕約冊. 鄕約, 天啓癸亥, 府使邊瀹所設. 有佔畢齋「義財記」.≫

城隍祠: ≪神, 卽孫將軍兢訓也. 古在推火山. 萬曆庚辰, 府使河晉寶, 移于城內. 甲寅, 府使李喜年, 移設于南林.≫

司馬所: ≪在府西門外, 壬辰蕩盡. 生員聚會之所.≫

厲祭壇： ≪古在府東新院村. 萬曆庚辰, 府使河晉寶, 移于仇代村西. 庚申, 府使申景珍, 移于府北月山村東.≫

社稷壇： ≪古在南山下. 萬曆庚辰, 府使河晉寶, 移于府北烏禮村南.≫

樓橋： ≪在南門外. 自淸道靈山梁山入府者, 皆由是橋.≫

栗藪： ≪在凝川南岸, 俗稱南林. 栗藪在四方, 故各以其方名之之, 卽東林·北林·守山林·南林也. 此林彌滿數里, 歲收甚多, 其品亦佳, 世稱密栗藪. 中有造山及乾堤. 世傳'本府形勢, 二龍爭一珠形, 故造山爲二珠, 鑿池爲間, 俾不相爭'云. 龍頭山馬巖山, 爲二龍形, 舞鳳山, 爲一珠形.≫

沙門郊： ≪在栗林西, 世傳'古者, 郊在嶺南寺沙門前, 故名之'云.≫

運禮藪： ≪在府南五里, 凝川直流, 無停滀之意. 且運禮村前有田萬餘頃, 故新植枳棘卉木以防之, 別置監考, 切禁樵牧. 林藪鬱密, 彌滿數里, 人敢不穿入.≫

馬巖： ≪在栗林西, 有巖, 斗入凝川, 形如飮馬, 故名. 一名漁磯. 下有深淵, 名曰馬岩淵. 佔畢齋贈閔奎詩曰:

> 閑却凝川舊釣磯, 更輸蓮瑗早知非.
> 鱖魚已躍桃花水, 空憶隈岩織雨衣.≫

龍頭山： ≪在栗林東, 自玆氏山, 或稱瑩峯≫來如龍頭, 故名. 諺傳'此乃眠龍形, 故古者立寺於玆氏山中, 鳴鍾鼓喚醒'云. 寺卽古之瑩原寺也.

牛島: ≪『勝覽』云: 在凝川中. 凝川分而合流, 故島在其中.≫

祈雨淵: ≪在龍頭山下. 山川效靈, 大旱則祈雨. 崇禎戊辰夏大旱, 府使鄭斗源, 齋誠敬祭, 天乃雨. 邑人名之曰太守雨. 古者, 大雨水溢, 橫流栗林中, 因以成川, 多害民田. 且府之地勢未完, 術士忌之, 故築堤以障之. 壬亂後, 其潰滋甚. 崇禎辛未春, 府使李必榮, 請申于方伯, 以八邑軍丁, 大加修築, 未有年而又圮. 戊申, 府使李東稷, 以本府軍丁, 增築未幾又圮. 乙卯, 府使李喜年, 以境內軍丁, 大加修築, 其後又圮.≫

鄕校: ≪在府北五里.≫ 古有鄭守弘重新記. 失於壬亂.

大成殿: 三間, 前有三階. 壬亂, 俱燬. ≪萬曆壬寅, 府使崔沂重創.≫

神座: 大成至聖文宣王.

東配: 兗國復聖公顔氏·沂國述聖公孔氏.

西配: 郕國宗聖公曾氏·鄒國亞聖公孟氏.

東從祀: 費公閔損·薛公冉雍·黎公端木賜·衛公仲由·魏公卜商.

西從祀: 鄆公冉耕·齊公宰予·徐公冉求·吳公言偃·潁川侯顓孫師.

東廡: 道國公周敦頤·洛國公程頤·弘儒侯薛聰·文成公安裕·文敬公金宏弼·文正公趙光祖·文純公李滉.

西廡: 預國公程顥·徽國公朱熹·文昌侯崔致遠·文忠公鄭夢周·文獻公鄭汝昌·文元公李彦迪. ≪萬曆甲寅, 府使成晉善, 重創東西廡, 奉安十三賢位板.≫

神門: 三間. ≪在文廟之南.≫ 西有祭器祭服庫, 又有神廚三間.

陞配: ≪肅廟四十三年丁酉十月初七日, 領教內外, 以宋朝六賢陞配, 大聖殿內.≫
≪道國公周敦頤奉於衞國公卜商之下. 預國公程顥奉於潁川侯顓孫師之下. 洛國公程頤奉於周敦頤之下. 新安伯邵雍奉於程顥之下. 郿伯張載奉於程頤之下. 徽國公朱熹奉於邵雍之下.≫

明倫堂: 五間. ≪在文廟之東≫ 東齋五間, 西齋五間. ≪壬辰蕩盡. 萬曆戊午, 府使李弘嗣重創.≫

讀書樓: ≪今廢.≫

小樓: ≪今廢.≫

齋室: ≪大祭時, 獻官致齋之所. 今廢.≫

敎衙: ≪今廢.≫

紫薇亭: ≪額內外童蒙, 並六百餘人, 今廢.≫

|府內面| 坊里

水南里: ≪在府東南六里, 在凝川之南, 故名之.≫

○**佳里山:** ≪古無士族.≫

○**駕谷:** ≪或云: 忘憂谷.≫ 進士金處仁所居.

○**耳倉院:** ≪出『勝覽』. 在府東十里. 今廢.≫ 佔畢齋詩曰:

≪無數沙洲閣小舠, 前灘淸淺未容篙.

歸來馬腹還濡靷, 驚見湖頭二尺高.

古昔南樓形勝處, 故表而誌之.≫

○**龍城里:** ≪在府城東門外, 盖龍頭山, 環抱于前, 故名之也.≫

推火山: ≪山顚有石城, 周二千三百六十尺, 內有二泉一池. 世傳'孫將軍兟訓禦敵

之地. 城內有孫將軍祠. 俗謂天王神. 西角有烽臺. 南應南山, 北應盆項.≫

○**僧伐:** ≪通稱龍城.≫ 判尹高信仁·府使孫寬≪判書永裕之子. 名載『海群玉』

'寬'字下.≫ 格齋孫肇瑞≪現『人物』.≫·生員孫世紀·僉使孫信復·進士梁澮·

生員孫宏濟·郡守孫英濟·進士孫顥·生員孫兼濟·進士孫有慶·生員孫起

緒·府使孫起陽≪現『人物』.≫·孝子孫起倫·烈女孫氏≪安近妻, 有旌門.≫·趙

氏≪孫諟一妻.≫·張氏≪孫起一妻. 現『人物』.≫所居. 西有挹秀亭. ≪有詩曰:

千峯雨色樽前起, 十里湖光樹梢開.≫

○舍人堂: ≪村名.≫ 進士柳子恭·進士李遠·翰林李迫≪與梁澹, 俱善於眞草,
互相爭雄. 後府人私奴孫俊童者, 以一筆名於世. 自言'渠之筆畫, 居李之下, 梁之上.'
始信李優於梁云.≫·生員李光輅≪筆畫第一.≫·承旨李光軫≪現『人物』.≫·生
員李慶弘≪以孝行, 除濬源殿參奉. 孫聱漢挽曰: '弊鄕無祿失蓍龜, 後學何從質所
疑. 蘊德世皆稱有道, 誨人民盡謂先知.'≫·進士李慶承所居. 有今是堂≪有'門地
華, 先公詩禮贐傳家'之句.≫

竹潭: ≪在舍人村東, 周三百八十餘尺, 深不可測. 俗傳有馬龍云.≫

○長善: ≪北有.≫松溪申季誠墓. ≪有曺南冥所撰碑文.≫

○箭川: ≪東北有≫羊場築石爲城, 又有虎濆灘≪卽東川, 地師杜士忠云: '此乃
遊龍形, 士人居之, 則近天子, 庶人居之, 則死獄中.' 昔奸人李弼, 以筆畫, 名於世,
竟死於獄中云.≫ 僧人明鑑, 亦生於此. ≪登載岳山詩.

寧海海連金海海, 梁山山接蔚山山.≫

○月影: ≪卽月影寺之舊址. 楡川東川, 合流於村前, 是乃月影淵也. 名出『勝覽』.≫
翰林李迫始卜居. ≪作亭於淵上, 名曰雙鏡堂. 梁澹有詩曰:

風動江波響小軒, 主人幽興月黃昏.

登臨照膽明如鏡, 淸淨看來一理存.

又有詩曰:

江上梅花黃鶴夢, 雨中芳草洞庭波.≫

府使魚得江, 過村前, 有詩句:

≪東風斜峭不堪行, 凍麥逢春尙未靑.

辛李已仙無與語, 江山虛棄好臺亭.≫

進士元亮≪翰林之子≫, 因守其業. 壬辰蕩盡.

○**春福**: ≪西北有孫將軍兢訓墓.≫

○**竹山**: ≪村名.≫都事姜諶·正言姜藝叔所居.

○**仇代**: ≪村名.≫敬堂孫孝祖≪現『人物』.≫·生員金天授所居.

○**校洞**: ≪前郊路上, 有老松數十株. 佔畢齋有詩.≫

○**水北里**: ≪凝川在其南, 故名之. 一名南亭村.≫ 生員黃鍾所居. 世傳'金將軍碩·孫將軍兢訓, 生於此.'

南亭院: ≪在府西三里. 使星入府時, 府使延命處, 壬辰蕩盡, 仍廢. 南有南亭淵. 西有南亭橋. 路上有府使善政碑.≫

○**北亭里**: ≪在府北五里, 有北亭院, 故名.≫

北亭院: 一名望北亭. 俗傳'山脉直下官里. 故立院於街心以壓之云. 使星入府時, 府使延命處. 壬辰蕩盡.≫

○**松亭里**: 生員孫誠·府使孫闇≪以廉潔恭謹, 古者鄕約, 錄于善籍.≫·生員孫士悅所居. ≪前郊路傍有老龍岩.≫

○沙郎村: ≪北有斑石.≫ 孝子朴尋≪現『人物』.≫・進士朴文筠・才士朴洪器
所居.

○鈒浦: ≪在府西八里, 東南有鈒浦, 故名.『勝覽』云: '本薪浦鄉. 薪與鈒, 方音相
類, 故稱鈒.'≫

兵區: ≪俗傳'金晅討趙阡時, 屯營之處.'≫

助火峴: ≪在南山東麓, 路抵守山縣.≫

南山: ≪卽府之案山. 山頭有池. 山北有祈雨井. 東麓有烽燧. 南應金海子庵. 北應推
火山.≫

鈴峴: ≪在南山北, 路抵上陽谷. 佔畢齋詩曰:
　　霞起蓬萊建赤標, 試登高處倚扶搖.
　　江流不比回腸繞, 九曲終能赴海潮.≫

○前鈒浦: 縣監安億壽・虞侯安汝忠・萬戶安汝孝・生員安忍所居. ≪有蓮塘,
部將安胤祖之所搆. 有'鍾聲古寺西雲裏, 漁火扇舟南浦中.'之句.≫

抑石庵: ≪在鈴峴東北下, 山頂有石, 高可十丈, 形如伏虎, 直向官內, 有若窺覘之
狀, 故創寺立佛以抑之, 故名曰抑石. 府使詩曰:
　　夕陽鍾聲滿林丘, 野寺凭高晚自留.
　　何意清樽來上界, 況復明月是中秋.
　　山中已得藤床枕, 江上翻思赤壁舟.

堪笑凝川頭白吏, 又能扶醉向滄洲.≫

江水亭: ≪在抑石洞, 洞人遊玩之所也. 古人詩曰:

細雨山花發, 溪流觸石鳴.

吟詩因坐久, 春鳥兩三聲.≫

○**後鈒浦**: 正郎朴融·兵使金致元≪皆現『人物』.≫·通贊朴文孫·水使金致亨·府使金致利·生員金致貞·縣監金致信·生員申承瀋·執義申儞≪現『人物』.≫·處士申季誠·生員朴說≪說, 才士也, 年甫弱冠, 文名大振. 權相公橃, 以其兄之子妻之. 翌日燕席, 欲試其才, 令作詩而呼韻, 說卽應之. 其末句曰:"三復白珪吾不敢, 相公何事許南容." 又讀書於山房, 有友來訪, 說贈詩曰:"門開十日逢君話, 萬疊山中月一痕." 又有嶺南樓賦, 賦曰:"雨馬岩而江波, 霜栗林而葉下." 又有今是堂壁上韻曰:"虎瀆灘聲朝暮急, 龍巒竹色古今寒." 此等之句, 皆膾炙人口, 而但恨未見全篇耳.≫

進士申忠任所居. 村下溪邊, 申先生種竹作亭, 名曰石溪精舍, 後人因以稱之曰松溪先生. 今有老松數十株, 立於溪上. 前郊路上, 有先生間表碑閣. ≪萬曆丙子, 府使金藥峰克一, 撰碑文立而閣之, 府人朴道生之所寫. 壬辰倭賊破碑焚閣. 其後儒林議擧, 復立伐石, 運致蹉跎, 未刊. 崇禎甲戌, 府使李侯惟達, 依府儒之懇, 具跋文以刻, 竪於舊道.≫

朴說, 嘗會飲于溪亭, 有詩≪山影盃中落, 溪聲耳外聽.≫ 此其一聯也. 見者悲之, 果數月而逝. 後府人閔湸讀書於山房, 有詩≪骨冷千山雪, 魂淸萬壑松.≫ 悲涼之狀, 汰溢於詩中, 果一月而逝. 柳曄夢作一絶≪天末綵橋橫, 玲瓏五雲色. 登之朝紫皇, 仙桂正初發.≫ 覺而解之曰:"朝紫皇而仙桂發, 早晚必登第", 勤讀經書, 未幾而逝. 孫諟約壬亂後有詩≪地下多親舊, 人間小弟兄.≫ 不有年而逝. 全有翼有詩≪千里夢歸三夜後, 百年生了一盃中.≫ 俄以新恩, 死於京邸. 千里一盃之語, 尤可驗矣. 豈非三品之性七感之情·先於物而動符冥應而豫告者歟. 惜其才而異其類而推之, 並及於此.

○**松岳**: 進士朴時舉·生員孫敬儉所居.

○**大洞**: 三司左尹朴天卿·節制使朴彦忠·兵使朴弘信·左尹閔暐·司藝金叔滋·佔畢齋金宗直≪叔滋之子.≫·進士閔頴·五友亭閔九齡·九韶·九淵·九疇·九敍≪現『人物』.≫·幼學閔祥≪以孝友, 錄于鄉約善籍≫·別提金紐≪畢齋孫, 中進士, 有學行. 號璞齋.≫所居.

　≪畢齋詩曰:

　　新築藩籬四面長, 翛然鷄犬是桑鄉.

　　一園松竹自秋色, 故國樓臺宣夕陽.

　　雨霽岩崖溪濺雪, 風傳野壟稻吹香.

　　皤皤隣叟衿懷好, 社酒相將累十觴.≫

　村西山麓有先生墓. ≪戊午士禍後, 改葬于此.≫ 前有雙樹亭, 先生風咏之所. ≪萬曆丙子, 府使金藥峰克一, 增築修護.≫ 前郊路上, 有先生神道碑文. ≪涵虛亭洪貴達之所撰也. 弘治甲寅, 門徒與儒林倂力鐫竪. 萬曆壬辰, 爲賊殘破. 亂定之後, 鄉人咸思重建, 而力屈未擧, 久爲斯文痛恨. 崇禎甲戌, 府使李惟達, 慨然發嘆, 諮諏邑儒, 伐石於豊角縣月含山, 請跋旅軒張先生, 翌年春三月十一日竪立舊趺. 昌原府使吳公汝橃之所書也. 侯憂深字牧, 事從簡便, 故擧贏而民不見勞, 役訖而曾不逾時.≫

高岩山: 其南有日峴. ≪在府西九里.≫

粉濟谷: 《有金叔滋墓.》

○**風流洞:** 別坐閔九疇所居. 《「漁父辭跋」云: ‘古有朴俊者, 名知音, 凡係東方之樂, 或雅或俗, 靡不裒集, 爲一部書, 刊行于世.’, 乃此村人也.》

○**池洞:** 《前有興方堤, 故名.》 進士蔣子謇·府使蔣孝範《現『人物』.》·府使蔣明遠·察訪蔣敬臣·縣監蔣珩所居.

○**用尺:** 縣監朴居明《『勝覽』云: “龍仁縣新亭記曰: ‘公賦性寬敏, 百廢俱興.’”》所居.

○**甘川里:** 《在府西六里.》 東有甘川源出華岳, 入于凝川. 壬亂後, 水失其道, 圮于南亭淵, 直衝官內, 故築堤以爲禁護也.

○**坪村:** 《古無人居. 壬亂後, 始有民居.》

○**月山:** 《東有助堤. 堤左有厲祭壇. 前郊有兔岩.》

○**龍駕驛里:** 《在府北十里. 卽府之仇火.》

○**楮代里:** 《在府北十里. 『勝覽』云: ‘楮代部曲’.》 前有春奇堤. 北有孔岩. 岩窟深邃, 壬亂, 人多入避. 孝子梁末孫所居. 《有旌門.》

○**雲田:** 《世傳‘密山郡舊址’.》 淸平君韓堰·郡守韓弘胤所居.

○**烏禮里**：≪『勝覽』云：'烏丁部曲', 東南有社稷壇.≫ 僉知李先智所居. ≪萬曆
戊午, 始卜居. 子坐原有冷泉.≫

|府北面| 坊里

德谷里: 西南有廢提. 北有參判朴耆墓. ≪靖國君葳之子也.≫

○**赤項里**: ≪在府北十五里, 西有靑雲亭, 北有藥井.≫ 參判朴耆·節制使朴大生 ≪參判之子.≫·縣令李聃龍·正郎金逸駿≪登文科. 性剛毅廉潔, 歷典郡邑, 多有 惠澤, 故淳昌潭陽, 皆有淸德善政碑.≫所居. 後有學仙人蔣宗國, 自少潛心易 學, 觸處通理. 又嘗辟穀靜處, 絶粒三十二日, 筋力不惓. 嘗自言吾當某年 死, 果如其言.

○**大項里**: ≪世稱壽洞, 八十人連居.≫ 正郎南褒·及第南袞≪官至領相. 以奸賊 削奪.≫·判官李永叔·縣監李緻·察訪河受千·進士河邁千·縣監崔慶獜·河 澍·萬戶李龜·黃嗣宗≪翼成公玄孫.≫·監察南褍所居. 右贊成玄碩圭·星山 君李軾·參判李德門, 自京寓居. ≪西有明坊峴, 在華岳南. 路抵豐角縣.≫

華岳山: ≪或云屯德山. 卽府之鎭山也. 在府北二十里. 山南有祈雨所. 祭山靈, 又 有今古祭文.≫

鳳泉寺: ≪出『勝覽』. 在華岳南. 孫台佐詩曰:

　　雲散長空霽月明, 夢闌仙榻客魂淸.

　　靜來依舊眞源浩, 愧我平生役利名.≫

○**位良**: ≪在府北二十里. 『勝覽』云: '陽良部曲'≫ 郡守成守謙·生員李丑·縣監

孫台佑·進士孫台弼·典籍孫翰·生員朴元宗·孫睦宗·進士朴宗謙所居. 東
有陽也堤. ≪壬亂後, 堤圮而仍廢. 崇禎甲戌, 李惟達修築.≫

|上東面| 坊里

平陸里: ≪在府東北十八里. 『勝覽』云平陵部曲.≫ 參軍張鼎·郡守金時輔·進士金時弼·僉知金鸞≪壽至八十七.≫所居. ≪西南有官栗藪, 俗名北林.≫

○**嘉谷:** ≪世傳'古者, 三堂上·二舍人·八萬戶, 並出於一時, 故名.'≫ 郡守朴亨幹≪公少時, 篤志於學, 而所著文, 多行于世. 孼子道生者, 以筆畫名於世.≫ 進士朴延年·烈女閔氏≪朴希良妻. 見『人物』.≫·萬戶朴仁立所居. ≪西有經絡岩. 岩中有小孔十餘丈, 宛似經絡處. 故云俗傳'昔有仙媼, 經絡於此, 故盤石上. 今有串痕. 上有高臺, 下有深淵, 楡川下流.≫

○**新院:** ≪古多民居. 蕩盡於壬辰. 前有將軍石, 四方平定, 可坐五六人. 諺傳孫將軍射帳處也. ○密岩懸絶壁, 高可十餘丈. 中有蜂穴, 而人不得所蜜, 故自古以蜜岩名之.≫

○**仇漆:** 生員曹士彦≪經史甚精.≫·進士朴璇所居.

牢岩: ≪築石開路. 下有深淵. 俗名蘋川.≫

○**金谷院:** ≪名出『勝覽』, 在府東北二十五里, 今廢.≫

○**楡川館:** ≪在府東北三十一里, 卽淸道界.≫

○盆項: ≪南有烽臺, 南應推火山, 北應清道南山. 在平陵.≫

○高畓里: ≪在府東北三十五里, 或稱魯津.≫

博淵亭: ≪兵使金太虛之所搆也. 李聘龍所搆, 觀瀾亭之古址也. 金允安詩曰:

萬鞘千刀百戰身, 歸來晝錦耀鄉隣.

淵泉有本源流活, 風月無邊卜築新.

馬瘦不知金紫貴, 官高猶似布衣貧.

憑欄日日觀魚樂, 政在桃花細雨春.

孫起陽詩曰:

龍章紫綬有無身, 山鳥沙鷗喚作隣.

碧樹當軒簷影靜, 蒼顏照水渚蘋新.

南金價重千人仰, 北海樽傾萬壑貧.

擧網垂竿閑自適, 呼朋長占野花春.

又曰:

誰把觀瀾換博淵, 一江澄澈正無邊.

欲知上下流行妙, 看取潭心浩浩天.≫

兵使金太虛所居, 其北有數魚亭, 築石於層岩之上, 以作臺. 俯臨深淵. 遊魚可數. ≪安璹詩曰:

高閣連空暑氣輕, 驛亭心事坐來淸.

轉上一層臺更好, 碧波魚隊點分明.≫

又有憑虛臺. 鐵壁削立, 聳壓深淵, 魂悸而不能俯瞰. 臺有松數株, 俗稱萬年松.

○**沙旨**: ≪古稱民物富庶. 壬辰蕩盡. 南有孤山, 卽淸道之界.≫

助防將臺: ≪下有深淵. 石崖陡出如臺. 而壬乱助防將鄭希賢, 領兵留駐, 故因以名之.≫

馬轉岩: ≪世傳'古者伊西, 古之國名, 今淸道等邑. 爲新羅所敗, 兵馬多轉於岩下, 故後人名之'.≫

○**烏谷**: ≪卽烏岳縣. 西有烏禮山, 東有烏峴. 縣之古址在烏禮山頂, 卽淸道之地也.≫

|中東面| 坊里

穿火里: 《在府東五十里, 畢齋詩曰:

山家日暮掩柴扉, 見客鋪茵喚婦炊.

半夜却驚風雨猛, 蜜蜂帶子過東籬.》

○**穿火嶺:** 《或云石南. 距本府九十三里.》 卽彦陽之界.

臼淵: 《在穿火嶺中, 百餘尺. 瀑沛落石凹爲淵, 形如碓臼, 故名. 世傳'有龍, 深不可測. 天旱沈虎頭, 則水噴湧卽雨', 卽祈雨所. 佔畢齋詩曰:

頗聞吏胥言, 太守適臼淵.

臼淵欲禱雨, 有龍蟠蛇蜒.

太守信憂民, 用心無舍旃.

但恐此老物, 深湫畜惡涎.

澤物久無意, 冥頑堪睡眠.

椒醴不足陳, 雞骨亦當捐.

吾於龍何誅, 天時人事然.》

○**伐苑:** 烈女卵非《現『人物』.》所居, 有旋閭.

○**希谷:** 孝女今之《現『人物』.》所居, 有旋閭.

○**實惠山:** 《在府東五十里, 下有實惠村, 所稱富饒.》

○石骨寺: 《骨或稱洞, 在實惠山. 孫起陽詩曰:

牢落僧房夢不成, 一窓幽況似逃名.

溪懸亂石千岩響, 月聳層峯半夜明.

山外路險愁脚脆, 枕邊香妙覺心清.

近聞江海多風浪, 操櫓何人省死生.》

○石洞: 《村名. 西北雲門山, 東南載岳山也. 層巒疊嶂, 絶澗陰壑, 去去幽邃, 故壬亂, 兵使朴晉, 領兵留住, 孫起陽·李慶承, 亦倡義于此.》

○臺巖: 《有石阧起如臺, 故名. 下有溪流, 壬亂, 府人聚兵, 遮截於此, 探山賊, 不得橫行, 洞人多有所賴.》

○庫藝: 《或云姑射.》 山明水麗, 繡曲瑤田, 粉壁玉立冰涵, 眞人間別一區也. 佔畢齋詩曰:

《九曲飛流激怒雷, 落紅無數逐波來.

半生不識桃源路, 今日應遭造物猜.

又曰:

千岩嵐霧不可掃, 霏微松櫪山靈雨.

意欲遞橋窮源晴, 雷怒轉蒼崖倒水.

山開林缺鷄犬喧, 嵾峒居民忽三五.

三三五五自團結, 石田禾黍雜禽鳥.

秋陰易夕人跡稀, 月黑空林迷處所.

惟聞綠熊咆絶澗, 惟見夜鱗飛秋草.

兩人忽從何方來, 擔臂爲指碕邊路.

穿林喜得績麻燈, 主人家隔桑柘樹.

聆吾馬蹄響磽石, 婦子咿喔開蓽戶.

寒溫問訊禮頗簡, 簞羹黍飯時勸飽.

倚床不覺骨支撐, 庭樹鷄鳴雲日露.

出門揖却荷篠翁, 俚姓莫是朱陳老.

他年欲共巢雲松, 採芝奚獨商山晧.≫

寒岡鄭先生, 亦來遊數月也. 縣監朴龜元所居. ≪四皓圖等賦, 行于世.≫

○**載岳山**: ≪在府東四十五里.≫ 根盤於白頭山, 卽府境中泰山也. 山中有官竹田. ≪笛竹出於其中≫ 畢齋送上人玉明詩曰:

≪天台雁蕩共蒼茫, 見說仙關日月長.

三弄海螺歸去好, 白雲何處更深藏.≫

山頭有上庵, 又有獅子庵. ≪皆休粮絶粒僧之所居.≫

○**靈井寺**: ≪在載岳山.≫ 府使金藥峯克一詩曰:

≪靈井知名寺, 曾游弱冠年.

峯巒元崒崔, 水石尙淸妍.

書榻朋儕盡, 禪窓歲月遷.

惟餘老太守, 霜鬢亦皤然.≫

安影庵: ≪在載岳山.≫ 高麗臣直城君靖平公孫洪亮畵像, 安於此. ≪恭愍王手摸其像. 初安于安東臨河寺. 後其子孫南遷, 故移安于此. 今府人諟命等, 乃其後也.≫ 失於壬辰兵火.

金剛庵：《在載岳山西.》 金敬仲詩曰：

≪落葉鳴山夜月懸, 佛燈明滅客無眠.

名山一步嗟遲暮, 烏帽欺人二十年.≫

濯纓堂：《在載岳山.》 在水中岩上, 故橫橋以行之. 俗稱石巖.

般若庵：《在載岳山.》 府人李翰林迨·朴咸安享幹·金進士時弼·梁進士澹, 並一時文名之士也. 戒色之年, 結爲龍門, 攻苦之約, 負笈投庵, 相與成誓曰：

≪非親庭事, 故堅執此志, 而切勿歸家.'云. 髫緇輩厭其供饋, 相繼散亡, 公等猶不動心, 更遞代勞, 躬樵而爨, 孜孜矻矻, 不輟工夫. 時旣積矣, 月旣圓矣, 一盃之餘, 思欲一番暢懷. 適聞龍塘村有遊女輩, 以延接鹽商爲業, 相戲拊掌曰:'漢之遊女, 遠不可求思, 龍塘遊女, 近可求思, 暫遊花場, 何損於學?' 然而彼輩惟利是求, 如非利誘, 則詩不可以托情, 文不可以接談. 囊中無一錢, 而心上六出, 則盍往圖之? 乃懸有螢楊鎖庵扃, 東踰通度嶺, 直抵大川島, 賭得空船, 斗白沙而盛草苞, 滿載船中, 以做販鹽之狀, 刺船泝流, 係纜于龍塘江口. 遊女輩果謂可居之貨, 爭相迎謂曰:'勞身而來矣.' 所謂勞身云者, 蓋其鹽商相迎之際. 女曰勞身而來云, 則男必應之曰無聊而在, 從來相接之話也. 公自大川島來, 盡脫鹽商言語動止, 而但未學無聊之語. 乃高聲錯報曰:'何勞身之有.' 遊女知非鹽商, 拍手戲之曰:'客耶商耶. 滿載船者何物耶. 問耶答耶. 何所應之非昔耶. 振振君子兮, 非我思存. 將仲子兮, 無踰我村.' 公等竟未售苞沙之計, 拂袖還山, 集成一絶.≫

其詩曰：

≪書釰無成術莫施, 江沙稠載擬鹽歸.

居然錯報勞身語, 驚却春風大堤兒.≫

人謂'此詩四句中, 二人登第, 二人得司馬', 果如其言. 噫! 公等好學如好色, 連輿成功, 古庵千秋, 芳躅依然.

○士村里: 《在府東二十里. 一名堤草洞.》 進士南彌文·南右文·南繼善·烈女安氏所居. 前有枕流亭, 上舍右文之所構. 魚灌圃得江詩曰:

　《少日名文嶺右聞, 山川乃爾此鍾君.

　若曾雁塔留名姓, 氷玉何人管白雲.》

古人記曰: "有尙齊人之諧抱博物之志者, 騎騄駬. 作遠遊者, 經海鹽縣而訪成牛之跡, 過婺源境而摅化馬之端, 周流而南, 稅駕于堤草之洞. 遇無何翁而叩之曰: 余乃博於物, 物格而知至, 吾之智也. 春草綿芊, 無處不然, 而獨以此名此洞者, 何歟? 余少時讀古詩有曰:「草綠綠長場白馬嘶」, 豈非堤爲馬場而草爲馬食者乎! 無何翁曰: '然, 君言有中. 我且悉之. 此洞有南姓者, 非駿而號駿者也, 非驥而號驥者也. 父得是號而傳其子, 子得是號而傳其孫, 生有疾足之才, 而高驅司馬之場, 其雲仍之騰驤繼祖業者多矣. 生於斯而養於斯, 居此洞而專此洞, 則洞裏春風自一家, 久矣.'客大噱曰: '林甫之名貓, 以其心而名之者也. 郭氏之名馳, 以其形而名者也. 未知南之以馬名者, 以其心者歟? 抑其形者歟? 抑非心非形而以其牡之打腹者歟? 以其牝之開合者歟? 古人命名, 良有以也. 雖然, 馬有天馬, 又有龍馬. 南之先, 曾以善鳴, 鳴于世, 則其所以爲馬者, 其天馬乎, 其龍馬乎?' 繼而爲之辭曰: '南之子才歟! 生芻一束, 其人如玉.' 遂鞭而去."

○丹場里: 《在府東二十五里.》 進士卞弘民所居.

○金谷里: 生員朴汝諧《博學能文, 又有孝行, 鄉閭嘉之云.》所居.

○南佳谷：《一名嚴光. 在府東十五里.》

嚴光山：《俗稱實惠山.》 山中有嚴光寺. 古人詩曰：

《谷里飛泉百道分, 空階春色長苔文.

登樓客醉千峰雨, 持鉢僧歸萬壑雲.

傲吏却能談四諦, 淸樽兼得共諸君.

自多豐草長林思, 妬殺溪邊麋鹿群.》

後寺廢, 今有臺址. 東南有官竹田.

○陽德： 西南有助隄. 縣監權應生卜居.

○竹院：《俗稱茶院.》 進士孫顥·生員孫兼濟, 始卜居. 孫聲漢詩曰：

《剩水縈三面, 長林護一村.

蕈鱸供節序, 芋栗備田園.

土沃宜秔稻, 人稀穩講論.

餘生此終老, 不必異深恩.》

○瓦野：《村名.》 前有琴郊. 素稱沃饒. 孫起陽詩曰：

《琴郊斜日淨暉暉, 竹杖芒鞋省稼時.

香稻千畦紅罷亞, 醉翁雙鬢白參差.

風吹楊惲南山曲, 吟入杜陵西壤詩.

可是田園生事足, 不須心上辦牢痴.》

其東有長池.

燈淵: ≪載岳川下流.≫ 孫起陽詩曰:

≪躑躅花初發, 江魚上釣時.

淺深垂寸鐵, 投曳任輕絲.

巨口懸竿杪, 斑鱗掛柳枝.

莫嫌筐未滿, 風味足忘飢.≫

南有七谷, 北有官栗藪. ≪俗名東林.≫

慈氏山: ≪名出『勝覽』.≫ 山西峽中有佔畢齋書院 ≪隆慶丁卯, 府使李慶祐創
建. 壬亂, 得免兵火.≫ 春秋季月上丁, 以小牢祀之. 祭文: '惟公 稟精奎璧,
生此東土. 學問淵深, 文章高古. 領袖當時, 山斗後世. 啓佑無窮, 吾道不替.'
≪東配迂拙齋朴先生. 西配處士松溪申先生也.≫

有讀樓 古瑩原寺之遺址也『勝覽』云: '有高麗李齊賢所撰僧寶鑑碑銘'≪
銘在『益齋集』, 碑石今尙立於其址.≫ 寺有先照樓. 李文和詩曰:

≪先照樓中僧坐禪, 囧然心迹兩相便.

何年渡海一蘆上, 今日翻經雙樹前.≫

壬亂後四十六年丁丑, 移建于府南運禮村. 庚戌, 賜額禮林書院四大字,
戊午九月日, 講堂失火 庚申三月日廟宇失火, 三賢位版盡爲灰燼, 其年移
建于府西後鈑浦村後. 肅宗三十四年己丑五月日, 因禮曹啓復諡文忠公啓
下. 七月日列邑士林及本府儒生齋會, 卜行別祭改題金先生位版. ≪去文簡
公改文忠公.≫

|下東面| 坊里

今音勿里: ≪『勝覽』云'今音勿部曲', 在府東南十五里.≫ 晉川君姜渾≪現『人物』.≫ 正郎孫洙≪字師魯. 政堂文學賫之後也, 早登第, 工文章. 所著「航海八陣磧」等賦, 行於世.≫所居. 洙少時遊學于漢中, 與諸輩登冰于漢江渚. 諸輩弄稱孫鄕暗, 而劫令作詩, 以江水爲題而呼韻. 孫卽應之曰:

"白玉浮江一樣凝, 度深無計下長繩, 漁人捲網空呵手."

諸輩恠其傑作, 而欲觀其窘澁, 乃以鷹字呼之, 孫又卽應之之曰:

"鱸膾何緣薦季鷹."

諸輩大驚, 自後無敢弄之者. 詩聲從此大振.

洙文名騰于一國, 而厥子天錫不識一字. 時金洞驛卒之富者, 以兼價買牝馬之駿者, 冀其産駒而肖之也. 及其産出牡駒, 則自以爲奇貨養之. 有年而竟爲駑駘之甚者. 卒恚不已, 每以粗鞭亂擊曰:'何物孫天錫乃生我家也!'自後鄕人指不能善繼先業者曰孫天錫, 又謂之金洞駒. 直講趙徽·縣監朴振·進士趙連·趙彦·生員朴膺·訓正柳昌茂≪以趙連外孫寓居.≫亦卜居, 而後有蔣文益兄弟寓居. ≪處士以孝友學行, 累入鄕薦. 作亭洛江邊, 移居昌原而往來本府, 奬進後學焉.≫ 前有孤山, 西有麥浦橋. 有王堂亭. 世傳'羅王崇佛, 遊幸萬魚寺, 時憩于此.'

○廣灘: ≪在今音勿西, 卽凝下流.≫ 潮汐往來之頭, 商船所泊之處. 下有柿木浦.

○朴斤乃淵: 其深不測. 上有棧道, 世傳'有一守令過行墮, 印轉入于淵. 故或

稱轉棧.'

○鍾柄灘: 潮汐往來之處. 壬辰四月十八日, 府使朴晉, 領兵遮截倭賊于鵲院, 諸將敗衄. 朴侯爲賊所追, 不得由大路, 避渡此灘. 江右諸軍等, 未詳其淺深, 爭先徑渡, 太半溺死.

○萬魚山: 『勝覽』云: "山中有一洞. 洞中岩石大小, 皆有鍾磬之聲. 世傳'東海魚龍化爲石' 世宗朝采之不中律, 遂廢." 卽今之祈雨所也.

○萬魚寺: ≪在萬魚山磐石之傍, 盖目以名之也歟.≫ 府使安宙詩曰:
　≪桃花休說武陵春, 萬壑千岩霜樹新.
　野鳥亦能迎上客, 溪雲偏自傍遊人.
　樓頭雨色浸靑嶂, 木梢江光帶白蘋.
　一共比邱披具葉, 諸君知現宰官身.≫

○三浪: 前有三浪津, 凝川入洛處. 古有三郎樓. ≪三郎之義, 不可考.≫ 江上有五友亭, 閔九齡五兄弟搆亭同處也. 府使安宙詩曰≪次圓鑑詩韻.≫:
　≪三浪亭作五郎樓, 人物江山第一流.
　白鳥飛邊看水觜, 丹霞絶處露峰頭.
　孤雲仙去今千載, 我輩登臨亦九秋.
　百里不辭迎候遠, 觀風且喜此中遊.≫
乙卯府使李喜年設倉于此. 　此數年前自統營亦設雇馬倉≪出『儒宮寶鑑』中.≫ 高麗僧圓鑑詩曰:
　≪湖上靑山山下樓, 美名長與水同流.
　傍洲沙店排蝸殼, 逐浪風船舞鷁頭.

桑柘烟深十里暮, 芰荷花老一江秋.

落霞孤鶩猶陳語, 故作新詩記勝遊.≫

○**無訖驛里**: ≪在府東南三十里, 出『勝覽』.≫

○**栗洞里**: ≪在府東南四十一里.≫ 北有格齋孫肇瑞墓.

○**安泰里**: ≪在府東南四十三里.≫ 古無士族. 壬戌年間, 校理沈光世, 落南卜居于此. 還洛以後, 其孫察訪若海, 因以寓居. 其妹夫金球·李碩蕃等, 同住此村, 可謂幷州故鄉也. 察訪又搆亭榭於三郞, 優遊終老.

父庵: 世稱'羅王崇佛, 置母庵子庵于金海, 置父庵于此.'云.

鵲院: ≪在府東南四十一里.≫ 自院南行五六里許, 沿崖棧道, 甚危險, 其一曲, 鑿石開路, 俯視千丈之淵, 水色深碧, 人皆兢魄, 疊足而過也. 昔有一守令, 墜而溺死, 故至今號員墜巖. 前有四浦橋.

運禮里: ≪在府南十里.≫ 前有長淵, 東有大藪, 上有屛岩臺. ≪臺在兵區岩上. 屛岩之屛乃兵字, 而後人以屛字換兵字.≫ 進士柳世湄≪畢齋女壻, 爲王子師傅.≫· 通贊柳承湜·察訪柳彦沈·進士柳彦浩·進士成大胤·幼學柳景海≪有孝行學 問, 窮困不移.≫·翰林柳震楨·烈女成氏所居.

○**古谷**: 烈女鄭氏所居. ≪現『人物』.≫ 有旌門.

○**伊冬音**: ≪『勝覽』云'伊冬音部曲', 一名金山.≫

助火院: ≪在府南十三里, 名出『勝覽』.≫ 燬於壬辰兵火.

○**金洞驛里**: ≪在府南二十三里.『勝覽』云'古稱伊冬音驛' 壬亂後, 移居白足里.≫

○**無量院**: ≪在府南三十里. 名出『勝覽』.≫ 今廢. 生員李慶雲所居. 弘治壬子, 葬畢齋于院北山麓. 戊午士禍後, 移葬于大洞舊基.

孤峴: 路抵守山縣.

○**馬山院**: ≪在府南二十八里.≫ 今廢.

○**八良赤院**: ≪在府南三十里.≫

○白足里: ≪在府南三十五里. 『勝覽』云'雲布鄉'≫ 郡守朴坤·萬戶朴玉衡所居. 坤有大勇, 三捷武科. 以朝天使武從事赴京華, 人壯其勇力, 以女妻之. 坤知其有娠, 命名曰三傑. 而還旣生, 果有勇力. 壬辰之亂, 自請從軍, 以都摠管劉挺軍校, 來到本國, 訪族屬. 奉保夫人, 亦生于此. ≪或云: '生于覓禮村'≫ 前有馬山·牟山·東山等三獨山.

○召音里: ≪在府南三十里.≫ 其西有川源, 出南山, 至舒川橋, 與守山堤下流合, 流入於海陽江. 孝子持平李申≪有旌門.≫·生員李丑·參議李午·水使李戌·正字朴末柱所居.

○仇法: 北有靈隱寺. ≪在南山. 出『勝覽』.≫ 卞春亭〈贈惠上人〉詩曰:

≪山逕迢迢半入雲, 玆遊足可廢塵喧.

百年身世客迷路, 萬壑煙霞僧掩門.

晴澗束薪隨野老, 秋林摘實共寒猿.

我來欲問楞伽字, 合眼低頭無一言.≫

○守山縣: ≪在府南五十里.≫ 本新羅穿火部曲, 高麗初改守山縣, 顯宗朝來屬本府. 一名銀山.

有倉庫: 壬辰蕩盡, 仍廢.

有德民亭: ≪縣之公廨, 有形勝. 遠峀浮空, 長江如練.≫ 正統十五年庚午≪世宗二十二年≫, 府使李伯常創建. 壬辰蕩盡, 仍廢. 有權擥記.

徐居正「四時詩」曰:

≪野闊天低掌樣平, 春江一面鴨頭明.

烟濃錦繡花千樹, 雨洗琅玕竹幾莖.

玄鳥慣迎飛絮落, 白鷗閑送去舟橫.

古今芳草晴川恨, 不必黃樓獨擅名."≫

　　右春.

≪層巘勢壓大堤平, 簾捲靑山活畵明.

菡萏風微擎舊盖, 菰蒲水足長新莖.

洲環列岫兼天去, 峽束澄江劃地橫.

樽酒未窮登覽興, 不知身外更何名."≫

　　右夏

≪蕭瑟川原草樹平, 樓臺紅碧間分明.

雨聲先傍三湘葉, 秋色長留九畹莖.

水減南灘魚欲下, 雲深北嶺雁初橫.

從來宋玉悲搖落, 窘興羈愁未易名."≫

　　右秋

≪長空淰淰凍雲平, 十里江皐霽雪明.

人世亦能有玉界, 神仙不必要金莖.

松風萬壑寒聲壯, 梅月千秋瘦影橫.

如此江山可歸去, 靑衫烏帽愧功名."≫

　　右冬

攬秀亭: ≪在德民亭上.≫ 嘉靖戊戌≪中廟三十二年.≫, 府使張籍創建. 己亥, 府使魚得江丹艧, 名曰攬秀亭. 壬寅, 府使朴世煦增制. 萬曆壬辰, 爲倭火所燬, 仍廢. ≪有周愼齋記.≫

李光軫詩曰:

≪入望吳楚眼中平, 秋滿汀洲霽色明.

身倚扶搖跨鶴背, 衿藏沆瀣瀉金莖.

江湖千古月空老, 霞鶩半天山獨橫.

客枕夜來醒醉夢, 十年奔走愧虛名.≫

金克一詩曰:

≪亭子依荒縣, 登臨引望長.

千山連五郡, 二水會三郎.

霧雨朝侵壑, 風濤夜撼床.

奇觀輸不盡, 分付釣漁商.≫

守山津: ≪在縣前百餘步. 名出『勝覽』.≫ 佔畢齋詩曰:

≪水國春波盛, 岩頭立喚船.

湖平潮似幄, 村遠草如烟.

白牓千年驛, 黃苗萬頃田.

前途泥淖甚, 歸馬故廻旋.≫

臨江院: ≪在縣前津頭. 出『勝覽』.≫ 今廢. 東有官栗藪.

守山堤: ≪在縣北二里許, 俗稱國農所.≫ 周三十里. 芰荷菱芡, 彌望於其中, 有竹島, 又有鰲山. 世傳'羅王遊幸離宮, 泛舟遊賞之處也'後高麗金方慶, 以元朝之命征日本時, 留陣此, 增築長堤, 以爲軍需, 厥土沙壤, 竟不就. 天順七年癸未≪世祖九年.≫, 戶曹獻議, 決其堤爲國農所. 歲爲江水所沈, 其收頗小. 丁亥春, 貳相曹錫文, 奉旨巡視, 增築其堤, 仍開閘堤內外種山竹及楊柳. 副使則刑曹參判鄭蘭宗也, 從事官則訓鍊僉正權健·戶曹正郎金順命也. 本府守令及附近八邑守令等, 各領其邑軍丁來築, 都事成俶與金順命, 亦監其役, 十日而畢. 公輩仍修稧, 名之曰守山會稧, 請佔畢齋題其稧軸. 其詩曰:

> ≪守山澤裏苦辛勤, 舊堰新堤擬汝墳.
>
> 十里汀畦眞似繡, 千夫畚鍤鬧如雲.
>
> 幾回抵掌論奇計, 時復挑灯討古文.
>
> 他日玉京相笑處, 也應此會極云云.≫

後賜奉先寺, 閘破不復治. 成廟, 還屬國屯田. 地勢污下, 大雨則江水漲沈, 秋無所獲. ≪出『畢齋集』.≫ 壬辰後, 仍廢. 十里荷花, 一嶼脩竹.

御井: ≪在縣東道淵山麓.≫ 泉脈如縷, 大旱不渴, 冬而溫, 夏而冷, 其味亦甘. 世傳'羅王遊幸于此, 則必別用此井, 故名'云.

洗陌亭: ≪在縣北攬秀亭西谷.≫ 世傳'羅王遊幸時, 寢御之所'云. ≪人言'智證王定國號曰新羅, 頒喪制, 禁殉葬, 以洗累朝因循之累, 故時人名而識之, 傳萬世'≫

栢山里: ≪在縣東九里≫ 栢山卽獨山也. 立於廣野之中. 道詵『地誌書』云: "守山縣東, 有海月形明堂", 後人以爲'此地'也. 其南麓有亭, 名曰栢山亭, 是亦守山縣三勝之一處也. 山之前後, 閭閻櫛比者, 不知其幾. 蕩盡於壬辰兵火.

○**覓禮里**: ≪在縣東南十五里.≫ 孤山在於大野龍津江上, 其名曰覓禮. 奉保夫人所居. 世傳'夫人乳長掛於肩上, 則兒飮於背後'云. 古有村氓數百戶, 居於江岸平衍之地. ≪卽沙旨甘勿泥村等.≫ 府使李伯常, 慮其水, 令移居於此,

未幾其舊基爲水所破, 變爲沙田. 若非李侯, 民其魚矣. 萬曆己未, 縣監李瀟
卜居. 八詠詩曰:

≪碧水悠悠去不窮, 三郎遺跡摠成空. 魚翁豈解興亡事, 閒掛蒲帆趂夕風.≫
右三郎歸帆.

≪日暮繁陰欲作寒, 烏峯雲氣入窓間. 兒童報道前村暗, 風滿長江雨滿山.≫
右烏山暮雨.

≪鴻雁羣飛趂晚沙, 月明終夜宿蘆花. 稻粱豈乏謀身地, 只是人間有網羅.≫
右中沙落雁.

≪歷歷風帆漸近沙, 渡頭烟樹盡漁家. 江波一抹連霞氣, 知是西山落照斜.≫
右漁村夕照.

≪向晚西風起白蘋, 離宮臺下古龍津. 篙師急棹孤舟去, 知有沙邊喚渡人.≫
右龍津喚渡.

≪雲領千林月隱峯, 滿山冷露滴寒松. 幽人坐識江天曉, 風送三庵寺裏鍾.≫
右子庵曉鍾.

≪凄凄風露襲人衣, 孤棹輕移白鳥飛. 傾罷一樽無長物, 滿船空載月明歸.≫
右後浦泛月.

≪楊柳依依古渡邊, 濕雲經曉薄爲烟. 縱分白鳥飛沙際, 不辨蒼茫下瀨船.≫
右柳浦朝烟. ≪朴弘美詩≫

龍津: ≪在覓禮村前≫ 鄭以吾詩曰:

≪八月龍津江水平, 渚淸沙白眼還明.

沂流直上潮頭遠, 兩岸靑山送客行.≫

≪出『勝覽』≫

○**海陽江**: ≪在龍津下流. 出『勝覽』.≫ 一名磊津, 卽金海界. 佔畢齋詩曰:

≪十五年前此扣舷, 依依吖角押離筵.

皓腕急挑槽裏發, 靑衿交暎水中天.

棹謳盡入經由話, 潮信空隨上下弦.

當日幾人今少壯, 孤兒只有淚如泉.≫

李晦齋詩曰:

≪衰年倦險道, 春晚泛淸湖.

新綠千山遍, 殘紅一點無.

蘭舟蕩風浪, 漁笛混笙竽.

世路希平坦, 何方妥此軀.≫

時先生以監司, 向宜寧, 乘舟過此.

海陽院: ≪在海陽江邊, 出『勝覽』.≫ 姜渾詩曰:

≪雨餘江漲沒篙來, 倚舟觀瀾亦壯哉.

疊浪全籠靑草渚, 連峯半入白雲堆.

欲携短笋乘漁艇, 思把脩竿上釣臺.

蕭洒十年江海志, 今朝發興酒三盃.≫

今廢.

中沙島: ≪在海陽江下流≫ 周十餘里. 在金密分界之江中, 故兩邑相爭未決. 萬曆丁丑, 昌原府使, 以推官來覈, 決屬于本府.

西田里: ≪在縣北十五里.≫ 前郊有藪≪卽補裨所.≫, 烈女閔氏≪現『人物』, 應寧之女.≫所居.

○**德城山:** ≪在西田甌齡等村北.≫ 卽縣之鎭山也, 上有城基. 諺傳'新羅時,德女禦倭處'云. 城西角下, 有大旱不渴泉.

○谷良洞：《在縣東北十里.》有兵使金太虛墓. 孝子全佛山《現『人物』. 有旌門.》·生員黃敬止所居.

風流峴： 世傳'羅王遊幸離宮時, 封禪修祀於此, 因以奏樂, 故名.'云

定南亭： 世傳'羅王受仇衡降, 因以作亭名.'云

○破西幕：《『勝覽』云'破西部曲'.》世傳'羅王破伽倻, 又命名'云. 孝子察訪金不受《有旌門.》所居. 西有水門橋. 卽守山堤下流

○貴明洞：《在縣北四里.》有裨補藪. 南峴有石, 高可二丈.《良洞驛卒, 拘忌風水, 仆而埋之.》生員金仁幹金希魯《希魯年八歲, 咏桃花雨詩曰："脫簀久立衣裳白, 然後方知落花紅." 又十二歲, 咏初旬半月詩曰："誰斫蟾宮桂, 裁成織女梳, 牽牛離別後, 愁亂擲空虛" 二十六俱中生進. 降衷·次復志等賦, 行于世.》兵使金太虛·生員金守認《五歲父沒, 哭泣躃踊, 又別置其匙, 以謹飮食云.》所居. 西有密城君朴原墓.

○良洞驛里：《在縣東七里.》

|上西面| 坊里

離宮臺: ≪在縣西北五里.≫ 長江之北, 大堤之南, 森羅萬景, 甲於三韓, 探勝遊人促武之地. 世傳'新羅智證王, 欲幷江右, 命異斯夫≪當時軍主姓名.≫, 陣于此, 西侵大伽倻≪國名今高靈.≫, 南伐駕洛≪現上.≫, 逮其子法興王時, 駕洛王仇衡≪首露王九世孫.≫, 來降於此. 後眞興王襲大伽倻, 滅之, 以此地爲累世臨御所. 仍作巡幸遊宴之處, 故名離宮臺'云. 當時有詩曰≪駕洛山川愁黛色, 仇衡何忍舞靈山≫. 今有其址. 府使鄭斗源詩曰:

> ≪城南城北野花開, 春草凄凄滿古臺.
>
> 樵笛不知亡國恨, 暗飛遺響月中來.≫

又十景詩曰:

> ≪萬仞奇岩俯碧流, 舍人於此昔年遊.
>
> 斑花爛熳無人管, 依舊春風歲月周.≫

右舍岩春花.

> ≪十里淸江十里沙, 農家處處雜漁家.
>
> 秋風一夕連江樹, 玉宇崢嶸遍月華.≫

右高江秋月.

> ≪試望汀洲暮景斜, 秋天白露滿蒹葭.
>
> 澄江如鍊沙如雪, 雁下參差帶落霞.≫

右平沙落雁.

> ≪烟柳濛濛十里回, 客帆無恙掛風來. 輕雷忽送平沙雨, 更借縈邱墨畫開.≫

右柳堤歸帆.

≪大堤形勝擅東區, 菱葉荷花十里湖. 借問錢塘佳麗地, 亦教淸洛繞堤無.≫
右大堤荷花.

≪湖心竹嶼間冲融, 朱夏能令秋氣通. 百草寒天零落後, 也知蒼翠四時同.≫
右龜島綠竹.

≪四月淸和風欲薰, 田疇處處事耕耘. 斷山回抱千家在, 曉日炊烟上作雲.≫
右大山炊烟.

≪江右降王欵姓名, 東京伯王騁雄聲. 如今只有平原草, 依舊春風自在生.≫
右降郊芳草.

≪城北烟波一望迷, 綠蘿芳草夕陽低. 牧童不管興亡恨, 吹笛前溪與後溪.≫
右城北牧笛.

≪江上漁村處處同, 白沙丹岸路相通. 釣竿漁網疎籬出, 老樹柴門返照紅.≫
右漁村夕陽.

○高江亭: ≪在離宮臺東.≫ 判官李德昌所搆, 今廢.

○金浦: 司諫安覯≪現『人物』.≫·進士安嶸·司書安嶒·生員安守淵·郡守安
璹≪登文科, 歷永川等數邑, 寓居於昌寧.≫所居

○石巒: 文官孔文冲≪奉使中朝, 皇帝嘉其風致, 又能漢語, 故留置不送, 竟死中
國≫·副正孔麟起·察訪孔崇·縣監卞思德·權管鄭宥≪勇力絶倫, 手格猛獸.≫·
孝子裴尙絅≪現『人物』.≫所居.

○大高旨: 判中樞卞仲良·大提學卞季良≪號春亭.≫·文學卞九祥≪現『人物』,
性多畏懼, 時人謂之詩魔.≫·縣監許應吉所居.

○龜岭里: 北有龜岭山≪卽德城山下一少山也.≫, 故名. 高麗仁宗胎, 安于此. ≪出『勝覽』.≫ 參議金孝給·監察梁甸所居.

○新村: 生員朴昭·萬戶李成長·朴芃·虞侯·李麟瑞·出身李德潤≪壬亂戰死於晉陽.≫·出身朴就文≪壬亂戰死於臨津.≫所居.

○下陽谷里: ≪在守山縣西十八里.≫

○新谷: 古無士族. 府人朴以訥始卜居.

○腮盈谷: 古無人居. 壬亂後始成村. ≪卽栢山等地.≫

○終南山: ≪在守山縣西北十八里.≫

○五坊洞: 生員朴林長所居. 都事曺光益≪號聚遠, 有旌閭, 現『人物』.≫寓居.

○大谷里: ≪在守山縣西十七里.≫ 古無士族, 而民物富庶. 壬辰蕩盡.

○半月里: 西南有浦, 名曰'長者澤'. 俗傳'古有富家翁, 居於此, 多行不仁之事, 一朝其基自爾坎陷爲淵, 故因名'云. 今有近池居民, 時得釜鼎等物. 上有半月亭, 校理朴民俊所搆. 今廢.

○上陽谷: ≪在府西二十里. 『勝覽』云: '古陰谷所'. 今稱林谷.≫ 司諫趙孝同≪其先咸陽人也. 公旣薦鄭一蠹, 其疏文載於『國朝儒賢錄』云.≫·生員金應玎·金漢佑所居.

○唐洞: 有無賴徒數十人, 相聚爲盜, 多害人物. 府人裵世綱, 盡捕其黨告官, 以滅.

○赤洞里: ≪在府西三十里.≫

○槽谷: ≪俗稱高自谷.≫ 校理朴民俊·郡守朴坤所居. ≪今之上堂洞.≫

○高士乙只: 東南有安水寺. ≪在終南山. 名出『勝覽』.≫ 卞仲良詩曰:
≪杖尋苔逕曲緣溪, 竹鎖溪喧逕轉迷.
落日更堪腸斷處, 連峰喬木子規啼.≫

○茵橋: ≪在守山縣西二十里. 來進川下流, 卽靈山界.≫ 俗傳'古有大蟒, 潛於橋下, 傷害人畜. 有鄭姓人射殺, 自此橋無蟒患.'云 李詹詩曰:
≪行旅知多少, 閑人似我稀.
愛山隨處駐, 得句獨吟歸.
僧院秋方至, 官橋露未晞.
會當容此膝, 江上有漁磯.≫

出『勝覽』. 詹, 靈山人, 高麗名臣也.
畢齋詩曰:
≪樹木逢霜葉漸稀, 終南山下一驢歸.
鳴鴉飛起孤村逈, 斜日家家曝澣衣.≫

○成德院: ≪在府西三十五里.≫ 今廢.

○毛老谷: 牧使崔渙≪公爲掌令時, 覈奏南致謹之貪汗, 後爲致謹報怨, 橫死於羅州.≫寓居.

○屯只里: ≪在府西三十七里≫ 典籍石擎日·僉使孫仁甲·忠孝士孫若海·教授盧盖邦·烈女李氏≪盖邦之妻, 現『人物』≫·生員孫義甲≪仁甲之弟, 經甚精, 又有倚馬才.≫·虞侯朴大秀≪壬亂, 隻手當鋒, 殺獲甚多.≫·僧大將惟政所居.

石擎日, 以經書登第者也. 腹笥墳典, 言泉子集, 記誦之才質則有餘, 風月之手段則齟齬, 每遇高樓傑閣勝水佳山, 則只以風景好三字, 爲一生製述之資. 到底卽書之曰嶺南風景好, 月城風景好, 洛陽風景好, 至於開城府, 亦吟曰開城府風景好. 俄而反思, 撫然長歎曰: "風景好頭上, 便着二字, 可矣, 而今以開城府三字加之, 則詩家格律, 到此乃乖. 嗟乎! 開城府咄哉. 開城府, 信美, 而不宜詩", 乃投筆. 又於文會之中, 欲誇其才, 乃詠一絕曰:

≪於是南風至, 黃公柳之鳴,

是故風景好, 所以樂吾情.≫

傍人料其柳之之之字, 乃是竹枝之枝字, 奇而異之, 眩目詰之, 則乃自釋其音義曰: "黃公徃柳樹而鳴焉. 所謂柳之之之字, 則原道所謂之焉之字之義也." 滿座大噱, 好事者傳播. 噫! 至拙鳴世, 浮談娛人, 亦不可諼兮名士也己.

孫禮甲≪仁甲弟.≫以豪放自尙而一目眇. 嘗月夜與友五六人, 舟遊於江上. 酒半, 扣絃而吟曰: '三更月下三聲笛', 乃揚揚自得, 遂蹴舟中人而求和, 傍有一人卽對曰: '一葉舟中一目人' 孫嗒然無語. 又於他日, 有一目人, 與客賭棊, 孫比目而訕手, 且作氣凌礫, 客戲之曰: "二子以我爲畏兩鼻之人耶. 二子所視, 乃吾一人之所視. 雖有兩鼻, 無益於棊, 吾何惴焉!"孫果見敗.

僧大將惟政, 掌樂正任孝昆之曾孫, 贈刑曹判書守成之子也. 妙年出家, 長於漢北諸山. 壬辰之亂, 倡義募兵, 以捍賊徒. 癸巳甲午之間, 以朝命三入賊陣, 還兩王子, 又探賊情. 乙未丙申之間, 以朝命築公山龍起金烏三城. 丁酉冬, 隨天將麻貴, 戰于蔚山. 戊戌, 又隨劉綎, 戰于順天. 己亥春, 私自興販, 以穀三千餘石, 補列邑倉穀. 辛丑, 築釜山城. 甲辰, 奉使日本, 刷還被虜數千餘口. 丙午, 領僧徒董役宗廟宮闕營繕之役. 宣廟嘉其前後功績, 特加嘉義, 錄勳原從一等, 追贈三代. 曰四溟曰鍾峯曰松雲, 乃其號也. 有『四溟集』. 孫起陽挽曰:

≪久嗟坡老悼鄕緇, 永樂文師只解詩.

爭似松雲肝膽奮, 能令草木姓名知.

身輕義重傾朝著, 首賣言狂讋島夷.

痛哭不緣方外契, 旒詞豈是爲吾私.≫

惟政曾入賊將淸正陣中. 淸正問曰: "貴國何以爲寶" 惟政答曰: "我國無以爲寶. 惟以汝頭爲寶." 淸正大噱云.

成化中, 府人安時叔, 與盧鄭二生讀書之暇, 必遊於凝川船亭上, 吟風咏月, 恣意歡謔, 沂洄上下, 月黑夜分, 則登嶺南樓而宿, 每間數日如是. 及第洪粲, 自金海來於府中. 一日夜, 自樓抵船, 時叔等先在舟中而不避. 洪嫌其不爲禮, 及罷入城, 有傲言, 頗侵之. 時叔以書責之曰: "足下以舊視之, 則洪生員也, 以今視之, 則洪及第也. 何不自省而倨傲如是乎." 洪大恨忿, 必欲報之. 佔畢齋聞之曰: "古人論文云: '天下未有無對之文.' 洪及第可對蔡文章." 乃吟一絶曰:

≪風雪鏗瑟本非狂, 攻玉他山詎可忘.

海上適來洪及第, 山中曾有蔡文章.≫

‘蔡文章’云者, 丙申歲, 館閣諸公, 建白選文臣年少聰敏者蔡壽等六人,
給暇讀書于藏義寺, 當時朝士皆不得與焉. 時人謂之文章接. 一日班會弘文
館書吏, 於司憲府擧案, 註蔡公名下, 只云‘蔡文章’, 脫接字, 時士林皆笑之
曰: “蔡文章.” 其後有一使星, 與府使諸員, 會于此, 寫出一詩, 而求和. 其詩
曰:

≪風定江淸泛小舟, 兩兩鴛鴦相對浮.

愛之欲近忽飛去, 芳洲日暮謾回頭.≫

諸員皆愛玩而不敢次. 孫起陽聞之曰: “信畢齋之所謂‘天下未有無對’者
也. 此出於『靑邱風雅』, 乃李滉詩也. 曩者, 松雲以一詩求和於余云: ‘某少
時謁某相公, 于都下致其師所付圓扇, 以索一絶. 相公卽濡筆題贈曰:

≪方外神交有惠休, 松風舊雨憶曾遊.

年年六月炎塵漲, 分我龍津一掬秋.≫

云.

余雖唐突和韻, 終不及. 首題每一誦之, 不覺屈膝. 及閱『畢齋集』, 有此全
篇, 余始伸久屈之膝. 亦以古詩戲之曰:

≪‘昔賢自是堪加罪, 非敢言君愛窃詞.’ 叵耐古人無意智, 預先偷子一篇詩.≫

盖使星之作, 可對相公之詩, 而此亦洪及第蔡文章之儷歟.

安侯宙宰府時, 與大邱判官姜, 會于凝川船上. 酒半, 姜戲之曰: “密陽但
願有酒, 不患無安酒.” 安侯卽應曰: “縱破姜大邱之頭, 豈曰無肴?” 姜不能
對云.

|下西面| 坊里

助也山里: ≪在府西二十里.≫ 唐成公主胎, 安于此. ≪出『畢齋集』.≫

○水安驛里: ≪在府西二十八里.≫

○赤村: 俗名伏乞村. ≪在府西十五里.≫ 西有孔哲亭. ≪俗傳孔哲之所封植也.≫
中郎將孫仲堅・文壯孫若水・監察孫億≪有落花岩等詩, 行于世.≫・虞侯孫壽
宗≪連四代.≫所居.

○雲亭: 縣監柳宗貴・生員柳星童所居.

○牛嶺山: ≪在府西十三里.≫ 下有牛嶺村. 郡守金允溫所居.

○剿義禮: 節制使孫以恂・僉使孫信復・文壯盧琇・縣監盧鯤≪登文科. 素王
等賦, 行于世.≫・孝子進士魚泳河≪現『人物』. 有旌門.≫所居. 盧琇少時自洛
還鄕, 由鳥嶺至于龍湫時, 遞歸方伯, 稅駕于湫畔楓林之下, 見盧過去, 招
之. 前問姓名, 後欲試其才. 乃呼韻, 卽應之曰:

　　≪昔日甘棠今日楓, 錦光相暎錦衣紅.

　　龍門僅託龍湫畔, 君向西京我向東.≫

○新化: 萬戶朴元坤・參軍朴忠憲・萬戶朴仁憲所居.

○沙也峴: 東有沙也堤. 武壯朴起宗·進士朱德馨·生員朱德源·生員朱德雨所居.

○板谷: 洞口有亭, 名曰射廳. 縣監朴希悅·縣監羅光厚·縣監朴希益所居.

○來進里: 《在府西二十三里. 『勝覽』云'來進鄕' 一名通駕.》 其東有川, 名曰來進川. 入于本浦津. 判官李德昌卜居.

○谷良洞: 《『勝覽』云'谷良部曲'》 北有贊成玄碩圭墓.

○竹里: 古無士族.

○只士亦: 萬戶朴忠寬所居. 境與淸道相接.

○近皆里: 《在府二十八里. 『勝覽』云'近皆部曲'.》 境與淸道相接.

○所古栗: 境接於淸道, 故兩邑相爭一坪, 不得決. 萬曆丁巳, 昌原府使申之悌, 以推守決屬本邑.

○鞍馬谷: 北有鞍裝寺舊址.

○胡法規: 《'胡'一作'高'. 出『勝覽』.》 路抵豊角縣. 南有要濟院, 今廢.

|豐角縣| 坊里

《在府西北六十里.》

本上火村縣, 高麗初, 改今名. 顯宗九年來屬. 一名幽山. 庫, 凡東西南三
梗. 倉穀荒租黃豆木麥牟, 並三萬四千六百餘石. 壬辰蕩盡. 萬曆戊申, 府使
奇孝福, 重創東梗. 甲寅, 府使成晉善, 又創西梗. 崇禎甲戌, 府使李惟達改
搆. 天啓丙寅, 府使李安直, 重創坐起廳.

○客館: 《在倉北.》 東上房·中大廳·西上房即廳房·公廚·凡雜室, 五十餘
間, 又置羊豕, 壬辰蕩盡.

　○此縣在於自淸道往來玄風昌寧之大路邊. 故使客之過本府, 必出站於
此.

○校洞: 《在縣東北二里.》 古者, 建校於此, 故因以名之.

○幽山驛里: 《在縣南二里.》

○松只西里: 《在縣東七里.》

○勝蘭亭: 《在縣西門外.》 即縣人之射廳. 府使李慶祐詩曰:

　　《峻嶺崇山面面回, 太平烟月此高臺.

　　羽觴連日催絲管, 猶勝蘭亭曲水盃.》

○松只: 西東有柳. 《只谷川直下其北, 故古者植木爲藪以防水患, 又防裨補.》乃禁護處也. 縣監高自卑·生員高克敬《經史甚精, 又有操行.》·萬戶高嗣宗·萬戶孫胤文所居.

○停戰寺: 有古址. 世傳'新羅眞興王, 征大伽耶, 時欲親征, 來住於此, 捷書乃至, 王卽班師, 故因以名'云. 今有石塔.

|縣北面| 坊里

羅立里: ≪在縣北七里.≫ 萬戶辛夢台所居.

○**松洞**: 東北有節孝金克一墓. ≪克一, 清道學行者.≫

○**多伐**: 東南有三士岩. ≪北川橫其前, 柳藪在其南.≫ 岩之東北有米泰村, 卽清道之界.

○**牛谷**: ≪世稱壽洞.≫ 僉知鄭琳≪壽至九十一.≫·僉使鄭奇男≪壽至八十一.≫所居.

○**陳邑村**: 古者建縣於此, 故因以名之. 壬亂, 府使李邦佐·朴慶新·李英留駐處.

四美亭: ≪在陳邑村東南山.≫ 有古人記.

○**只谷里**: ≪在縣北二十三里.≫ 東有盈泉寺古址. 又有老松數十株, 立於洞口, 稱之曰萬年松.

○**初更山**: ≪或云璀瓊.≫ 山勢疊險, 四面阻隔, 故壬亂, 賊鋒終不至.

○**金谷**: 南有一千亭, 《村人一千爲名者所封植也.》 世稱壽洞. 《八十歲之人, 代不絶焉.》

○**土峴**: 《在初更山西麓. 縣北二十八里. 距本府九十里.》 路抵大邱府·星州· 花園縣. 南有松羅寺古址.

○**烏里院**: 俗傳'新羅所設' 今廢.

○**孤山**: 前郊有孤山, 故名. 西南有鳳臺.

○**琵瑟山**: 東北有湧泉寺, 下有幽地庵. 李陶隱詩曰:

　　《俗客驅東道, 高僧臥小亭.

　　雲從朝暮白, 山自古今靑.

　　往事追松子, 羈遊愧地靈.

　　慇懃汲澗水, 一掬煑茯苓.》

　上有褐方庵, 又有避方·宋雲等庵. 金敦仲詩曰:

　　《躋攀直上最高峯, 回首塵寰一片紅.

　　徒倚烟霞得幽趣, 風流不愧晉羊公.》

湧泉寺: 中有湧泉, 旱不減, 雨不加, 雪深而流金則冷. 下有鶯淵·三千淵, 縣 人祈雨處.

○**南山**: 古無人居. 萬曆戊申, 始成村.

○**公須旨**: 監察朴霖所居.

○**枝洞**: 壬亂, 府使李英留住. ≪丁酉秋冬.≫ 村西山角有無盡臺, 士人朴愼所築. 古人詩曰:

≪溪割平蕪抱曲來, 山爲橫檻石爲臺.

何人更起登臨恨, 華鶴依然月夜回.≫

臺下有只谷川≪其源有二, 一出初更山, 一出琵瑟山, 合流而入于楡川.≫ 里有牛山·石橋·方旨·張機·所月·背釜洞·錦洞·百嘉等村.

黑石里：《俗稱今勿石, 在縣南七里.》 前有羅黑石, 故名. 領議政宋軼生於此.
僉使朴時雨所居. 西北有普光山, 下有烏禮谷, 西南有安國庵.《士人朴大成
所構.》 古人詩曰《卽晦齋李彦迪也.》:

> 《溪山淸景浩無邊, 又値丹楓九月天.
> 誰喚行人斷崖上, 一樽留與賞風烟.》

○**車山**: 迂拙齋朴漢柱《現『人物』.》·參奉朴鳳《迂拙齋之子.》·察訪朴士忠
世居. 萬曆庚寅, 士林議立先生閭表碑, 伐石將成. 而逢壬亂未鐫. 崇禎甲
戌, 李府使惟達, 與府儒, 更議鐫竪, 因碑文未果. 至甲寅始竪, 鶴沙金應祖
撰, 方伯李觀徵書, 府使李喜年篆.

○**妙峰**: 生員成以道寓居. 辟穀道引, 作亭山角, 吟詩自娛, 自言: "腹有仙
胎, 未久飛升"云, 世稱成神仙, 壽至九十終《出『儒宮寶鑑』.》

○**無怠里**:《在縣西南十五里.》 古無士族.

○**飛峴·馬峴**: 皆路抵昌寧.

○**金洞**: 世稱壽洞. 北有法筵寺古址, 又有東院·西院等村, 中有花山. 元明
在琵瑟山南中, 卽越入於昌寧界之地也. 北有靈水庵古址.

○**堤內里:** ≪在縣南十里.≫ 東有極樂堤, 故名.

○**率洞:** 縣監禹鵬·禹鳳≪兄弟俱宰河平.≫所居.

○**臺山寺:** ≪古稱月含山龍鳳寺.≫ 今有新羅時所搆佛舍. 古人詩曰:

≪棟宇羅朝舊, 山川上火餘.

奇觀千古佛, 遺跡數行書.

夜榻堆香爐, 風廊響木魚.

蒲團上方煖, 一宿當歸盧.≫

卽鵝溪詩在文集中.

○里有木瓜洞·建洞·牛隻洞·含朴洞·古法洞

○**代山洞:** 萬曆癸丑春, 有白烏一雙, 其白如雪, 府使安玏, 轉報啓聞.

|縣東面| 坊里

神堂里: ≪在縣東南十二里.≫ 古稱孫樹介≪『勝覽』云'豆也部曲', 村中有古址.≫

○**竹岩**: 東有層岩, 故名. 西有岩穴, 深不可測. 俗云: '通于火旺山.'

○**山外**: ≪俗云沙乙外.≫ 在華岳山之外, 故名.

○**二谷**: ≪谷中, 南本府, 北淸道.≫

○**坪村**: ≪東南有郊, 古稱沃饒.≫

○**馬谷**: ≪在淸道郡五里.≫

○**勒坪**: ≪越入於淸道界.≫

○**古旀里**: ≪越在於淸道東北十餘里. 距本府八十里.≫

○**杜谷**: ≪一名伊士也.≫ 接境於慶山南村.

○**自勿也**: ≪越在於淸道東北五十里, 距本府九十里.≫

○**阿乙邑**: 卽慶州西村連近之地. 距本府一百二十里. 壬亂, 人多避亂. ≪右

三里, 越入他境, 僻在窮谷, 雖無士族, 風土淳朴, 家官遙遠, 而山水深險. 故壬辰,

賊鋒不能探搜, 府人之避亂者甚衆, 村民安堵者亦多.≫

密州人物

|名臣|

朴義臣: 以本府吏, 力學登第, 累官至工部尙書. ≪高麗仁宗朝人. 出『勝覽』.≫

朴育和: 以給事中, 爲東北面兵使. 官至刑部尙書. ≪高麗毅宗朝人. 出『麗史』.≫

孫贇: 登第累官, 至政堂文學. ≪出『東史』.≫

朴永寅: ≪義臣之五代孫.≫ 登第, 文林郎, 監察御史. ≪出『勝覽』.≫

朴允文: ≪密城君原之子.≫ 忠穆王元年, 置書筵, 選文學士三十人, 更日侍讀, 公以起居注, 參三十人中.

朴仁幹: 登第從太尉瀋王, 入吐蕃, 及東還, 爲翊贊功臣僉議評理. 《出『勝覽』.》
高麗忠肅王二年乙卯, 登第, 其年應擧于元. 七年庚申, 上王忠宣王, 知時事
將變, 欲避患, 《時仁宗崩.》. 復請帝降香江南. 行至金山寺《在潤州.》, 帝
遣使急召, 令騎士擁逼以行. 侍從臣僚, 恐王不免, 皆奔竄, 或有飲藥死者.
九月, 上王還至大都, 帝命中書省, 護送本國安置, 王遲留顧望, 不卽發. 帝
下王于刑部, 旣而命祝髮, 置之石佛寺. 俄而學佛經爲名, 流吐蕃撒思結之
地. 《去京師, 萬五千里.》 隨從宰相崔誠之等, 皆逃匿不見, 直寶閣朴仁幹,
大護軍張元祉等十八人, 從至流所. 十一年甲子, 還本國, 爲盡誠秉義翊贊
功臣, 後陞判密直司事. 忠惠王後二年辛巳, 元遣使召王弟入朝, 朴仁幹三
十餘人從. 後四年癸未, 以元子師傅, 卒于元. 恭愍王宣宥文, "密直使朴仁
幹, 不幸先沒, 予甚悼之. 宜加贈謚, 錄其子孫云. 《出『麗史』.》" 益齋李齊
賢贈詩曰:

> 《烏之生兮黑如漆, 人之見兮心共嫉.
>
> 可憐解爲燕丹羞, 一夕含冤成白頭.
>
> 我嘗怪汝日中處, 又怪金母常使汝.
>
> 乃知啾蹌萬類中, 一點丹心無與同.
>
> 啞啞飛來復飛去, 反哺林間受辛苦.
>
> 入爲孝子出忠臣, 嗟哉汝是禽頭人.
>
> 世人與汝誰能伍, 願把衿裾授毛羽.》
>
> 《右烏頭白送朴仁幹.》

朴大陽: 《允文之子.》 恭愍王十一年, 紅賊至興義驛, 王將南渡臨津, 從者
惟御史朴大陽等十七人. 癸卯, 錄勳公以司議, 陞密山君. 《出『麗史』.》 公

嘗按廉全羅道時, 李齊賢贈詩曰:

《若念書筵舊知己, (丑)川亭上賜溫言.》

朴宜中:《板圖摠郎仁杞之子.》恭愍朝, 擢魁科, 授典儀直長, 累轉獻納. 辛禑時, 除門下舍人, 陞左司議大夫. 與鄭釐上疏, 極諫辛禑"縱耳目之娛, 恣心志之欲."俄遷成均大司成, 拜密直提學, 如京師, 請鐵嶺迤北. 自恭愍朝, 奉使者多賷金銀土産, 市彩帛輕貨, 中國以爲高麗人, 假事大貪貿易來耳, 公不賷一物. 遼東護送鎭撫徐顯, 索布, 公傾橐示之, 解所著苧衣與之, 顯歎其淸白, 以告禮部, 天子引見, 待之有加. 顯出與人曰:"儌宰相而下, 吾所見高麗使臣多矣, 至尊禮待, 未有如朴宰相者."帝又命禮部官, 享宜中于會同館, 遂寢鐵嶺立衛之議. 辛昌立, 賜推誠補祚功臣號. 恭讓時, 爲同知經筵. 王謂侍講官曰:"予年老, 雖讀聖經, 恐無益也."公曰:"昔平公謂師曠曰:'吾年已七十七, 欲學恐年耄矣.'師曠曰:'何不秉燭乎? 吾聞之, 少而好學, 如日出之陽, 壯而好學, 如日中光, 老而好學, 如炳燭之光. 炳燭之光, 孰如昧行?'平公然之. 今殿下春秋尙富, 學未晚也."尋拜藝文館提學, 兼成均大司成. 入本朝, 爲檢校叅贊議政府使, 卒年六十七. 公天資明敏, 學問篤實, 廉淸慷慨, 夷險一節. 爲文學精深典雅.《子景賚·景武·景文. 出『麗史』.》

唐誠: 浙江明州人. 元末, 避兵東來. 自本朝初, 專掌事大吏文, 官至恭安府尹, 命以本府爲其籍貫.《出『勝覽』.》

朴敦之: 登第, 官至秘書監.《出『勝覽』.》

卞仲良: 李元柱《太祖之兄.》之婿, 仕於麗末, 官至密直司承旨. 與鄭圃隱相善,《有洩謀之事.》事見本傳. 後入本朝, 歷太宗世宗, 官至判中樞府事. 居守山縣龜齡里.

卞季良: 字巨卿, 圃隱門人. 年十七登第, 官至判右軍都摠制府事, 世子貳師. 典文衡二十餘年, 事大交隣辭命, 皆出其手. ≪諡文肅, 號春亭.≫ 公性固執. 宣德年, 賀白雉表辭中, 有'惟玆白雉'之語, 文肅曰: "玆字, 宜中行." 諸公曰: "不屬上, 何謂中行?" 文肅固執之, 諸公曰: "宜承旨." 世宗是諸公之議. 文肅復啓曰: "耕當問奴, 織當問婢. 殿下爲國, 若鷹犬, 宜問文孝宗輩, 至於辭命, 當倚任老臣, 不可輕許他議." 世宗不得已從之. ≪出『筆苑雜記』.≫ 世宗朝, 大提學權近, 修東國通鑑, 未畢而病重, 上問曰: "不幸卿沒, 則誰可代之?" 近對曰: "卞季良正直, 庶可當之." 擢拜大提學, 以竣其史. 居守山縣龜齡里. ≪『勝覽』云: "墓在長湍臨江縣西九和里."≫

朴仲孫: 登第, 歷敭華要. 以靖難功臣, 封密山君, 官至左參贊. 諡恭孝. ≪墓在交河炭浦烏古里.≫

朴楣: ≪仲孫之子.≫ 登第, 官至禮曹參議. 赴光州牧使, 畢齋贈詩曰:
≪應爲遲萌輟鷺班, 一麾休恨出江關.
海陽舊壤雄南服, 瑞石高標冠衆山.
曠度不敎廉吏謫, 良辰宜賞舞腰彎.
問今尙有甄家俗, 赤子龍蛇亦甚難.≫

朴楗: ≪楣之弟也.≫ 登第, 官至贊成. 諡恭簡. 世宗勵精文治, 高出萬古. 歲庚子, 始置集賢殿, 選文士二十人, 以十人帶經筵, 以十人帶書筵, 專任文翰, 討論今古, 公與其父仲孫, 俱與焉 ≪出『筆苑雜記』.≫. 公嘗爲慶尙監司, 昫撫父老有加焉, 逮其還朝也, 遺之以營中, 有布幾匹, 穀幾石, 以作鄕社義財《出『畢齋集』中.》.

孫比長: 再登第, 有文名. 官至左副承旨《出『勝覽』.》.

朴翊: 《三宰永均之子.》 世宗朝, 官至左議政.

朴說: 登第, 官至贊成. 諡夷靖. 《出『勝覽』.》

玄碩圭: 登第, 官至議政府贊成. 成宗朝, 恩寵殊隆, 柳子光·任士洪·朴孝元等, 欲擠去, 子光等謀敗, 反流東萊. 《出子光傳.》 居府北面大項里.

安觀: 稟性純正, 臨事不苟. 養親以志, 居喪以禮. 弘治甲寅, 登第. 燕山朝, 拜獻納禮曹正郎, 皆稱病不就. 中廟初, 擢拜清道郡守, 興學校勸農桑, 政事清明, 一邑大治. 上特賜表裏加資, 又錄清白吏. 戊寅, 以司諫院司諫知制教, 言得失, 見忤於沈貞, 黜守南原. 政治廉明, 爲當時第一, 上特賜表裏以諭. 《事見清道南原名宦錄. 公以畢齋門人, 得免戊午士禍者, 立仕在先生沒後故也. 居颺齡里.》

姜渾: 《號木溪》 早登第, 工文章. 燕山初, 爲承旨, 後參靖國功, 封晉川君. 官至判中樞. 弘治戊午, 以畢齋門人杖流, 其罪目曰: "造爲朋黨, 互相稱譽, 或譏議國政, 謗訕時事. 《出『戊午事錄』.》" 嘗與新堂鄭先生鵬相善. 燕山朝, 公與沈順門爲舍人, 皆有所眄之妓. 新堂戒之曰: "亟遠之, 無貽後悔." 公卽去之, 沈不從. 其後二妓, 選入宮中被寵, 沈竟死非法, 公得免. 《出〈新堂事蹟〉》 成化癸卯, 中生員壯元. 居下東面今勿里.

孫洙: ≪政堂文學贇之後.≫ 文章氣宇, 冠于當時. 中廟朝, 爲親乞郡, 上愛其材. 教曰:"以江河之量, 不合百里之任."陞拜弘文校理. 未幾卒於京邸. 所著詩文, 行于世. 居下東面今勿里.

申儼: 登第, 歷敭華要. 後斥爲大邱府使. 心淸政簡. ≪出『名宦錄』.≫ 世稱鸞鳳棲枳棘有聲.

李光軫: ≪文節公行之後.≫ 性嚴毅果斷, 且有學行. 嘉靖庚子, 中生員, 丙午登第, 官至承政院左副承旨. 居府內面僧伐里.

朴增榮: 幼性雅馴, 平居重默, 時然後言. 自十四始遊芹宮, 循循然一老成人. 未著名而人皆知其德器也. 學爲文章, 根基甚厚而驟步亦遠, 畢竟華國手也. 弱冠登第, 補館閣正字, 又三歲, 重捷重試, 爲修撰. 又六年, 爲校理. ≪成廟朝.≫ 明年遭喪, 因哀致病. 病旣劇彌留, 猶不脫絰帶而讀喪禮, 其妻湯藥室外, 不許入. 一朝端坐, 手取唾壺, 唾訖而仆, 妻始入視之, 已逝矣. 嗚乎. 增榮稟何精英而獨不稟壽乎? 已矣哉. 念增榮不得相處於此, 益不能自堪. 遂作哀詞以洩其哀. 詞曰:

"太空茫茫, 無有窮已.

本無生兮, 孰有死?

八百年之彭祖, 不能長存乎此.

廿九年之增榮, 同歸於是.

蜉蝣出沒兮, 萬古一視."

　　　≪出『濯纓集』中.≫

孫肇瑞: ≪號格齋.≫ 直城君,≪靖平公洪亮之玄孫也, 府使寬之子也.≫ 宣德乙卯, 登第補翰林. 歷兵曹正郎, 後官至通政大夫, 鳳山郡守. 晚年以詩自娛, 有集行于世. 畢齋贈詩曰:

≪年來袍笏已還君, 高臥何嘗夢五雲.

燈火呫哢北窓下, 却敎童稚亦能文.≫

孫孝祖: ≪格齋肇瑞之子.≫ 公以畢齋門人, 博聞力行, 孝友淳至, 鄕里稱之. 畢

齋贈詩曰:

　　≪百王要典魯春秋, 林下研窮足解憂.

　　物忌孤芳心可表, 人嫌一行首堪囚.

　　邱園喜我交遊淡, 鄕里推君道義修.

　　珍重鷲城相送意, 蚯蚓終始豈無由."≫

　出『畢齋集.』≪注曰:"生員學春秋於我, 凡三月, 僕還金陵時, 送我於靈山一門驛云云."生員卽公也.≫ 居府內面仇代村.

閔九齡: ≪進士頴之子.≫ 作亭于三郞江上, 名曰五友. 與其弟九韶·九淵·九疇·九叙, 寢則同衾, 食則同卓. 財物不以文券, 但以口授. 時觀察使金尙質, 聞而奇之, 以單騎馳, 到五友亭, 觀其友愛之篤, 擧其事而聞于朝, 各加一資. 鄕人稱之曰五友亭. 居府內面大洞里.

孫起陽: ≪生員兼濟之子.≫ 萬曆乙酉, 進士. 戊子登第, 官至府使. 性純慤孝友. 居家節儉, 莅官廉謹. 平生以矯正鄕風從事斯文爲己任. 其追慕先賢之誠, 模範後學之功, 誠有大矣. 嘗與曹芝山·鄭愚伏, 契分甚厚, 又爲寒崗鄭先生之所與. ≪號聱漢, 有『排悶』·『輟釣錄』等書.≫ 居府東竹院.

|孝子|

李申: ≪司宰令日善之子也. 載寧人.≫ 官至司憲持平. 居父喪, 夜不解帶, 哀毀骨立. 凡喪具, 不與諸兄弟共辦, 親自負擔, 營墳盧墓三年. 事聞旌閭. ≪出『三綱行實』·『輿地勝覽』.≫ 爲人剛正忠孝. 少時, 路逢熊山怪物, 輒使扶曳戮辱, 撞破之. 由是妖氣, 不敢渡江而左. ≪諺傳怪物, 俗所謂天王神, 江右諸民淫惑. 事之如大邱永川之風神, 其害甚矣.≫ 恭讓王四年, 諫官金震陽等, 與公上疏, 極論趙浚·鄭道傳·南誾·尹紹宗·南在·趙璞等. 疏上留中不下, 明日公等, 伏閤更請, 遂流浚等于遠地. 又與憲府姜淮伯·鄭熙等, 連日交章, 請誅浚等, 竝劾吳思忠. 王命先鞠浚等諸人, 已而鄭夢周遇害, 流公等遠地. ≪出『東史纂要』.≫ 居府南面召音里.

金不受: 爲父母盧墓六年, 事聞旌閭. ≪出『勝覽』·『三綱行實』.≫ 以孝行, 特除察訪. 居守山縣把西幕.

朴尋: 仕爲南海縣令. 居喪盧墓三年, 一不還家. 事聞旌閭. ≪出『勝覽』·『三綱行實』.≫ 居府內北亭里.

今之: 年十二, 從母往鋤山田, 會日暮, 母爲虎所攫. 今之一手執母, 一手執鋤, 撲虎呼之, 里人共救. 至百步許, 執母愈堅, 虎乃委去. 收屍歸家, 徹夜抱屍哭, 賣衣買棺而葬. 事聞旌閭. ≪出『勝覽』·『三綱行實』.≫ 居府東面穿火里.

全佛山: 性至孝. 父歿盧墓, 夜有風雨, 則必呼哭以待朝. 服闋又居三年, 一不到家. 事聞旌閭. ≪出『勝覽』·『三綱行實』.≫ 居守山縣谷良里.

魚泳河: ≪成均進士.≫ 事親篤於愛敬. 承順悅豫, 溫凊瀡瀡, 靡不曲盡. 父沒
哭泣嘔血, 幾至滅性. 勺水不入口, 殯後歠粥飲漿. 旣葬, 廬墓終制. 後遭母
喪, 哀毀踰前. 又廬墓三年, 苴杖不出山口, 終日危坐, 不脫絰帶. 拜伏几筵,
扶持以起, 見者出涕. 服闋必晨謁祠堂, 出告返面, 子姪親戚婚娶生死必告.
忌日則涕泣竟夕, 不下一粒. 後事聞旌閭. 居府西面磨義禮里.

梁末孫: 父沒, 廬墓三年. 時母死已二十六年, 末孫恨其年幼未服喪, 改瘞於
父塚之傍, 又服喪三年. 服闋移居墓下, 每朝夕瞻拜塋域. 事聞旌閭. 居府北
楮代里.

曹光益: ≪號聚遠堂.≫ 至誠事親, 終始不怠. 連遭父母喪, 葬祭以禮, 啜粥哀
毀, 鄉里歎服. 事聞旌閭. ≪出『三綱行實』.≫ 公早登第, 工文章. 後魁重試,
官至平安都事. 所著詩文, 多行于世. 公才高志遠, 性且傑傲, 不喜名流, 侵
侮權貴. 以故立朝未久, 輒復見斥. 公之弟芝山公,≪好益.≫ 少時配江東. 故
公求爲平安都事, 以疾卒于彼. 居府西五榜洞.

孫起倫: ≪郡守英濟之子.≫ 壬亂, 奉母徐氏, 避賊於載岳山中. 一日賊猝至,
母曰: "吾老不能行步. 汝且不避, 母子必俱死, 有何益也?" 起倫曰: "寧爲
同死, 何敢獨生?" 遂相抱而坐, 賊抽刀而至. 起倫以身翼蔽其母, 遂爲所害,
徐氏得免.

裴尙絅: 壬亂, 與其父憲, 避賊伏於叢藪中. 賊探得其父而殺之, 尙絅高聲大
慟, 擧杖突入, 擊殺一倭, 竝死於父屍傍.

申東顯：≪松溪季誠五代孫.≫ 事親至孝, 喪祭盡誠, 鄉人賢其善居喪盡子道. 入享忠孝祠. ≪在『新誌』.≫

孫若海：≪仁甲之子.≫ 壬亂, 其父仁甲死節後, 以餘兵力戰而死. 入享忠孝祠. ≪在『新誌』.≫

權件里：事親至孝, 竭力奉養. 以其妻之不順於親, 連黜三妻. 父母病篤氣絶, 斷指以救, 延命旬餘. 事聞旌閭. ≪在『新誌』.≫

金有富：壬亂, 負老母入戰陣中, 斬賊首, 母子兩全. 以忠孝事聞旌閭. ≪在『新誌』.≫

石守道：以父母兩喪, 六年居廬. 事聞給復. ≪在『新誌』.≫

裵永世：以事父母, 盡孝道. 事聞贈戶曹佐郎. ≪在『新誌』.≫

吳英達：早失父, 事母以孝. 母沒, 廬墓三年, 恨幼未服父喪, 因行稅服三年于其廬. 事聞旌閭. ≪在『新誌』.≫

金有軾：事父母, 生以孝養, 死以哀慕. 廬墓三年. 事聞給復. ≪在『新誌』.≫

朴陽春：性至孝. 年十六遭父喪, 廬墓四十里之地, 夜則守墓, 晝則覲母, 不以風雨少廢. 壬亂, 遭母喪, 草殯山中, 常伏殯側. 倭賊見而不害之, 時人以爲誠孝之感異類. ≪在『新誌』.≫

孫智謙: 事母以孝, 能供甘旨. 母常病劇, 嘗痢以驗其輕重, 鄉人莫不歎服. ≪在『新誌』.≫

尹甲生: 性至孝. 母死, 葬于四十里之地, 晨昏往哭. 雖疾風甚而不廢, 有猛獸隨行之, 異人歎其孝感. ≪在『新誌』.≫

尹興莘: ≪甲生之子.≫ 其妻因一事, 見忤於母, 卽離棄之, 後以母命還之. 前後父母之喪, 呼擗哀毁, 三年如一日. 每於朔望, 上墓祭奠, 至老不廢. ≪在『新誌』.≫

尹善致: 誠孝出天, 遭母喪, 葬祭盡誠. 其父元尙爲居士, 入山不出, 善致不忍相離, 削髮爲僧, 日夜不離其父. 憐其婦之守節, 勸之還家. 及父死, 廬墓三年, 足跡不及其家. ≪在『新誌』.≫

朴之華: 性至孝. 早喪父, 事母盡誠. 家貧無以爲養, 至於行乞, 躬自炊爨, 以供甘旨. 老母大小便所遺衾褥, 親自洗濯, 不令其妻代之. 而衾褥中, 遺矢乾硬處, 嚼齧袪之. 一心奉養, 至老不衰. ≪在『新誌』.≫

|孝婦|

魯召史: ≪金碩興妻.≫ 事舅姑, 備盡孝道. 舅姑老且病, 常沐浴祭斗星. 事聞
給復. ≪在『新誌』.≫

|烈女|

孫氏: ≪胤河之女.≫ 年十六, 嫁草溪人安近, 纔數日而近死, 涕泣三年親奠以禮. 及服闋, 祖父及母, 憐其年少, 欲奪其志, 孫氏以死拒之. 祖父威怒偪之, 孫氏潛到園內, 竹林自縊, 其兄適見而解之. 孫氏卽歸舅姑家居焉, 朝夕必先祭夫, 然後乃食. 年三十二而終. ≪出『勝覽』·『三綱行實』.≫

卵非: ≪正兵金順江之妻.≫ 後見棄, 其父母欲改嫁, 卵非號哭曰: "一身二夫, 雖死不敢." 乃自到死. 事聞旌閭. ≪出『勝覽』·『三綱行實』.≫ 居中東伐苑里.

鄭氏: ≪良家女也.≫ 年十五嫁, 未幾良人病沒. 父母憐其年少, 欲奪其志, 鄭氏以死自誓. 其父不信, 迎婿入門欲逼之, 鄭氏潛入寢房, 自縊死. 事聞旌閭. 居府南古谷里.

張氏: ≪繼仁之女, 孫起後之妻也.≫ 壬亂, 賊欲犯之, 張氏固拒不從, 賊刺面割耳, 過二日而死. 事聞旌閭. 居府內僧伐里.

閔氏: ≪處女. 應寧之女.≫ 年十九, 遭壬亂, 父曰: "汝年長未嫁, 何以處之?" 答曰: "女身則自有處地, 願父母善爲避亂云." 俄聞賊入境, 自縊死.

閔氏: ≪朴希良之妻.≫ 壬亂, 與二婦女, 避賊于家北山巖穴. 賊緣崖而進, 閔氏知不得免, 自投崖下而死. 居府東佳谷里.

李氏: ≪盧盖邦之妻.≫ 其夫死後, 常抱教授之紅牌. 避賊于嚴光山, 賊欲犯之, 李氏投於懸崖下而死.

閔氏: ≪處女. 個之第三女.≫ 壬亂, 與其二兄, 避賊於家北山. ≪所謂南山.≫ 賊欲犯之, 閔氏固拒不從, 又以石投擊, 賊亂斫之.

趙氏: ≪孫諟一之妻.≫ 萬曆戊戌, 與其夫, 避賊於琵瑟山中. 賊欲犯之, 趙氏至死不從. 賊抽刃恸之, 趙猶不動心, 賊亂斫之.

安氏: ≪南順吉之妻.≫ 壬亂, 避賊于士村北山. 賊欲擄去之, 安氏抱樹不從. 賊斷右臂, 安氏以左手, 益抱不動, 賊亂斫之.

朴召史: ≪府吏朴敬明之妻.≫ 壬亂, 與府吏朴彦鷗之母, 避賊于龍頭山巖隙. 賊猝至, 二女竝投崖下深淵而死.

李召史: ≪府吏朴鶴壽之妻.≫ 壬亂, 與朴召史避賊, 賊猝至, 與朴召史, 投淵同死. ≪在『新誌』.≫

徐氏: ≪李明信之妻.≫ 夫病沐浴祝天, 經年不懈. 夫旣死, 水漿不入口, 人勸以食之則曰: "無舅姑, 無子女, 久存何益?" 葬期將迫, 措處葬具, 自縊同穴. ≪在『新誌』.≫

李氏: ≪李命億之妻.≫ 新嫁未久, 夫嬰重病, 口不漿而睫不交者, 經年如一日. 及夫死, 自刎以從同穴. ≪在『新誌』.≫

尹自花: ≪正兵丁七發之妻.≫ 早喪夫, 養姑以孝. 父母憐其早寡無子, 欲改嫁終不聽. 一日其夫之弟七善, 乘間言曰: "嫂之紡績, 人皆艷之. 脫有不義之舉, 則其將奈何?" 自花大慟曰: "我有此手, 致有此言. 寧割此手, 以誓吾心." 卽以斧斷其右手四指, 埋于其夫之塚側. 事聞旌閭. ≪在『新誌』.≫

姜阿只: ≪曺萬昌之妻.≫ 性行義烈. 夫死强暴欲污之, 斷其手以自誓. 事聞給復. ≪在『新誌』.≫

|忠烈|

孫仁甲: ≪郡守興緒之子.≫ 壬亂, 官軍敗績, 無所付屬, 自募於義兵將金沔. 以中軍力戰於宜寧鼎巖津, 兵敗投水以死. 宣廟, 贈兵曹判書, 享忠孝祠.

孫若海: ≪仁甲之子.≫ 其父死後, 欲爲復讎, 以餘兵力戰而死.

盧盖邦: 壬亂, 以東萊敎授, 奉聖廟位版入城, 與府使宋象賢同死. 宣廟朝, 入享旌忠廟. ≪廟在東萊府. 出『三綱行實』.≫ 公字維翰. 自齠齔異於凡兒. 年纔十歲, 博學工文, 常以詩書, 繫臂而誦. 又作白字, 一字兩賦, 爲文健而奇, 措語閎而肆, 大爲先輩所推. 其事親也孝, 待友也信, 臨事而不苟, 耿介而有守, 所樹立然也. 萬曆戊子, 登第, 後因家貧親老, 乞爲東萊敎授. 壬辰春, 休告來家, 聞倭入寇, 馳赴東萊, 或止之, 公曰: "臨亂不可避, 位版不可棄也." 遂奉安入城, 與府使同死. 噫. 變起之初, 棄位而圖生者, 擧國皆然. 而公以白面之士, 敢冒滔天之賊, 思與城守, 其取義捐生, 可出烈士之右. 與宋侯何間焉. ≪二公事跡, 出旌忠廟.≫ 居府西芚只里.

|名將|

孫兢訓: 佐高麗太祖有功, 追贈三重大匡司徒, 封廣理君. ≪卽城隍祠神也. 出『輿地勝覽』.≫ 公勳業聲名, 冠于當世, 而史失其蹟可歎. 邑人慕其功德, 立祠推火山頂, 享祠至今.

孫孟: 世傳公再渡東征有功, 官至大將軍.

朴成進: 高麗忠烈王六年, 以副將, 從上將朴之亮, 領軍二萬五千, 往征日本. ≪出『麗史』.≫

朴葳: 初補亏達赤. 辛禑時, 爲金海府使, 擊倭于黃山江. 又倭賊至金海南浦, 沂黃山江, 直擣密城, 公遮擊, 賊狼狽, 自刃投水死殆盡. 捷至褒賞甚厚, 後爲慶尙道巡問使. 禑攻遼時, 公以元帥, 從我太祖回軍. 復爲慶尙道都巡問使, 擊倭于尙州破之. 又擊倭于高靈, 又以戰艦百艘, 擊對馬島, 燒倭船三百艘, 及廬舍殆盡, 搜被虜民百餘以還. 辛昌下教曰: "卿凌不測之鯨波, 覆積年之蟻穴, 雪國家之恥, 復臣民之讐云云." 賜衣服鞍馬銀錠. 後以判慈惠府事, 從我太祖, 定策立功, 恭讓拜門下府事, 封忠義君. 教曰: "卿以寬弘之度, 豁達之資, 逢時展才, 委身靮掌. 其處事之敏, 衛上之忠, 玄陵稱之. 四爲守令, 三鎭南服, 寇戢民安, 蔚有聲績. 才超耿賈之儔, 勇在關張之右. 城于州而金湯之利始驗, 劍其船而海道之警悉除, 載惟對馬之役, 有光辛巳之征. 天子責立異姓爲王, 卿與守門下侍中李≪太祖.≫, 首倡大義, 推戴寡躬. 以安邦家之基, 以定君臣之分, 嘉乃丕績曰篤不忘. 追崇祖考之號, 仍加世宥之恩, 錫之土田, 副以臧獲. 卿其膺此異數, 益勵忠誠." 金宗衍之獄起, 辭連公, 流豐州. 尋錄回軍功. ≪出『麗史』.≫

朴彦忠: ≪三司左尹天卿之子.≫ 高麗末, 從王福命, 破倭兵, 復東萊城. 入本朝, 歷戶曹參議, 出爲慶尙左道都節制使. 年九十七而卒. 『彝尊錄』曰: "公退居耄齡, 年過七十, 而猶射獵爲樂, 以考終云." 朴咸安融, 以詩哭之曰:

> ≪島夷侵境罪斯盈, 赫怒興師欲廓淸.
>
> 諸將用兵皆以律, 我卿奔殿獨捐生.
>
> 朝廷震悼恩加數, 閭里悲呼哭失聲.
>
> 聖代至今多武士, 誰能一洒更東征.≫

朴弘信: ≪彦忠之弟.≫ 年十二能射御, 旣長由檢校中郎將, 陞司宰監正. 世宗己亥, 以左軍兵馬使, 從三軍都體察使長川君李從茂, 往征對馬島. 臨發上幸漢江亭餞之, 上王≪太宗.≫謂弘信曰: "予知彦忠勇久矣, 不圖汝亦有武才, 可謂伯仲矣." 先登對馬島力戰死. 從茂引舟師, 乃還過密陽池洞前路, 朴夫人≪弘信之女, 畢齋之母.≫呼哭隔籬, 令女僕等, 出道側問以吾父何去. 從茂按轡蒙袂而行曰: "非吾罪也. 諸將輕進之故也. 願夫人勿咎我也." 行路及居隣, 皆爲之流涕. ≪出畢齋『彝尊錄』.≫

金致元: ≪善山人也. 禮曹參判有章之子.≫ 討李施愛時有功, 後官至兵馬節度使. 居府內面鈑浦里.

蔣孝範: 嘉靖戊子, 登武科, 除慶州判官. 有土賊八龍者, 嘯聚無賴徒數百人, 匿於斷石山中, 東西相應, 禍將難測. 公遂進兵, 剖巢燻穴, 盡勦賊黨, 明廟嘉之, 特加通政. 後土賊又熾於平山, 特令拜平山府使, 未幾病卒. 居府內面池洞里.

金太虛: 《門下贊成事桓之後.》 萬曆庚辰, 登武科. 壬亂以散官, 守蔚山, 募集散卒, 歃血同盟, 屯守力戰. 蔚民之不魚肉, 左道之次第恢復, 皆公之力也. 宣宗嘉其功義, 特加資憲褒獎之. 歷拜助防將, 星州牧使, 防禦使, 左右道兵使, 忠淸兵使, 都摠管, 扈衛大將. 公天資質朴, 風彩嚴毅, 秉心直柔, 不修邊幅. 以故位躋二品, 人無忌克. 三爲鎭帥, 家若寒士. 官至中樞府使, 諡襄武. 居府南面貴名洞.

文簡公: 佔畢齋金先生, 諱宗直, 字季昷, 其先善山人也. 曾王父恩宥, 王父琯, 考成均司藝叔滋, 贈封爵. 母朴氏, 司宰監正弘信之女. 宣德六年, 生於密陽大洞村. 公天分甚高, 摠角有詩聲. 日記數千言, 未弱冠文名大振. 景泰癸酉, 中進士, 天順己卯, 登文科, 選補承文正字. 時魚公世謙有詩名, 爲本院先進, 見公詩歎曰: "使我執鞭爲奴隷, 當甘受." 陞本院校理, 轉監察, 適入對忤旨罷, 起爲嶺南兵馬評. 成廟卽位初, 開經筵特選之士, 應選者凡數十人, 公其優也. 未幾出守咸陽郡, 其治以興學育才安民和衆爲務, 政成爲第一. 上曰: "某治郡有聲, 其優遷." 遂拜承文院參校. 未幾爲善山府使. 母卒盧墓三年, 喪禮一遵文公家禮, 哀毁骨立, 人服誠孝. 服闋築書堂于金山, 池其傍種之蓮, 扁其堂曰景濂, 蓋慕無極翁也. 日吟哦其中, 無意世事. 以弘文館應敎徵, 辭以疾, 不許, 不得已起. 侍經筵, 辭約意暢, 講讀最善, 眷注偏傾. 超左副承旨, 都承旨缺, 特命授, 公辭不堪當, 敎曰: "卿文章政事, 足以堪之, 勿辭." 尋遷吏曹參判, 同知經筵事, 特賜金帶一腰, 殊待類此. 後觀察湖南, 入拜漢城府尹, 工曹參判, 超刑曹判書. 己酉秋, 以病辭, 移授中樞. 欲謝病歸, 請浴東萊溫井許之, 因卧密陽. 上特許勿遞前職, 或勸之受祿不應, 三辭不允. 至親製批答賜之凡兩度, 有"端愨無僞." "學問淵源."等語. 聞其貧, 令本道賜米七十石, 遣內醫賜藥. 壬子八月十九日卒, 年六十二. 訃聞輟朝二日, 太常議諡曰文忠. 公娶縣令曺繼門女, 生三男二女, 皆夭. 女長適進士柳世湄, 次適進士李翺. 後娶文克貞女, 生一男一女, 男曰崇年. 公凡居家, 鷄鳴盥櫛, 正衣端坐, 雖妻孥之間, 不示懶容. 少時司藝公病且瘦, 公憂傷作籲天賦. 大夫人在堂, 公未嘗安于朝, 乞外三出奉養. 伯氏病癩, 醫云蚯蚓汁良, 公先嘗以進果效. 其孝友天性至如此. 凡守職莅民, 居簡以禦煩, 主靜以制動, 所在不露形迹, 事理而民不忍欺, 平時待人接物, 渾然和氣, 非其義不以一介取諸, 惟耽於經史, 至老忘倦, 所得浩博. 四方學者, 隨其器之大小, 充然有得而歸, 一經品題, 便成佳士, 以文學鳴於世者甚多, 世以此益偉之. 公所撰『輿地勝覽』·『青丘風雅』·『東文粹』·『五經釋義』, 行于世. ≪出「神道碑銘」.≫ 初先生沒, 葬于府南面無量院北山, 後六年, 戊午禍及泉壤, 改葬於府西大同西山. 夫人文氏, 愼其文翰之反爲禍祟, 盡帙投火. 是以先生之集, 只有詩文若干卷而已, 師弟之間難疑答問, 道行指南, 未行于世. 正德二年丁卯,≪中廟二年.≫ 雪冤復其官爵. 隆慶元年丁卯, 以退溪先生之議, 建院密陽慈氏山下. ≪一名德成.≫ 華使許國, 魏時亮, 到我國, 問東方孝子節義, 及孔孟心學之人,≪時退溪先生, 以禮曹判書撰此.≫ 以孝子五人, 忠臣五人, 烈女五人, 孔孟心學十六人以對, 而先生亦在十六人居其中. 其撰曰: "金宗直, 慶尙道善山人也. 事康靖大王, 官至刑曹判書, 學問精深, 文章高古, 爲世儒宗. 誨人不倦, 前後名士, 多出其門. 稱爲佔畢齋先生."≪十六人謂崔致遠·薛聰·崔冲·禹倬·安裕·鄭夢周·李穡·吉再·尹祥·金宗直·金宏弼·鄭汝昌·趙光祖·李彦迪·金安國·徐敬德也.≫

迃拙子: 朴先生諱漢柱, 字天支, 訓導敦仁之子. 天順己卯, 生于豐角縣車山里. 幼受學於生員高克敬, 高奇其言語氣像, 待之以禮. 及長慷慨有大志, 以古聖賢自期. 與金濯纓·金寒暄, 遊學於畢齋門, 篤信力行, 博聞强記, 文章氣節, 迥出流輩. 遠方之士, 聞風而起者亦多, 時人稱之斗南一人. 成化癸卯, 中生員, 乙巳, 登第超授漢城參軍. 弘治戊申, 拜司憲府監察, 未幾授永安評事. 辛亥, 拜司諫院正言. 成廟雅向儒術, 銳意文治, 公每入對, 必齋心肅慮, 如對神明. 知無不言, 言無不盡, 惟以誠意, 感動人主. 嘗入上曰: "四土俚正言至矣." 蓋以公不脫俚言, 而多謇直也. 七月, 除昌寧縣監, 臨民御吏, 細大皆有條法, 吏民愛之如父母, 畏之如神明. 癸丑, 以治第一, 特加一資賜表裡以奬之. 丙辰, 《燕山二年.》瓜滿拜主簿. 丁巳, 拜司諫院獻納, 諫草略曰: "文昭延恩殿, 諸陵與夫文廟, 一不親祭, 而進宴賜宴, 一不停廢, 仁政殿前, 酣歌好舞, 閙咽婆娑, 甚爲未便云云." 一日入侍, 進諫曰: "自祔太廟後, 無一親祭, 而宴遊無常, 至夜以繼晝. 且龍鳳帳幕, 乃天使時及大宴時所設, 而今也或至累日不撤, 殿下之慢遊, 是事其於孝思如何?" 燕山勃然變色曰: "龍鳳帳幕, 是爾之帳幕乎?" 公復進曰: "此帳幕, 皆由民力而出. 雖謂之臣民帳幕, 可也, 豈君上自私之物乎云云." 而退. 又劄論盧思愼 · 任士洪等事, 竟爲二奸所陷, 及於禍. 六月, 遷刑曹正郎, 有疑獄衆所未決者, 皆立斷, 時人有明鏡之稱. 時王心日荒, 國事日非, 公知其不可與有爲, 乃有退去之志. 求外補爲平海郡守, 以邑遠親老, 換授醴泉郡守. 政舉治平, 吏畏民服. 居八月, 搢紳禍起, 戊午七月, 以畢齋門徒, 拿致京師, 付處碧潼郡, 庚申, 移配樂安郡. 丁父憂, 以遺衣服設位, 朝夕攀號, 毀感絶而復甦者累矣. 甲子, 搢紳禍再起, 公年四十六, 自謫所被執而去, 過金駿孫謫所, 《淳昌.》金要於路, 微諷於公云云, 蓋欲其自明也. 公默然不答, 金曰: "老母在, 須更思量." 公曰云云, 蓋不可爲母免禍之意, 而不能詳也. 金默然而別歎曰: "朴君之舍生守正, 人不可及也." 公臨刑神色不變, 洋洋如平常矣. 訣所相識者曰: "公輩好在, 是吾就死之秋." 五月十二日也. 是日晝晦大雨, 烈風雷電, 如戊子定配之日. 是年冬十月, 葬于咸安蓬山東麓. 夫人安氏, 司直孝文之女也. 自公死後, 哀毀骨立, 乙丑病卒, 祔葬于公之墓左. 燕山命籍沒家資, 配諸子, 長子鳳巨濟, 次子鷥樂安, 末子鵬以幼免. 中廟初, 皆放還. 正德庚午, 贈通政大夫, 承文院都承旨, 兼經筵參贊官, 春秋館修撰館, 藝文館直提學, 尙瑞院正. 公自少篤好性理之學, 特立不回頭. 沈潛經傳, 孜孜不輟, 對案觀書, 夜而達孝. 諸子百家山經地志莊老浮屠之說, 亦皆探討, 以爲窮理之要, 至於庸學, 手不釋卷. 其言語行止 · 動遵禮義, 雖倉卒, 未嘗有疾言遷色. 其事親篤於愛敬, 溫凊色養, 靡不曲盡. 每日雞鳴, 必盥櫛正衣冠, 省問如禮, 退而靜處一室, 終日正坐, 家人未嘗見其懈容也. 嘗宰昌寧, 數日不覲, 則心不自安. 乃於初昏, 乘匹馬省徒, 促馳來覲省, 從容侍話, 至曉即還, 而人不知之. 公胸襟洞然, 徹視無間, 清介絕俗, 望之如山岳. 以興起斯文爲己任, 訓迪不倦, 隨才成就. 名士崔山斗等, 多出其門, 眉巖柳希春云: "湖南學問淵源, 皆出於公." 公當危亂之朝, 斥奸邪格君非, 面折廷爭, 略不顧避. 或止之曰: "公之所爲, 殆非保身之道. 愼勿如是." 公曰: "爲人臣者, 以道事君, 不合則去. 死生天也, 豈可自謀其身, 而陷君於不義乎?" 聞者愧服. 公所著述甚多, 而被禍之後, 夫人懲於史禍, 盡投火中. 以故不傳於世.

松溪: 申處士諱季誠, 字子誠. 高麗元勳崇謙之後倬之子也. 公姿狀端潔, 氣度耿介, 齋莊嚴毅, 未嘗疾言遽色. 動靜語默, 皆律以規矩. 自少時, 有志於聖賢之學, 不爲科擧之習. 沈潛乎六經之文, 從事乎『小學』之書, 以敬爲存心之要, 以誠爲持敬之本. 眞積力久, 道精仁熟, 義理之蘊奧, 事物之巨細, 觸處洞然, 表裏通徹. 其論說本末, 辨析是非, 應接酬酢, 無纖芥底滯于胸中, 浩然有不可禦者矣. 早從松堂朴先生《英》學, 又與雲門金先生《大有》·南冥曺先生《植》遊, 頗有師友淵源之正. 嘗曰: "名敎中, 自有樂地, 非膏粱而飽, 非文繡而美, 非鍾鼓而樂, 聖賢豈欺我哉?" 又曰: "存養熟, 則氣像高大, 省察久, 則此心自然誠明, 事物之來, 自然泛應曲當." 又曰: "顧諟二字, 吾未嘗忘諸懷." 又作素屛二幅, 一書 "敬以直內, 義以方外." 一書 "艮其背不獲其身, 行其庭不見其人." 展之燕居, 客至捲去. 搆草堂于石溪邊松竹林中, 號石溪精舍. 所處僅能容膝, 寒暑不離. 圖書焚香端坐, 泊乎無營, 冠服惟謹儼, 如泥塑, 望之甚嚴, 將不可近. 及待人接物, 渾然一團和氣也. 人有不可者至, 則接之以禮, 而正色不言, 其人慙汗惶懼, 即辭去. 子弟請其故曰: "邪人不可近, 亦不可拒. 其來但待之如是, 則彼必不復來矣, 是所謂不惡而嚴, 不怒而威者也." 自三十歲以前, 寢無燈燭衾枕, 不脫冠帶, 對木几整坐, 潛思默念, 至夜深, 則憑几暫睡而已. 四十以後, 始有寢具, 然率以三更就寢, 鷄鳴卽起, 至易簀如是. 平居甚厭煩擾, 夫人小子, 不使之近前, 家事付之子弟, 常淡如也. 然治家嚴肅不可犯, 子弟雖年壯, 不許升堂對坐. 進退周旋, 悉教以禮, 爲學則必先入小學, 使爲涵養之根本, 而以踐履篤實爲務. 至於童僕, 亦莫不待之以嚴, 不敢有所放縱. 故出外人遇之, 皆知爲某家僮僕與子弟也. 凡人有喪, 必素服而弔, 朋友之喪, 限十日不進酒肉. 族親無服者之喪, 斷肉一月. 親爲護喪, 遠則遣祭, 其篤於行義如此. 人之爲不義者必曰: "寧受罪於官, 願勿使聞於申某云." 其爲人所畏服如此. 嘉靖壬戌卒, 年六十四. 葬于密陽長善山. 公娶察訪李鐵壽之女, 有二男一女. 男曰有定, 有安, 女適士人曺夢吉. ≪出行狀≫ 南冥先生, 所撰墓碣銘曰: "吾黨有人, 申君爲最. 齋莊於內, 氷蘗於外. 私淑諸人, 松堂之門. 雖家食吉, 遺香則聞."

|仕宦|

朴彦孚: 《密城君.》

朴孝臣: 《彦孚之子. 官至都評議事.》

孫仲堅: 《中郞將》

孫季卿: 《門下評理.》

唐誠: 《浙江明州人, 元末東來. 恭安府尹.》

孫承吉: 《季卿之子. 承旨.》

申允元: 《文科. 正言.》

金叔滋: 《司藝. 號江湖.》

朴幹: 《贊成》

朴永均: 《幹之子. 府院君.》

朴融: 《吏曹正郎》

朴文彬: 《司成》

朴臣敬: 《文彬之子. 參議.》

朴臣寵: 《臣敬之弟. 參判.》

朴時庸: 《文科. 校理.》

朴文老: 《文科. 參議.》

孔文沖: 《登第奉使中朝, 皇帝嘉其爲人, 留置不送, 竟死中國.》

朴耆仝: 《文科. 參判.》

朴大生: 《兵使》

朴天卿: 《文科. 左尹.》

李午: 《文科. 參議.》

李戌：《水使》

宋軼：《領相》

李榮中：《監司》

閔暐：《左尹》

安崎：《文科. 司書.》

孫寬：《府使》

姜子平：《監司》

趙孝仝：《司諫. 有學行.》

申儼：《府使》

姜興叔：《文科. 正言.》

孫以恂：《武科. 兵使.》

金致享：《水使》

朴坤：《三魁武科, 官至郡守. 嘗以朝天使, 從事赴京, 膂力甲於列國. 天子欲取將種, 妻以華女, 坤知其有娠, 命名三傑而還. 壬辰, 三傑自請從軍, 以都摠管軍校, 來訪族屬.》

李迨：《文科. 翰林.》

李光軫：《文科翰林. 以文學見稱.》

崔寊：《文科. 掌令.》

金孝給：《文科. 參議.》

朴民俊：《文科. 持平.》

孫英濟：《文科. 正郎. 以學行見稱》

曺光益：《正郎. 號聚遠堂. 以孝行旌閭.》

柳孝川：《文科. 提學.》

朴壽春：《以學行孝友, 見稱一世. 自丙子亂後, 足跡不出洞壑而終. 享大丘南崗書院.》

高信仁: ≪判尹≫

柳芬: ≪訓導. 以學行見稱.≫

成守謙: ≪監司≫

孫若水: ≪文壯≫

盧琇: ≪文壯≫

朴文孫: ≪文科. 通禮.≫

姜英叔: ≪文科. 正言.≫

安億壽: ≪文科. 縣監.≫

安汝忠: ≪武科. 虞候.≫

朴亨幹: ≪文科. 郡守.≫

朴龜元: ≪文科. 縣監.≫

朴末柱: ≪文科. 正字.≫

朴大秀: ≪虞候. 壬亂, 獨當賊陳, 殺獲甚多.≫

孫起宗: ≪武壯≫

安璿: ≪文科.都事.≫

金希魯: ≪進士≫

金守認: ≪生員. 以孝行文藝見稱.≫

金馹駿: ≪文科. 府使.≫

朴振翰: ≪兵使≫

成以道: ≪生員. 能文. 廢科隱於妙峯, 終不出世.≫

許伸: ≪性倜儻不羈, 慷慨有大節. 嘗以白衣從事金元帥幕下, 于時北虜倔强, 和議遂興, 登統軍亭題詩曰: "杖釰西來意, 豊功勒白頭, 吽嗟和一字, 使我獨登樓." 其後丙子之亂, 千里徒步, 再赴行在, 時人服其忠義.≫

蔣文益: ≪以孝友學行著聞. 丙亂, 推爲十二邑義兵將. 其後作亭於洛江上, 超然有自得之意.≫

郭世翼：《文科. 司藝.》

朴玉衡：《武科. 郡守.》

朴夢龍：《武科. 壬亂, 殺賊甚多. 錄原從功.》

李先智：《武科僉知》

金之鍵：《武科府使》

金淇：《武科》

曺挺夏：《武科虞候》

河沖：《文科. 執義.》

李惟謹：《文科. 府使.》

孫誾：《文科. 府使.》

玄洪潤：《武科. 府使.》

朴時乂：《文科. 府使.》

|新增|

沈澐: ≪舍人光世之曾孫. 文章德義, 挺名門而負望重. 肅廟朝登第, 未反附職而卒. 後贈司書.≫

李命夔: ≪號聽天. 星山君軾之六世孫. 肅廟朝登第. 未得一官而卒.≫

孫萬重: ≪察訪. 英濟之五代孫.≫

柳鳳鳴: ≪文科. 郡守.≫

申維翰: ≪號靑泉. 能文章. 肅廟朝, 登第官至僉正.≫

|官案|

朴譜: ≪時豊角縣, 有災異之事, 降爲縣監.≫

金光轍

李忠傑: ≪修建召樓.≫

權撥: ≪嘉靖癸巳下車. 乙未遞歸.≫

趙績: ≪文科≫

李彦迪: ≪晦齋. 臨民御吏, 細大皆有條理, 吏戢民懷.≫

趙守千: ≪文科≫

張籍: ≪文科≫

魚得江: ≪文科≫

朴世煦: ≪己亥下車, 壬寅遞歸.≫

金彭齡: ≪文科≫

安宙: ≪文科≫

張應星: ≪辛亥下車≫

姜應台: ≪壬子下車≫

金雨: ≪癸丑下車≫

李圖南: ≪乙卯下車≫

崔蓋國: ≪丁巳下車≫

徐九淵: ≪辛酉下車≫

鄭礦: ≪辛酉下車≫

韓性源: ≪壬戌下車. 有善政碑.≫

李慶祐: ≪乙丑下車≫

宋鑢：《戊辰下車》

朴承侃：《庚午下車》

黃博：《辛未下車》

梁㰥：《癸酉下車》

金克一：《乙亥下車》

李彦愉：《乙卯下車》

河晉寶：《己卯下車. 碑銘曰：“孝心仁恕, 所性樂易. 從容處事, 勤簡律己. 教育誠篤, 政課月試. 俎豆禮樂, 祭必親莅. 案無滯簿, 村不見吏, 父母吾民, 展也君子. 心乎愛矣, 曷有其已.”》

金宇弘：《癸未下車》

朴光玉：《乙酉下車》

鄭仁寬：《丙戌下車》

金澥：《丁亥下車》

申礴：《庚寅下車》

邊璣：《辛卯下車》

朴晉：《辛卯下車. 壬亂以鵲院戰功, 陞拜左兵使.》

李守一：《壬辰下車》

朴慶新：《癸巳下車》

李邦佐：《甲午下車》

裵楔：《乙未下車》

朴己百：《丙申下車》

金遵階：《丁酉下車》

李英：《丁酉下車》

金應瑞：《庚子下車》

李琰：《辛丑下車》

崔沂：《壬寅下車. 碑銘曰："公來民戴, 公去民思. 思之不足, 竪之以碑."》

呂裕吉：《癸卯下車》

鄭起龍：《甲辰下車. 碑銘曰："清風吹六月之炎, 儉德蘇一境之羸. 毋忽去兮飢欲死, 民安得而無後思."》

李璲：《乙巳下車》

吳應台：《丙午下車》

金億秋：《丁未下車》

奇孝福：《丁未下車》

元裕男：《庚戌下車》

安玏：《壬子下車》

鄭士信：《癸丑下車》

成晉善：《癸丑下車》

李弘嗣：《乙卯下車》

申景珍：《己未下車》

朴啓章：《壬戌下車》

邊瀜：《癸亥下車》

韓好問：《癸亥下車》

李安直：《癸亥下車》

呂祐吉：《丙寅下車》

鄭斗源：《戊辰下車》

李彦英：《己巳下車》

李必榮：《庚午下車》

李惟達：《癸酉下車》

李必達：《乙亥下車. 丙子領府兵, 赴雙嶺戰.》

李士祥：《戊寅下車》

宣若海： 《己卯下車》

沈器成： 《辛巳下車》

李祗先： 《癸未下車》

鄭泰濟： 《乙酉下車》

金汝鈺： 《丙戌下車》

姜大遂： 《丁亥下車》

羅緯素： 《戊子下車》

崔煜： 《己丑下車》

金應和： 《辛卯下車》

申翊全： 《壬辰下車》

李袗： 《壬辰下車》

鄭昌冑： 《癸巳下車》

尹得說： 《乙未下車》

權坽： 《丙申下車》

金廈樑： 《丁酉下車》

黃儁耈： 《戊戌下車》

宋時喆： 《己亥下車》

李之馧： 《庚子下車》

李克誠： 《癸卯下車》 《甲辰間，主倅死於逆律，今不敢錄.》

洪聖龜： 《乙巳下車》

李戡： 《乙巳下車》

李東稷： 《丙午下車》

李奎鎭： 《己酉下車》

李喜年： 《壬子下車》

尹以益： 《乙卯下車》

金䆩： 《丙辰下車》

柳楮： 《丁巳下車》

李秬： 《戊午下車》

朴興文： 《己未下車》

睦昌明： 《庚申下車》

南益熏： 《庚申下車》

李孝源： 《辛酉下車》

沈益相： 《甲子下車》

洪受疇： 《戊辰下車》

柳以井： 《己巳下車》

金鳳至： 《癸酉下車》

洪得禹： 《甲戌下車》

沈澂： 《丁丑下車》

鄭是先： 《辛巳下車》

趙泰老： 《癸未下車》

金弘楨： 《甲申下車》

李徵夏： 《丙戌下車》

任埅： 《戊子下車》 《辛卯年間，主倅入於孥籍，不敢錄.》

金昌錫： 《壬辰下車》

金是慶： 《丙申下車》

洪重衍： 《丁酉下車》

李梴英： 《戊戌下車》

李洙： 《辛丑下車》

李熙疇： 《壬寅下車》

趙彦臣： 《乙巳下車》

李敬蹟：《丁未下車》

鄭赫先：《庚戌下車》

李重協：《癸丑下車》

韓德全：《甲寅下車》

洪晉猷：《甲寅下車》

李匡輔：《丙辰下車》

任守迪：《丁巳下車》

尹憝敎：《庚申下車》

李玄輔：《癸亥下車》

宋文相：《甲子下車》

洪允輔：《乙丑下車》

李延德：《丁卯下車》

申晙：《戊辰下車》

李德顯：《辛未下車》

趙集命：《壬申下車》

金相說：《甲戌下車》

李昌元：《丁丑下車》

趙載選：《己卯下車》

李益炫：《庚辰下車》

金仁大：《癸未下車》

尹象厚：《丁亥下車》

宋晉欽

黃仁謙

金相戊

李白圭

金相直

鄭存中

尹光裕

金履安

洪秉殷

金履鐸

(원전) 밀주지리인물문한지
(密州地理人物文翰誌)

密州舊誌

戊戌重陽後稧

密州地理人物文翰誌

府內面

凝川(在府南) 其源有二一出府東載藥山一出淸道郡東雲門山一出豊角縣北琵

琶山合流爲匯過府城南入于三郎津 (倘旱禱詩日樓外歷江百頃雲西怊悵波幾/生敕晩峯前撑簷暑內岸靑山史十分)

東至蔚山郡界四十九里至彦陽縣界九十三里南至梁海郡界四十七里至東萊縣

彦陽縣界五十里西至靈山縣界三十八里北至淸道郡界三十一里至豊角縣北星州

地界九十里距京都八百十二里

達凞 沿革本新羅推火郡景德王改密城郡 (撵東史景德王十六年置九/卅分親郡醫改郡爲驛) 高麗初因之

成宗改密州刺史顯宗還爲密城郡忠烈王降爲歸化部曲屬鷄林後復密城

縣十一年陞爲郡恭讓王以曾祖妣朴氏之鄕陞爲密陽府

太祖朝還爲密城後以入朝宦者金仁甫之鄕復陞爲府改今名 太宗朝還

爲郡後例爲都護府 宣祖朝始設防禦營府使例兼已巳還罷辛巳無

討捕使已酉逐罷屬縣撥新羅地二嵓城郡顧縣五尚藥密津烏岳橫山蘇山

○輿地勝覽靈山沿革註云新羅景德王以尚藥爲嵓城顧縣高麗初復合二縣爲淸道

淸道沿革註云景德王以烏岳荊山蘇山俱爲嵓城郡顧縣高麗初置監務

郡仍屬嵓城屬宗置監務○按高麗地理嵓城郡屬嵓城恭誠王置監務

桂城靈山豐角縣輿地勝覽玄風沿革註云高麗顯宗以昌寧屬嵓城明宗置監務○

副嵓城地仇知山部曲屬之昌寧沿革註云高麗顯宗以玄風屬嵓城恭誠王置監務

嵓律縣一名竹山輿地勝覽金富軾云景德王改名嚞陽顧縣今未詳今按檻近史畧

新羅地理推火嵓陽註云云靈山桂城嶇嵓城顧縣則此地示屬嚞陽明矣

適推與義嵓方音同疑此其地况高麗時靈山桂城此嵓城郡縣今未詳今按之靈山南三十里有蒇

姓氏

郡名　　推大　　嵓城　　宻州　　歸化　　斯川　　嵓山

本府　　探朴金卞趙邊楊　唐　李崔尹曺蔣守山　徐孫

豐府　魯田劉齊苔　　金　　　末　　秦惠下科　　至世保白惠科　　績金與如諸儀全

- 4 -

豐閣會田劇齋等 金兼遵 泰通 百科 戟世宗甲壽科 續 金龕加 諸佛全

○音諸 尹廉

○社廟　　紙笛竹　箭竹　銀口魚　黃魚　鮒魚　鯽魚　訥魚　松蕈　石蕈

○邑城

閭閈甲夲酉辛人高九尺内有十三池咸化十三年己戊等萬曆十八年庚戌吳府使申碑巳麦町咸庙十年庚戌吳町宣庙十三年

○將軍井　　在邑會東北深佛清冽冬溫夏冷深可十餘尺雖大旱不涸諺傳金碣將軍出此聖地勝覽

　　大旱不涸諺傳金碣將軍出此聖地勝覽

○蓮池　　在邑會東万曆辛巳府使安勁帶閱至甲吳府使李喜年改鑿
○別雁

○衙舍　　內外東西新別堂百餘閒辛辰為立巧府使几谷男重劇府使鄭元慶題衆壁
　　其謫口盛箋閒亭甲戌榮華齊樹閣巷日西斛庭前只有庭庙樹猶似孤山処士廃

○客舍　　在客會府使寺記置重劇有竹枝曲亭其謫曰秾簷高棟嗚孤環稼喬丰落房李濟為萬土廃
　　之舞　海天寫~肉類素墾水嗜難知萬沙同汝急雅胖不自戊二　樓下庙

○教塲　　江岡勁将楼中庸教每散傌皇華使飛錦襖全辟玉厨　　又是仁頸夜樹奇閣曲女伴賈江神江
　　狄皇閣陳庫兰百餘閒士乱蕩雲
　　騑辺蘭貌之禺山巷口枡四~住期三五又八弒閒前村徐芽艇　即惡揖~如竹夜是心休辺觴中孫竹枝後未
　　タ吉新稻樣隼有勝肘時　吳青山頸月欲高玄度烟客吠江馬共君頂向中秋庚閒蚖舍廠看雲藏~足
　　尺楼前閣欲到頂史野向海門迴長幸遼信擒
　　堪哥潮根泵魚自来出倻靰藻集

訊倉　在衙東坐起廳富貴飛檐○庫四方棟卅百七十餘間○庫　四方棟戊子府使金潤以倉庫盈匱露積於外別路營二後

官廳　在居舍北遷上貢物庫戶籍庫灾傷庫雜物庫府使丙午

大同廳　在衙田古無入同丁唐已同府使趙孝福設三置有司三貢

軍器廳　在居舍東房應坐丁問東伍甲八千餘名壬辰蕩盡

廊司　在居舍壬辰丁問安徼造先基業

安逸班　在居舍東十七間非甬程戶長

書役所　在居舍東百脉間田結之數一萬二千三百三十七結九復三束

奴令所　在居舍閤一名舍館帶侯使卯居高銅鐵丹木貢木庫並甲卯壬辰蕩盡後重拘又置坐起應丙午府使

舞鳳山　在居舍東上有全

嶺南樓　在居舍東上有全

十景徐居正詩
牛壟暮雲
馬山飛雨
凝川驅艇
鐵浦漁灯
龍壁春花
栗島秋烟
陰峯初旭
羅峴積雪
西郊修禊
南浦送客
有徐居正記申叔舟記

一
十景徐居正詩

凌波堂

桃流堂

撫辰...

納清堂

迎薰堂

城隍祠

鄕射堂

禜...壇

電...

社稷壇

...門神

運禮...

故雞隨株林卉木以防之例置臨若助禁樵收林數蔣峕彌滿數里人敢不□□更輪峕瑗早知非鰍魚已躍桃花水度憶限君織雨衣

牛島　勝覽云在㴎川中㴎川合西合流故島在其中

龍頭山

祈雨淵　在龍頭山下川中效灵人旱別祈雨崇禎戊辰人旱府使□□□容天方兩邑人名□□太守兩古者人兩水道橫流寉林中□名曾民

馬巖　在東林西有岩手入㴎川形如馬局故名□□□□□□隙洞名曰馬岩岩如馬隊仍里祖閱金諺曰閱都觥仍胸咸有□寺杭羲民山中嗚鍾數嘐龍之名即古之聖原寺也

神座

大成殿　三間前有二階壬亂俱燼万曆壬兵府使□□□□□重翻

鄉校　五里　在府北　古有鄭□卧重新記失扵壬亂

東廡　道國公周敦頤　洛國公程頤

西從祀　豫國公程顥　弘儒侯薛聰

東從祀　郓公冉耕　齊公宰予　徐公冉求　吳公言偃　潁川侯顓孫師

西配　郕國宗聖公曾氏　鄒國亞聖公孟氏

東配　兗國復聖公顏氏　沂國述聖公孔氏

大成至聖文宣王

費公閔損　薛公冉雍　黎公端木賜　衛公仲由　魏公卜商

文成公安裕

正祠　道國公周敦頤　洛國公程顥　弘儒侯薛聰　文成公安裕

文敬公金宏弼　文正公趙光祖　文純公李滉

西廡

預國公程頤　徽國公朱熹　文昌侯崔致遠　文忠公鄭夢周

文獻公鄭汝昌　文元公李彥迪
萬曆甲午府使成蓋善重刱東西

陸配　以宋朝天賢陞配
商廟丙午三年丁酉七月初七日顧敎內外
大聖殿由

神門三間　在文廟之南　西有祭器祭服庫又有神廚三間
道國公周敦頤奉杞魏國公卜商之下預國公程頤奉杞潁川侯頴孫師之下洛國公程顥奉杞周敦頤之下新安伯邵雍奉杞程頤之下郿伯張載奉杞程顥之下徽國公朱熹奉杞邵雍之下

明倫堂五間　在文廟之東　東齋五間西齋五間　主辰兵燹盡方廢戊午府使金秉重刱

齋室　大祭時獻官致齋之所今存
教宮　今存　韌微亭
願內外童蒙并六百餘人今存

府內面坊里
諭書樓　今存　小樓　今存

水南里　在府東南六里川之南故名之
佳野山　古無士族
乻里山　族
進士金廈仁䢖居○耳

舍院　出勝覽在府東十里今存
無數汏洲間小却前灘清浅木容高故來烏頭邊濃南南樓梅勝看故表而誌之
龍城里

在府城東門外盡龍頭山璂起于前改名之四
擂火山
山頂有名我嶺二十三百六十尺內有三泉一池世傳孫將軍詞俗謂天王神西有烽全南

山北應
金頭

○僧俊 通稱
龍城

判尹高信仁府使孫覽 <small>截海群玉覓孚下</small>

紀金使孫信復 進士柔澹生貢孫宏濟郡守掃英濟 進士孫顗生貢孫魚濟 進士

孫有慶生貢孫起緒府使孫起陽 <small>現人物</small> 孝子孫起倫烈女孫氏 生貢掃世

張氏 <small>遊起一妻</small> 所居西有抱愛亭 <small>現人物</small>

遠翰林李迴 <small>現人物</small>

永吉李光軫 <small>現人物</small> 生貢李慶阯

李慶承所居有令是堂 ○

松溪申季誠墓一有曹南冥 ○ 前川 東北

彤影 翰林李迴始卜居 府使惠得江過村前有詩句

僧人明鑑亦生於此

羊塲寺石禽城又有虎瀆灘

竹潭

進士元亮 <small>翰林之子</small>

府使惠得江過村前有詩句 ○ 春福 ○ 竹山村 <small>名都事姜諿正言</small>

舍人堂村 進士柳子恭進士李

生貢李光軫

長魁北有 進士 ○

進士元亮 翰林 之子 固守其業壬辰蕩盡○春福 西北有孫将軍號訓基

姜藝戚䢘居○仇代村 名 敬堂孫孝祖物現人生貞金天授䢘居○校洞 前郊路上有老松壬三

○永北里 䢘川其 南故名之二名 生貞黃鍾䢘居世傳金将軍號訓生於此 林佑卑爲有詢

勤院 在府西三里使昆人府時府使延命廚壬辰蕩盡仍府○北享里 左自府北里号 北享院故名 以鳳梁養誼士 鄉約野于苦藉

○松享里 生貞孫誠府使孫閨 池北有有秋雨開東麓 生貞孫士晚

爾居 前郊路傳○泌郎村 有石 孝子朴尋物現人 進士朴文嵩才士朴洪罷罷䢘居○鈒浦

有烽燧南應全海寺庵 武登高處得有山将 依傳金隠討趙升 助火峴 在南山東麓路 前郊浦 縣監㵲

億寺虞候安政患萬戶安汝孝生貞安忍爾居 ○後鈒浦正卽朴融兵使金致元爾居 扼石

寶朴文孫水使金致亨府使金致利生貞金致信生貞申承澔執義金致義申儼物現人 通

處士申季誠生貞朴訖

隨詩曰門開十日逢邑話于畫盡山中月三更又有嶺南樓趣之自兩馬岩而江波爾東林而柬下又有今是堂壁上韻曰澹谿

澹群朝暮色龍密竹邑古今兵此兮之句寄贈久久人口而恨末見全扁耳

進士申忠仕邪居村下谿邉申先生種竹作亭名曰浛糟舍後人因以稱之曰松谿先生今

有老松數十株豆栱於谿上前郊路上有先生閣丈碑閣

万曆丙子府使金葉光克二撰碑文主而閣之府

復夏伐名種致踄跪末刊崇禎甲戌府使李俟 朴遹庄之評賜斗慶倭賑破埋梵閣其後儒紳聚葬

雖建依府儒文悤又以剝墜于口道 朴說當會歛于漢亭有詩 山影盃中落 漢揮月外綠 此其二聯也見者

悲之果數月而逝後人閱溪讀書於山房有詩 唱于十山亭 覺而解之曰朝紫皇而仙桂發 早晚必登苐勤

逝柳暗夢作一絶 登之朝紫皇 觉而解之曰朝紫皇而仙桂發 早晚必登苐勤

讀書末幾而逝孫謀約士乱後有詩 人閣小弟兄 不有年而逝全有巽桁桁 百里生子三事

俄以新恩死於京邸千里一盃之語无可驗矣豈非三品之姓感之情先物而動於冥應

而預告者歟惜其才而異其頮而推之并及於此〇松岳 進士朴時舉生眞孫敦儉邪居

〇大洞三司左尹朴天鄉卽制使朴庚庄兵使朴弘信左尹閔晴司藝金叔滋伯畢

裔金宗直 子 進士閔頼五友亭閔九岭九韶九淵九時九叔 現人幼學閔祥

籍別提金紬 子叔豁之 早喬詩口新舞鴌籬四面長僑燃然難犬走荣鄉一圏松竹自秋邑欽回偄

有典行孫中進士邪居 金宜夕陽兩霽岩生溪賤宵風傳野境稻吹吾醋〇誘叟衿故好社酒相

籍

別提金紐　俾裔孫中進士

邪居

甲裔舊詩曰新舊舊籍四面長墻煙熱犬是桑鄉一周松竹自秋西欲回伏

將累十村西山替麗有先生墓改葬壬此　　　　　戊午士秋候　前有複樹亭先生風味之邪克嘗學修護

齡

路上有先生神道碑文　　　　　　　　金公又楊鬥紫忠崔漢城齊風鬥野堤媄音媄令溝々満虔金桑峯前郊

諸說邑僑戌名花壹兩縣月舍山譜跋軒頭先丘耳春三月十日敗之四跌目原府

使吳浹掉之邪言故事從簡便故擧義而民不見智役託而申不遇詩號嗟　高山其南有邸

嶼九里松瀞谷有金取　　○風流洞別産閣九嶺邪居　　嚏々諱改古有朴後之名知吾凡保東方之孫

　在府西　有奚方　進士蔣子謇府使蔣孝範現人府使蔣明遠察訪蔣敎屋縣監　萬曆丙子府使金桑峯此此村仙

○池洞　　　　　縣監朴居明　勝覽云喜仁縣新亭記曰　○蚫川里　東有甘川源出

　堤敢名　　　　○寸尺　　　　今藏世覽歐西廉供與　　　在府西　

蔣珊邪居○　　　龍駕驥里　　　○坪里　古無人居士

　　　　　　即府之仇火　　　　　亂後姑石民居

革岳入于凝川夫亂後水失其道北于南亭洞直衝官內故驀堤以爲禁護也　

○月山　東有助提々左有廚　　○橋代里　亂後姑石氏命邸々甲前有春奇墓犯

祭毋前祝自毛岩　　　　在府北十里勝覽云橋代亦命邸々甲前有春奇墓犯

　　　　　　　○鬮田　有孔岩々富源遇乱記入又避

孝子梨末孫邪居　　世傳家南清平君韓個郡守韓私瀧邪居○鳥禮里　勝覽

丁部曲東南　　　　君舊址　　　　　　　　寸里原有冷泉　　　　三卦

有社稷坦　　全知寺先智邪居　　　　○亦項里　　桑井

　　　　　萬曆戊午姑々居　　　　　在府北十五里西有青雲寺云北有

府北面坊里

德念里　雲南有嚴堤北有柰判朴者墓　蒲閣君蔵之子也

泰判朴考節制使朴大生 泰判之子 縣令李聃龍 正郎金逑駿 登文科世剛毅與鳳潔 歷官四至叅有忠澤 故得昌濟陽路有清德善政碑

邪居後有學仙人蔣宗國自火潛心易學觸慮通理又嘗辟穀靜處絶粒三十二日鍊力不

惡嘗自言吾當某年危果如其言 ○大項里 土人連居 正郎南慶及萬南家 官至願相以奸賊前奪

判官李永叔縣監察訪同受十進士祠道千縣監崔慶遴河裡萬戶李龜黃

嗣孫翼成公 監察南祠邪居右賁成玄顅圭星山君李軾叅判李德門自京寓居明哲 酉有

現在牽岳南洛祗豊倚縣 華岳山 戌云屯德山鄭府之顅此云屯此云屯里山南有祈雨叅叅有合谷叅又 鳳鳥寺 出勝兒在牽岳南掃台伐月明夢閣

我牟旦役刊名 ○信良 覽云陽此部曲 在府北三十里勝 郡宇咸宇謙 賁李丑縣監孫台佐進士孫台翔典籍孫 壬乳後是起而仍居崇禎甲戌李順達修萃

翰生員朴元宗孫睦宗進士朴宗謙邪居東有陽世堤

○信良

上東面坊里

平陵里 在府東北大里縣 覽云子陵部曲

泰軍張鼎 郡守金時輔 進士金時凋 僉知金愛喜 壽至八十七 邪居

○嘉谷 世傳吉者三壹上二合人 八万戶平出祝時改名 郡守朴亨幹

郡守咸宇謙 進士李丑縣監孫台佐進士孫台翔典籍孫

雲南有官果 数俗名林 ○嘉谷 八万戶平出祝時改名

年烈女閔氏 朴希良妻 覺人物 萬戶朴仁玉邪居 進士朴延

西有經絡岩上中有小孔十餘又嘉似經絡狀处欽二條傳昔有仙㚢 弁石上令有車辰上有高全下有隙闊猶川下流

- 14 -

烈女閔氏 朴希良妻 見人物

○萬戶朴仁立邪居 西有經絡巖○中有小北十餘丈大巖似經絡之狀叛三俗傳有仙遊

經絡巖在古乞長陵巖壁高可千餘丈中有壇跡人不得那故自古以登巖名之 經於乞以故邑乞上有古里傳孫將軍射帳處四

○新院 ○蓋巖俗稱鵬壘高可餘丈上有轉氏而人不得邪故自古以登巖名之

芭橋 進士朴璇邪居邪岩 磨石間隔下有 ○高燈里在府東北三十五里 墨淵亭 兵使金太虛邪居二巖指此地居石巖二巖詩曰方輔十四百巒身

○劍項 南有鮮金南應抵火山 深澗俗名頗川 兵使金太虛 高三古世金名安討曰乞佩重千人仰北

故来盡鄉獲傳洲象于本源沽風高谷〇孫起首詩曰龍聲峯巖有無身山島伏鳴嘯朱開峰樹邑軒唐彩前壽顱歎水遊新南全価重千人仰北

桃花細雨春紋傳生間自適時間長占野老又曰誰把觀開

海得傾可整食奉網市春食食日 ○榆川館 在府東北三十里

搜情間五層徹正毛近欲知也下龍打妖着取摩心悟之天 即清道界

○仇音峯貢動長房

等石礼層岩它之上以作金俯臨深淵游魚可救 安德俗嶺曰高間建壞肺氣粒眸立事些業東又有 世傳在嘉俯古之固名今

○怒虎巖鐵壁削之聲壓深澗魂悸而不能俯瞰金有松數株俗稱萬年松○秘音稱 清請上一層金史好若茗處萬深点食明 俯道鄉舊高新羅邪敗兵

助防將壘 下有深澗波出如金而士亂助防將

民物富展壬辰陽盡南 鄭得驥顧兵器跟故固以之 馬轎岩

有孤山即清道之界 即岛岳縣西有島礼山東有島峴 世傳乞嘉俯偶古之固名今

故後人名之 ○勖谷 將古丘俞礼頃即清道之地也 俯道鄉乞昆為新羅邪敗兵

中東面坊里

○彩火山 在府東五里俗儒詩曰山家日含搖紫扉見客鹹因

愁婦收年飢邪鷺風兩瘖蜂帶子過東雜 ○彩火嶺 或云名南距

民多辭祝岩巾 ○勖谷 本府九十里 即度陽之界

愁澗 在牙火嶺中百辭人懷祈容名凹為澗形如罐均故名世傳有龍澗不可測天旱

即祈兩邪仲傳熟詩曰頓間史香言太守適泊澗心欲禱兩有電蜻蜓

蛇太守信發民因心無舍銷但悒以

老物深秋爲思逐澤物久無悉冥頭眼睡板體不
足陳雞唱余當捫吾肱電何詠天時人事熱

孝女令之現人邪居有旋閭○覺惠山 在府東卒里下有原
盡戌二毫萬兆似逃名漢縣亂石千岩磐月從吾扈峯夜明山外路險
慈脚脆神趙吾欽覺心情近聞江海多風辰操榴何人拿兎生 惠村邪孫冒脫

乱兵使朴音開兵留住落起
陽寺慶永亦簽義于此 鑿巖 有石阡起如金故石下有漢派全亂府人家兵延藏

麗綡申瑤田粉壁玉立永涵真人間別一區也佰畢齋詩曰
陽不可捫○罷傑松柤山靈繭蒼庭飛瀑晴雷惡轉蒼屋倒水山間林鐵火喧喋潤居民忽三五乍五千陽紹名岊來春
雖令鳥秋陰爲人際狒林間錦熊吃嗷帷見痍寤哀秋至半兩人飽從何夛弟擁骭爲指磧近落政全
喜鳴鎮廉咒主人家牀柔花樹恰吾肩禹歸禮僳石呷疆開平已展溫潤訊礼澗简管具泰廉呀井知
廉爲完兒乎廷樹鳴雲曰露出門請即荷藤翁佐莫是未陰丞他年共業雲政操芝莫師南山唯
像晏於此 樹雲手援其深初安于安泉陽阿寺後其寸探
恭隆丘手措老孝霜慈亦晴照
像盡釋應歲月此今府人謀命等乃其後血

先生亦未遊) 数月也縣監朴遍元邪居 四的園寺
府境中茶山也山中有官竹田 賦行于世○載岳山 十五里
山頭有上庵又有獅子庵 由竹出卓菴送上人玉明詩曰
○蜜州寺 在其中 ○蜜州寺 在載岳府使全藥峯克一詩曰
天台隱隱夫蓉范見唉仙開月長三
弄海螺故夫好白雲何處東源藏

安歇庵 在載岳府使全藥峯克一詩曰
高麗臣直城君晴羊公孫洪虎盡
○僧之邪居 僧根範起

失枕壬辰兵火
金剛庵 在載岳
金敬

一像安於此 基陛王手撰 其像初安于岳東臨河寺後其子孫
南迁改移岳之此令府人退命等乃其後也
葛薬嗚山庚月縣佛如明藏客無眼名某

俳詩曰

石巖　般若庵 在載岳　府人李翰林迎桃咸安亨幹金進士時彌梁進士晹並一時
文名之士也戒色之年結商龍門攻苦之約眉愛渡庵相與成誓曰

濯纓堂山 在載岳

失捨壬辰兵火　金剛庵在載岳　金歆
在木中山居上故横橋以行之俗稱

其詩曰

人謂此詩四句中二人登苐二人得司馬果如其言噫公等好學如好色違

興成功古庵千秋芳躅依然○古柏里〔一名遇草洞〕

邪居前有枇流記
古人記曰有尚齊人之譜抱裝物之志者騎鯨馳作遠遊若羢海盥縣而韵成牛之跡過一

進士南弼友南社善烈女安氏

婆源境而撫化焉之一端周流而南祝寓于堤草之〔洞遇〕無何弱雨叩之曰今乃摶花物之

- 17 -

榕而知至音之智也春草綿芊無處不施而獅以此名此洞者何歟余大晦讀古詩有曰草綠

綠長堤白馬嘶豈非堤為馬場而草為嗚食者乎無何公曰然君言有中我且怎之此

洞有南姓者非駿而号駿者也非鬣而号鬣者也父得是号而傳其子子得是号而傳

其孫生有疾足之才而高駈司馬之場其鬣仍之臉駿継祖業者多矣生於斯而养於

斯居此洞而專此洞則洞東春風自一家父笑容大嚏曰林南之名猶以其心而名之者也

郭氏之名馳以其形而名者也未知南之以馬名者以其心者歟抒其形者歟非心非形而

以其壮之打腹者歟以其北之開合者歟古人命名良有以也雖然馬有天馬有龍馬南

之先曾以善鳴之子世則其羽以為馬者其天馬子其龍馬子継而為之辭曰南之子才

歟生閤一束其人安至蠆而去○舟揚里 在府東三十五里 進士卞弘民鄭居○釼谷里

生員朴攻諧 博學聡叡有孝行行鄉閭嘉之云 邪居○郭佺谷 一名嚴先山府東十五里 嚴先山 惠山俗稱宗山中有嚴先寺

古人詩曰 吏卌乱欸百通今庄階吾邑長昔文登棟客辭十堂兩持鉢僧故万敷墮徽是自名豊草氏林邑坊殺後过虔麓辞 後寺廢今有全

地東南有官衙曰○陵德西南有助堤縣監權應生卜居○欣院 俗稱 進士孫顥生

古人言曰 吏部郎詠四諦首稱魚得共諧君自知堂草長林泥坵般溪过麋鹿群 後之三處今在全

址東南有官竹田○陽德西南有助堤縣監權應生卜居○栢院 俗稱桑院 進士孫顯生

負孫魚濟始卜居孫贄漢詩曰 剩木縈二面長林護一村莽餘供節序芋栗備田園土沃宜秔稻人稱總誦論餘生此終老不必異邦邑

○尾野 名村 前有琴郊素稱沃饒孫起陽詩曰 琴郊斜日淨暉暉竹杖芒鞋看稼時香稻千畦秋正熟亞醉翁推髮白參差風吹楊幰南山吟入杜陵西壤詩可是田園生事足不須佔上辨宰痴 其東有長池

燈浙 載錢川下流 孫起陽詩曰 蹭蹬花初蘇江魚上尉時茂澤寺寸缺提民任輕綵臣口懸朱秋斑鮮掛柳枝莫嫌僅示藹風味足邑親 南有七谷北有觀霽巖 俗名東林 慈氏山 名出勝覽 山西峽中有佔畢齋書院 隆慶丁卯府使李寸慶祐創建壬亂得完

兵火春秋季月上丁以小牢祀之祭文惟公稟精奎壁生此東土學問淵深文章高古顧

神當時山斗後世啓佑無窮吾道不墜 東配迺拙齋朴先生西配處士松溪申先生也 有讀樓古塋原寺之遺

址也勝覽云有高麗李齊賢所撰僧寶鑑碑銘 銘在益齋集碑已今尚立於其址 寺有先照樓李

文和詩曰 先照樓中僧坐禪悶然江迹兩相便何年渡海一葦上合自翻經幾劫前 壬亂後甲六年丁丑移建于府南禮村庚戌賜額

禮林書院四大字戊午九月日講堂失火庚申五月日廟宇失火三賢位版盡爲灰燼

其年移建于府西後毁浦村後肅宗二十四年己丑五月日因禮曹啓復諡文忠公

啓下七月日列邑士林及本府儒生齊會卜行別祭改題金先生位版 去文簡公改文忠公

下東面坊里

令歳勿里 勝覽三今音勿那曲 在府東南十五里 晉川君姜渾

現人 物 正即孫洙 字師皋以政堂文學之後世旱登第以文章丹著航海八段碩華賦行於世

即居陳氏時遊學于漢中與諸輩登永于漢江諸輩弄称孫鄕暗而執令作

詩以江水爲題而呼韻即應之曰自某浮江一樣凝度深無計下長繩漁

人捲網空呵手諸輩恠其傑作而欲觀其竇陝乃以鷹字呼之孫又即應之

曰鮤膾何緣薦毎鷹諸人驚自後無敢弄之者詩辭從此大振诛文名

騰于一國而廝子天錫不識一字時金祠驛卒之富者以無價買牝馬之駿者

冀其産駒而育之也及其産出牡駒則自以爲哥貨養之有年而竟爲驚

鳥之甚者卒恚不已毎以粗鞭乱擊曰何物孫天錫乃生我家也自後鄕人

指不能善祿先業者曰孫天錫又謂之金祠駒直讀趙徵縣臨朴振進士

趙連趙彥庄貞朴雁 訓正柳昌茂 孫鄕居 以趙連外

居 鹿士以孝友學行累入鄕薦作亭於江邊 後爲亭 亦卜居而後有薦之益兄弟屬

王業佛遊于萬魚寺時憑于岩廊灘 在今音勿西 鸚從下流 潮汐往來之頸高舵邪船羅

萬魚寺時態于此○慶瀾在今岩裂下流潮汐往來之頭商船所泊之

廬下有楠木浦○朴竹原搁其深不測上有棧道世傳有一寺今逼行陸予轉入

于澗故武稱轉棧○驪楠灘潮汐往來之處壬辰四月十八日府使朴晉領兵邀截

倭賊于鵲院諸將敗衄朴侯爲賊所逼不得由入路避渡此灘江名諸軍等未詳

其淺深爭先徑渡太半溺死○萬魚山勝覽三山中有一洞中岩石大些皆有鍾

磬之聲世傳東海魚龍化爲石世宗朝采之不中律遂廢即今之祈雨處也○

萬魚寺在万魚山麓石之異

僧盡日以名之興

設崔馬倉出儒宮室璧中　高麗僧圓鑑詩曰

府使安面詩曰

閭九岭五兄爭捕尋同慶也府使安面詩曰

知現軍官身

枚見禀諸名○三郎前有三郎津凝川入洛處古有三郎樓

敢作新詩記勝遊

瑞墓○安泰里在府東南四十三里古無士族壬戌年間校理沈光世落南卜居于此

○無說驛里在府東南四十二里北有格峯揮犀且出勝覽

- 21 -

還路以後其孫槩訪君海因以寓居其妹夫金球李碩舊等同住此村可謂

并州故鄉也槩訪又揖亭榭枕三郎優遊終老

毋庵子庵于金海置父庵于此云

觀院 四十二里 在府東南
父庵世稱羅王崇佛置 自院南行五六里許役崖

棧道甚危險其一曲鑿石開路俯視千丈之洞水色瀓碧人皆兢魄兀兀而

過也首有一守令隆而瀕先故至今號負隆院前有四浦橋

府南面坊里

運禮里 十里 在府南 前有長洞東有大藪上有欲藏金 金在兵亂岩上屏岩之府為兵守而後人以府守授兵守

世間 早喬父婿而王子郎侍 通貢柳永湜槩訪柳辰浩進士柳辰浩進士成大瀾紹學柳

景海 有孝行學問 翰林柳辰楨烈女成氏郡居○古谷烈女鄭氏郡居○鄭氏郡居全省 進士柳

旌門○伏冬音 名出勝覽 勝覽云古稱伏冬音 郡曲名金山

火院 在府南十里○ 燃枕壬辰兵火 金洞驛里 二十三里 在府南

無量院 名出勝覽 在府南十里○令僉生貢壽慶雲亭居弘治壬子差夫

早喬于院北山麓戊午史禍後孫葵于大洞舊基 孤峴路抵于山縣○馬

一　果齋于院北山麓戊午史禍後築于大洞舊基
　　_{孫覬路抵守山縣○懸}

山院_{在府南二　今廢}　○入良赤院_{在府南三十里}　○白足里_{在府南二十五里　勝覽云雲常斯　鄭守朴坤萬戶朴玹}

衢○邪居坤有人勇三捷武科以朝天使武從事赴京中人壯其勇力以妻女之

坤知其有娠命名曰三捷而還既生果有勇力壬辰之亂自請從軍以都摠管刘

挺軍校來到本國訪後屬奉保夫人亦庄於此_{威云生子　覓利村　前有馬嶼鉛嶽山　三狖山}

○台音里_{在府南三十里}　其西有川源出南山至寺川橋與守山堤互流合流入於海陽江

孝子持平李申_{門有旌}　告貫李丑泰議李午水使李戌正守朴末桂邪居○熱浅_{山迤迤半...遠崗...縣之公廳有孫縣...}

○泉山縣_{五十里}　本新羅穿火郡曲高麗初改守山縣　顕

北有見隱寺_{在南山　出勝覽}　下春亭贈惠上人詩曰_{...}　右春_{...}

長朝來屬本府一名銀山菊舍庫壬辰蕩盡仍廢有德民焉

正統十五年庚午_{十二年}　府使李伯常刱建壬辰蕩盡仍廢有權晦手記　徐居正

四時詩曰_{...}　右夏_{...}

- 23 -

曉蒼一朶滅間雖然下雲深北嶺應初穏
從未來至悲惱唇匿與寫惢禾易忌

右冬 攬秀亭

右秋 長堤茫然と来雲平十里江身齊唐明人筆航有立界神仙不少
妄金莖松風万壑奥辭壯梅月三秋慶影祿如此記可改壽青

紅丹腹名曰攬秀亭丁寅府使朴世煕增制萬曆壬辰為倭犬所燼仍廢有間
在德民壽上 嘉靖戊午十二年 府使張籍絅建己亥府使煦得

記 李先翰詩曰
八望吳楚眼中半秋兩江露邑明身侍攖跡富哈歲浣鑿隴金莖江朝十五月
宦老廣駕米天山拜接袍反未騰醉今十年奈走愧鹿名

臨江院 在縣前百餘步
頭出臉涌覧

金克一詩曰
亭子辰荒縣燈陽引望長千山連立郡二水會三郡一驛兩 愁山津 在縣前百餘其官
朝晨室風媾憲撒床奇親輸不亞今休釣魚尚

齋詩曰
水国春波歲岩頭と愛艇開午閣似惟村違草如烟白
朝晨室風媾憲撒床奇親輸不亞今休釣魚尚 今廢束有官

栗藪
愁山堤 在縣北三重許
俗俗圍農所

世傳羅王遊幸雍宮泛舟遊賞之處後高麗金方慶以元朝之命征
圍三千里芰荷菱芡隨望花其中有仍島又有勳

日本時留陣此增等長堤以為軍需廠上秋壤竟不託天順七年癸未世府

獻議決其堤為良農所歲為汪水野沈其収頗小丁亥春貳相書錫文奉

旹巡視増等其堤仍開閘閘堤內外種山竹及楊柳副使則禮書叅判鄭蘭宗也

從事官則訓鍊僉正權健戶曹正即金順命也本府守令及附近八邑守令

- 24 -

從事官則訓鍊僉正權健戶曹正郎金順命也本府守令及附近八邑守令等各領其邑軍丁來等都事成俶與金順命亦監其役十日而畢公輩仍修稧名之曰守山會稧請佔畢齋題其稧軸其詩曰 守山驛東者辛勤旧堰新堤擬泄潰十里汀畦真似繡千秦鉢關如雲義 據庠論奇許時復挑灯討古文但曰玉京相天处也應此會極云云 後賜奉先寺閒破不復治成屆還屬國屯田地勢活下大雨則江水漲沉秋無所獲 出畢齋集 壬辰後仍廢十里荷花一壑修竹 御苑 在縣東道間山麓 泉脉如綫大旱不渴冬而溫夏而冷其味亦甘世傳羅王遊幸于此則亦別用此井故名云 洗砲亭 在縣北覽秀亭西谷 世傳羅王遊幸時展御之所云 人言智證王延国器白 新羅頒表制禁殉葬以洗累朝因循之累故時人名而識之傳萬世 ○栢山里 在縣東九里 栢山即獅山也立於廣野之中道說地土 誌書云守山縣東有海月形明堂後人以爲此地也其南麓有亭名曰栖山亭是亦守山縣三勝之一處也山之前後閭閻櫛比者不知其幾萬爲壬辰兵火 ○覓禮里 在縣東南十五里 孤山在於大野龍津江上其名曰覓禮奉保夫人所居世傳夫人乳長掛於肩上則兒歠於背後云古有村氓數百戶居於江邊平衍之地 即沃音甘勿泥村等 府使李伯常慮其水令移居於此未幾其舊基爲水所破

- 25 -

夏商�s田若非李侯民其魚㺯萬曆己未縣監李瀁卜居　八詠詩曰[蓋蒙隱之云不顯三郎道]

跡總戚哩魚翁豈解㺯亡事

閒掛蒲帆趂夕風

沙鷗拿飛超脫沙月明教唐㺯荒楷

染不盡之課身地尺是人閒有網羅

右三郎畝帆

日含籠促教作㺯雲氣入㺯兒童

教道前村暗風蕭長江西南山　右中沙慈顧

歷風帆漸近沙渡頭㺯㺯家亡　西山蒼翠知是

改一抹建寬氣知是西山蒼翠　右龍津㽃渡

名勛

向晚雲起白類㺯㺯今古龜津寓

即㺯㽃孤舟沙逈復㺯人

雲願于林月陰㽃菊㺯㺯㺯濁㺯松㽃

人亚識立夕晚風逆三㺯手㺯㽃

右後浦㺯肬

楊柳依立㺯㺯㺯晚㺯㺯㺯

子庵曉㽃

淒風露㺯㺯夜孫㺯㺯白㺯㺯㺯

屈一樽無長物滿艇正載月明㺯

八月龜津江水平渚清㺯㺯㺯

上潮頭㺯㺯兩㺯青山㺯㺯㽃

殺分白㺯㺯㺯㺯㺯㺯㺯㺯㺯

右烏山㺯㺯[漁家隱之云]

右柳浦朝炬　詩曰

龍津[在頁㺯]鄭以吾詩曰

一名㽃津即金海界　㺯㺯詩曰

十五年前此地㺯依　㺯㺯㺯㺯

㺯腕急㺯㺯㺯㺯㺯㺯㺯　㺯㺯㺯

㺯㺯㺯帝㺯㺯㺯㺯㺯今㺯㺯

㺯稣㺯㺯㺯㺯　右漁村

海陽江[在龍津下]
派出勝覽　李晦齋詩曰

中大㺯㺯長入㺯田詰潮㺯㺯下弦

當㺯人今水北孫兒只有㺯如泉

右

㺯稣㺯㺯㺯㺯㺯　右

㺯㺯㺯㺯㺯十餘里在金㺯分㺯

十五年前此地㺯㺯㺯㺯㺯　海陽院[在海陽]出勝覽

㺯㺯㺯㺯㺯㺯姜㺯詩曰

㺯㺯㺯㺯㺯㺯㺯㺯㺯中沙島㽃

時先生以監司向宜寧來舟過此

㺯稣㺯㺯㺯㺯㺯㺯㺯　海陽院[在海陽]

㺯㺯㺯㺯㺯㺯㺯㺯㺯今敍

草莽連峰羊入㺯㺯欲㺯㺯㺯㺯㺯

㺯上㺯金㺯泗十年江海志今朝㺯與酒三盃

㺯江中故兩邑相爭未㺯萬曆丁丑昌原府使以推官來數决屬于本府○西㺯里

㺯㺯即補　㺯㺯烈女閔氏[㺯之女　現人㺯㺯]○德㺯山[在西㺯㺯㺯嶺㺯村北]　即縣之鎮山也上

前郊有㺯[在縣北十五里]

在縣北十五里 前郊有藪 内補岸府

烈女閔氏 縣人○○○ 亭進女 即居○

德城山 在縣西南鳥峴等村北 即縣之鎭山也

有城基諺傳 新羅時德女獻倭虜云 叛西角下有大阜不湧泉 各良洞 北十里 有兵

使金太虛墓 孝子全佛山 縣人 有橋 生員黃敏此邪居 風流峴 世傳羅王遊幸難停時 有兵

封禪修祀於此因以奏樂故名云 延南亭 世傳羅王受仇術階因以作亭名○

破西巖 勝覽云破 世傳羅王破伽倻又命名云孝子蔡訪金不受 風流峴 良洞驛卒朴列也 又十歲味桃花洞日諭

守山堤 下流○ 載公洞 在縣北 有稗補藪南峴有石高可二丈 ○○門 即居西有水門橋即 生員劍幹

金希魯 希魯年八歲味桃花洞詩曰 腕囊多之衣裳白然彼方知洛花紅 又十歲味桃花洞日諭 兵使

金太虛貴金守詞 五歲父沒哭泣躃踊又判 置其処以謹愍食云 即居西有客城君朴原墓○良洞驛里 在縣北七里

上西面坊里

艱宮壘 此壘在縣西 長江之北大堤之南杂羅萬景軍於三韓探勝遊人促武之地世傳新羅

智證王欲芥江右命吳斯夫 當時軍主姓名 陳于此西侵大伽倻 同名今南伐鳥洛 上見遣眞子

法興王時駕洛王仇衡 九世孫 首露王來降於此後眞與王襲大伽倻滅之以此地爲鳥洛世臨御

邪仍作迷幸遊宴之廐故名雜宮並堂云 當時有詩曰 鳥洛川悲綠色也 仇衡何志舜哭山 今有其址府

使鄭羊原詩曰 城閭城北野花開 春草姜ㄑ滿司堂横 落盡不知當眼底 飛迎暗月申未

又十景詩曰 万仭奇岩絶壑流 含人作此晋年透擢花
武望江州今景歸 狀天白露蘭蕪髡
登江如練似如雪鴈下條差帶落霞

右高江秋月

右柳堤畞帆 大堤飛勝捉米邑麦葉荷花十里開借
問錢塘住鹿地赤嚴淯浴繞邊無

右龜島縬竹 四月雨和風欽簒同暫水ㄑ事耕耘斷
山雨抱千家在晚日欢烟上作雲

右隂郊芳艸 三豊不信具亡恨吹苢前溪共後邊

右漁村名後○高江亭
城北烟波一望遠綠漲難芳三草名陽低收
在雅原金東 判官李德昌

邢摺今廠 ○金浦司諫安覲 現人進士安燦司書安增生負安宇涧鄕守安璟
慈夫朴歷永川等数 在雍恩 副正孔麟起察訪死
邑萬居朴昌專 战居 ○歐露文官孔文冲
春使中朝皇帝寄其風敎又
能使語敎留盖不送竟完中

崇縣監卞思德權管鄭肯 勇力絶倫 孝子悲尚網 現人物世多限耀
手捷擒猷 現人 時人謂之詩鬼 现居○大高畜判中樞府

仲良大提學卞季良 䓴蕃 文學卞九祥 縣監許應吉邪居○龜呤

里北有龜呤山 即德歧山下 故名高麗仁宗胎安于此覽 发訊金孝絵監察梁間邪居
一㕙山也 出脐

○ 執樣貢朴昭萬戶李成長朴范震侯李橋瑞出身李德潤 二式戲兜
出身朴龍文

○新村貴朴眤萬戶李成長朴先震侯李瑞出身秦德潤
亂戰先○忍陽谷里○新谷古無士族府人朴以訥始卜居○
無人居全亂後始成村
益
寓居○大谷里
西南有浦名曰長藪俗傳古有富家翁居於此
陷為淵故因名云今有近池居民時得釜鼎等物上有
撹今廠○与陽谷
珍金漢佑所居○戲綸有無賴徒數十人相聚為盜
其黨告官以臧○永派里
○高坊只東南有安水寺
云李唐詩曰
俗傳古有大蟒蟠於橋下傷人甚多有鄰姓人射殺自此橋無蟒患
卓齋詩曰
○成德院
○毛老谷牧使崔濕

公為堂公府歲某閏致謹之會行
後而發謹叔愁據先於羅州

寓居〇范氏里 〔左府此三 十七里〕

典籍石軒曰 僉使孫仁甲忠孝士

孫若海 教授盧盖邦烈女孛民 生員孫義甲 虞侯朴大秀

僧人將惟政邪居 石軒曰以經書登莩者也腹笥境與言泉手集記

誦之才質則有餘風月之手改則悟每遇高樓傑閣勝水佳山則只以風景好

三字為正製衆迷之賓到底即書之曰嶺南風景好月城風景好洛陽風景好

至夜開城府亦吟曰開城府風景好俄而又思撫煞長歡曰風景好關城府咄哉開

字可矣而令以開城府三字加之則詩家格律到此寧欲誇其才乃詠一絶曰

城府怠義而不冝詩乃投筆又於文會之甲而果之聎目詰之則為自釋其言

傍人料其柳之之字乃仰枝之枝字奇兩異之為之字之義世也

義四黃公從柳樹而鳴焉邪謂柳之之字則原道邪謂之為之字之義也已

大噫好事者傳播噫至拙鳴世將談娛人亦不可謂方名士也已 孫禮甲音謹

以象教員尚而一目睹月夜其友五六人舟游於江上酒半扣絃而吟曰三更月下

- 30 -

大曉好事者傳播喧至拙嗟世詩娛人亦不可謨芳名士也巳 孫襟甲嗟

以豪放自尚而一目眇壽月夜與友五六人舟游於江上酒半扣舷而吟三更月下
三拜笛乃揚〻自得逵蹻舟中人而未和僑有一人即對曰一葉卅中一目人孫瞎胧樂

語又於他但有一目人與客睹碁孫此目而訓手且作氣凌磔客戲之曰二子以我為
畏兩臭之人耶二子耶視乃吾人之耶視雖有兩臭無盖於恭吾何惴為孫瞎

敗 僧大將惟政掌樂正住孝昆之曹孫 贈刑曹判書守成之子也妙年出家長於
漢此諸山壬辰之乱倡義募兵以捍賊徒美巳甲午之間以 朝命三入賊陣還兩王

才又探賊情乙未丙申之間以 朝命等公山龍起金島三城丁酉冬隨天將麻貴戰
于嶺山茂又復劃疑戰于燗天巳亥春私自興販以穀三千餘石神列邑舍穀亭

毋等釜山城甲辰奉使日本刷遷被擄數千餘口丙午顧僧徒董役宗廟宮闕營
締之役 宣廟嘉其前後刃積 特加嘉義錄勳原從一等追 贈三代曰四

溪曰鍾峯曰松雲乃其號也有四溪集孫起陟挽曰
惟政曾入賊將清正陣中清政問曰貴國何以為寶惟政
朝著首区言在鬱島裛痛哭不絲
方外契孫詞豈是為吾私

大送波老悼鄉稿承葉又師只解詩爭做松
雲肝膽為鐵會平木姓名知身輕泵走瞞

吾曰我國無以為寶惟以汝頭為寶清政大噷云 成化中府人安時權與盧齗三

生讀書之暇丞遊花凝川艇亭上吟風咏月恣意歡謔折柳上下月黑夜分則登

嶺南樓而宿每間數日如是及第洪凝自金海来扵府中一日夜自樓抵艇時

叔等先在舟中而不避洪嫌其不為禮及罷入城有傲言頻侵之時叔以書責之

曰足下以蔦視之則洪生員也以令視之則洪及第也何不自省而倨傲如是乎洪大

恨念必欲報之佔畢齋聞之曰古人論文云天下未有無對之文洪及第可對

蔡文章乃吟一絶曰 風雲擡得本非狂坎坷他山詎可量海 上趙未洪及蔡山中電有蔡文章 蔡文章云丙申嵐館閣諸公

建白遞文臣年蔡壽等六人給眼讀書于藏義寺當時朝士皆不得

與焉時人謂之佔畢齋接一日班會扵文館書史扵司憲府㭬案蔡公名下只

云蔡文章脱接尋時玄林皆笑之曰蔡文章其後有一使星其府使諸員會于此寫

出一詩而求和共詩曰 風定江清逈出舟肉喬嵓相對聳臺州日令諫四顥 諸員皆當愛玩而不敢次韻陽

聞之曰信畢齋之一邪謂天下未有燕對者也此出扵青邱風雅乃尋澱詩也晨者松

郿以一詩求和扵余云某扵時謂某相公于都下致其師邪付圓扇以索一絶相公

一詩求和於余余乘火時詣某相公于都下敦共師而詩間關以索一絕相贈

即焉筆題贈曰 方外神交用惠休松風回兩聽自通 云余雖唐突亦以古詩戲之曰 昔質自是婆加

詞冨克克無意智 預先偷于一篇讀 蓋便星之作而可對相公之詩而某亦烘及家蔡文章之儷敗 安俟

宙窄府時與大卵判官姜會于粮川舡上酒丰姜戲之曰洛陽便顧有酒不惡無

安倩安俟即應曰縱破婆天卵之頭豈日無肴姜不能對云

下西面坊里

安倩安俟 在州西二十里 唐成公里 胎安于此發僕 ○水安驛里 在州西二○赤柯 州西十五里 俗名伏村在 西有

助也趣 二十里

孔擲弩 悴傅孔哲之 郡封相也 中即将孫仲堅文壯孫若水監察孫億 討行于世 虞俟孫寄

居 建四卵居○驚乱 縣監柳崇貴生員柳里童亦居 ○牛巖山 在歷西十三里下有牛巔

村邦手金兀溫亦居 ○勵義禮部制使孫以恂食使孫信復文壯薗珙縣監 劇

鯤 發文村素生 中即将孫仲堅文壯薗珙火時自落邊鄉由烏嶺至于龍湫

時遞故方伯稅駕于湫畔楓林之下見盧過去招之前問姓名後欲試共才乃呼

韻即應之曰^{昔日甘棠今日楓錦光相暎歸來紅}

<small>竜門煙訖竜欷岬君尚西崇孜向東</small> ○ 新化萬戶朴元坤從軍朴忠憲萬戶利行

憲邪居○ 孤也峴東有孤也堤武壯朴起宗進士朱德蕃生員朱德源生員朱

德兩邪居○ 校谷洞口有亭名曰妳廳縣監朴希悅縣監羅光厚縣監朴希利

邪居○ 栗逃里^{在府田二十三里勝覽云}^{未通郷一名都僞} 其東有川名曰栗進川入于本浦津判官李德昌

卜居○ 谷良洞^{良部曲}^{勝覽云谷之北有贊成公頎圭墓○}境共青道相接○ 邪境接○ 民烈祀萬戶朴

忠寬邪居境共清道相接 ○ 逃監里^{在府二十八里勝覽云近邑}古無士族○ 邪古東境接

抵清道欲兩邑相爭一坪不得決萬曆壬巳昌原府使申之懈以推導決屬本邑 ○

鞍馬谷北有鞍裝寺舊址 ○ 胡法峴^{朝作馬勝覽} 路抵豐角縣南有要濟院今廢

豐角縣坊里^{在府西北}^{六十里} 顯宗九年来屬一名幽山庫兄東西南三梗倉毀荒租黃

本上天村縣禹麗初改令名 三本參年並三萬四千六百餘石壬辰湯盡萬曆戊申府使奇寺福重刱東梗甲

寅府使成普善文翶西梗崇禎甲戌府使季惟達改搆天啓丙寅府使李安直

寅府使威普善又刱西樓崇禎甲戌府使李惟逵改搆天啓丙寅府使李安直

重刱坐起廳 ○客館 在倉東上房中大廳西上房即廳房公廚凡雜室平縣間又置

永壬辰爲盡 ○此縣在花自嶺通徃來嵐昌鄂之大路導故使臣之過本府諸站在此

○校祠 在縣東一里古者建校扵此故因以名之 ○坐山驛里 在縣南○

勅聞外 即縣人之財廳府使李慶祐詩曰

萬戶孫瀾文鄰居 ○德戰寺 有古址世傳新羅眞奧王征大伽倻時欲親征來住扵

乃禁護廳也縣監高自甲生負高克敏

此捷書乃至王即班師故因以名云今有石塔

縣北面坊里

羅鳴里 在縣北七里 萬戶辛夢台所居 ○松祠 東北有節孝金克一墓克行者○

南有三出嶝 岩之東北有未泰村即嶽道之界 ○巾谷洞

○僉使鄭哥男壽美所居 ○陳邑祿 古者建縣扵此故因以名之壬亂府使李科

○佐村慶新李英留駐處 四要鋪 在陳邑有古人記 ○別谷里 在縣北一東有盈

川寺古址又有老松數十株丞花洞口稱之曰萬年松○秋黄山或云瑄山勢疊險四面

阻蘭故土亂賊鋒終不至○金谷園有□□者皆封植也世稱壽洞代不絶焉○坦

峴在和史山西麓爵北二十八里距本府九十里 路抵大邱府星州花園縣南有松羅寺古址○勵院俗傳新

羅邪設令廢○狐山前郊有孤山故名西南有勵臺○琵琶山東北有瀺泉寺下

有幽地庵李閣隱詩曰 上有禪方庵又有避

幼永雲箏庵今歎仲詩曰 激泉

不加雪深而流金則冷下有篙洞三千淵人祈雨廟○閣山古無人居萬曆戊申

始成村○公嶺留監縣朴某邪居○栈祠金亂府使李英留住祭村西山角有無

畫金士人朴愼邪等古人詩曰 金下有□谷川

縣南聞坊里

黑石里 前有羅里石故名頋說政泵軼生於此金使朴時雨邪居亦有記

里有出山石橋方尚張機邪月背金祠錦洞百壽等村

琵琶山合流而入于愉川

- 36 -

一點石凹 依稀金勿名 在縣閣在重 前有羅里反故名顧誤政宗軼生㐲此金使朴時雨㖿居㪽北有蠢

○軸山遷抱喬㰠西南有安國庵成㫯措夫人丹大 古人詩曰 即晦喬李 後山清景怊森怊又倜舟根㫷月共訝 唉竹人新共上一樽當覺奧鳳㖿

○軸山遷抱喬見人森奉朴鳳 遷抱喬 寮訪朴志世居嵗萬曆庚辰士林 之子

議立先生閣耒碑戌而逢至乱耒鴟紫稹甲戌李府使惟達共府儒更設

鴟豎因碑文耒果至甲頃始豎嵗沙金應祖撰方伯李觀書府使李喜年蒙

○妙峰生貢戌以道寓居辟穀道引作尋山角吟詩自娛自言腹有仙胎㭗久

飛外云世稱民神仙寿至九十終㪽鑑 ○㫤㮇里 古無士族○飛峴馬觀㪽

路抵昌寧○金洞世稱㫤洞北有㳞延耒古址又有耒院西㪽村中有元山㫷在

琵琶山南中即越入扵昌寧界之地也北有灵水庵古址○堤內里在縣肖 東有樾

乾覺故名○㫷稩縣監㬻鵬禹鳳 元庾倶莘㖿居○堂山寺 古称㦯山 今有新 河平 龍鳳寺

羅時㫷摘佛舎古人詩曰 株早羅朝四山川上大膝奇覩千古佛遺踊敎行書 即橋溪詩在文 庚褟堆希殆風府響木熟潮闠寺㽞一㽞當改戶

集中○里有木瓜洞達洞牛良洞金朴洞古荘洞○代山洞萬曆天甲春有 即橋溪詩在文

自鳥一鏤其自如雪府使安珦轉報啓閇

縣東面坊里

神堂里 十二里 在縣東南 古稱猭概介 （勝覽云豆也郡 曲村中有古址）

可測俗云通于大幅口山外 （古稱狄...乙外）

○馬谷 在清道郡界至童 （距本府九十里）

○靮坪 越入清道界 ○...里

山南村 ○... 越在清通...辛里

○...邑 即慶州西村連近之地 距本府一百三十里

壬亂入文避亂 ...

密州人物

紇干

朴義臣 以本府吏力學登茅果官至工部尚書 （高麗仁宗朝 人出勝覽）

朴育和 以給事中為東北面兵使官至刑部尚書 （高麗毅宗朝 人出麗史）

孫頎 登茅果官至政堂文學 （出東史）

朴永演 義臣之五代孫 登茅文林即監察御史 （出勝覽）

朴永瑄　義臣之五　登第文林即監察御史　出勝覽

朴允文　原之子　忠穆王元年置書莚選文學士三十人更日侍讀公以起居注叅三十人中

朴仁幹　登第從太尉獳王入吐蕃及東還以翊贊功臣叅議評理　出麗　高麗忠肅

王三年乙卯登第其年應擧于元七年庚申上王忠宣王知時事將愛欲避惠　時仁　王不免

復請帝帝香江南行至金山寺　在間　帝遣使忽召令騎士擁遍以行侍從臣僚恐王不顧

岧李寬或有欲葉先者九月上王還至大都帝命中書省護送本國安置王達留顧

望不即發帝下王子刑卽而命祝髮置之石佛寺俄而崇佛經為名流吐蕃撤

結之地　去京師万五千里　隨從宰相崔誠之等皆逃匿不見直寶閣朴仁幹大護軍張元祉

等十八人從至流邪十餘年甲子還本國商孟誠東義謝賛功臣後陞判密直司事忠

惠王後二年辛巳元遣使召王叅入朝朴仁幹三千餘人從後四年关未兌子師傅

卒于元恭愍王宣宥文厥直使朴仁幹不幸先没子甚悼之冝加贈諡錄等

孫云　出麗　益齋李齊賢贈詩曰

　烏之　　黑如漆人　見方心共哀
可憐　爲熱母著一夕令寬成白頭我嘗
怪彼　甲庚又　金母帝從汝　可知欺詐万類中二点丹心無共唯吳飛

未復飛去反哺林間爰　辛者入爲孝子出忠臣
人世人共汝諱能徑願把於棲披毛翅
　右烏頭白送朴仁幹

- 39 -

朴大陽 允文之子 恭愍王十一年紅賊至與義驛王將南渡臨津從者惟御史朴大陽等十七人

矢卯錄勳公以司訊陞瓊山君 史 出麗 公嘗按廉全羅道 時 李齊賢 贈詩曰 義養書畫進四起 川亭上韻言

朴宜中 仁祉之子 极圆澁卿 恭愍朝擢魁科授與儀互長累轉獻納辛禑時除門下舍人陞左

司訊大夫與鄭夢周上疏極諫辛禑賴耳目之娛恭心志之欲俄遷成均大司成拜尚

直提學如京師請鐵嶺迤北自恭愍朝奉使者多賣金銀土產市綵帛輕貴中

國以爲高麗人假事大貪賢易來平公不賣一物遼東護送築撫徐顯索布公傾

橐乘之解邪著弊衣之數其清白以吿禮部 天子引見待之有加顯出共人曰

儍宰相而下吾邪見高麗使皮多矢至尊禮待未有如朴率相者帝又勅禮部官

享宜中于會同館遂寢鐵嶺三衛之訊辛昌立賜推誠補祚功臣號恭讓時爲同

知經逖王謝待講官曰予年老雖讀聖經慈蓋巴公口昔平公謝師曠曰吾年巴七

十七欲學恐年老矣師曠曰何不秉燭乎吾聞之少而好學如日出之陽壯而好

學如日中先老而好學如炳炸之光炳炸之光孰如眛行乎公照之今殿下春秋尚富

學如曰中光老而好學如炳炯之光炳炯之光尜如眜行乎公燕之今殿下春秋尚富

業未晚也尋拜芸文館提學兼成均大司成八本朝為檢校參贊議政府使辛年

六十七公天資明敏學問篤實廉清懼怩犯險一節為文學精深典雅

唐誠浙江明州人元末避兵東來自本朝初專掌事大史文官至恭安府尹命以本

府為其籍貫 出勝覽

朴敦之登茅官至秘書監 出勝覽

卞仲良李元柱 大雅之兄 之婿仕於麗末官至農瓦司承旨裝鄭圃隱相善 之事見有威議

本傳後八本朝歷 太宗世宗官至判中樞府事居守山縣龜崚止

卞孝良字巨卿圃隱門人年十七登茅官至判右軍都總制府事世子貳師與文衡二

十餘年事大交隣辭命皆出其手 謚文肅 公牲剛執宣德年賀曰雍衣辭中有惟熱白雍

之語文甫四兹字宜中行諸公曰本屬上何謂中行文甫固訊之諸公曰宜承旨 世宗

是諸公之說文甫復啓曰耕當問奴織當問婢 殿下為聞君應犬宜問文孝宗輩

至於辭命當倚任老臣不可輕許他說 世宗不得已從之 雜記 世宗朝大提學權

- 41 -

近修東國通鑑未畢而病重上問曰不幸卿沒則誰可代之近對曰千李良正直廉可當

之擢拜大提學以竢其史居守山縣龜岾里 _{在長湍臨江縣西九和里}

朴仲孫登茅歷歔辛要以靖難功臣封瓮山君官至左叅賛謚恭孝 _{今在又河崀洞}

朴楫_{仲孫之子}登茅官至禮曹叅議赴光州牧使畀齋贈詩曰

朴楗_{楫之相}登茅官至賛成謚恭簡 世宗鷹精文治高出萬古歲庚子始置集賢殿選

文士三千人以十人帶經造以十人帶書造專任文翰 討論今古公與其父仲孫俱與焉

幾石以作鄉社義財_{出芽齋} 公嘗爲慶尙監司呴撫父老有如爲達其還朝也遺之以營中有布幾匹報

孫叱長舟登茅有文名官至左議政_{出拵}

朴翊_{叱長之子}世宗朝官至左叅政_{出覽}

朴說登茅官至賛成謚裏靖_{出脇}

一 朴說登第官至贊成謚東靖覽出脇

玄碩圭登第官至議政府贊成宗朝恩罷隆柳子光任士挾朴孝元等欲擠

去子光等謀敗及流東萊傳出子光 居府㫖人項里

安瑺稟性純正臨事不苟養親以志居喪以禮弘治甲寅登第燕山朝拜獻納禮曹正

即監務疾不就中庙初擢拜清道郡守與學校勸農桑政事清明一邑大治 上

特賜表東如資又錄清白吏戊寅以司諫院司諫知制教言得失見忤於沈貞懸章

南原政治應明為當時第一 上特賜表東以諭上稍見名臣錄今以軍裔門人得免午

姜渾號木溪早登第五文章燕山初商承言後奇靖國功封晉川君官至判中樞弘治戊

午以軍裔門人杖流其罪目曰造為朋黨互相稱譽或譏訕國政譏訕時事東錄出戊年

共新堂鄭先生鵬相答燕山朝公共沈恨悶為含人監有邪昵之二妓新堂戒之曰巫遠

之無貽後悔公即去之沈不從其後二妓遂入宮中後罷沈竟死非法公得免出事蹟成化

癸卯中生員此元居下東面令勿里

孫洙政堂文學贊之後 文章氣宇冠于當時中庙朝當親乞郡 上愛其才 教曰以江河之

量不合百里之任拜於文校理未幾卒於京師所著詩文行于世居下東面令里

申儀登第歷敭華要後斤爲大邱府使心淸政簡官出名縣世稀賣貳樓枳棘有辞

李光軫_{父郡令行}之後 性嚴毅果斷且有學行嘉靖庚子中生貟丙午登第官至承政院左

副承旨居府內面懍伐里

鄕賢

朴增榮幼性雅馴平居重黙時然後言自齓始遊芹宮倩々然一老成人未著

名兩人皆智其德器世學爲文章根荄甚厚而驟發宗遠畢竟辛固手也弱冠登

第補舘閣正字又三歲重捷重試爲修撰又六年爲校理成廟明年遭喪因哀致

病々亟劇弥留獮不脫経帶而讀喪禮其妻湯菜室外不許八一朝端坐手取

嘯盡噫記而仆妻始入視之巳逝矣嗚乎增榮票何精英而狮不禀壽子巳矣

我念增榮不得相处扻此蓋不能自噎遂作哀詞以减其衷詞曰太空茫々無有窮

巳本無生芽就有兎八百年之彭祖不能長存乎此廿九年之增榮同歸於是蜉之出没

巳本無生芳就有死八百年之彭祖不能長存于此卅九年之堉殊同改扵是時之卙没

芳萬古一視　出羅樓
集中

孫肇瑞　龍巷
直城君　靖平公某亮之玄孫
宣德乙卯登第補翰林歷兵曹正郎後官至通

政大夫鳳山郡守晚年以詩自娛有集行于世畢齋贈詩曰
出畢齋集
居府內

孫夀祖　瑞之子
公以畢齋門人博聞力行孝友淳至鄉里稱之畢齋贈詩曰
出畢齋集

面伐代村

閔九齡　進士題
之子　作事於三郎亚上名曰五友與其兄九齡九
霞則同食食則同

卓財物不求文券但以口授時觀察使金䃯聞而奇之以罪謝馳到友厚規其友愛之

篤其其事而閒于　朝各加一資鄉人稱之曰五友亭居府內面大脈里

孫起陽　貴為濟之子
萬曆乙酉進士戊子登第至肩使性純慈孝友居家即俊筵官廳

謹平生以矯正鄉風從事斯文翮已往追慕先賢之誠模範乾後學之功誠有大矣哉

其曹芝山鄭愚伏契分甚厚又為寒岡鄭先生之所共推詡歸
居府東竹院

- 45 -

教子

李申司宰金日之之
寸也武興人 官至司憲持平居父喪夜不歠帶衰歎骨立九喪其不與諸兄弟共

辦親目頒攝營墳廬墓三年事 聞旌閭出網行狀
物輒使扶曳殺厚擦碑之由是妖氣不敢援江而立 爲人剛正忠孝火時路逢山怪

四年諫官金震陽等其公上疏極論趙道傳南闇尹紹宗閔在璞等疏日
中不下明日公等伏閣更請逐流後等于遠地又興憲府姜淮伯鄭熈等連日究

章請誅後等並勅吳思忠王命先鞫後等諸人已而鄭夢周遇害居流公等遠地

金不党爲父母居墓六年事 聞旌閭出勝覽三
朴尋仕爲南海縣令居喪居墓三年一不還家事 聞旌閭綱行狀

令之年十二從母徒鋤山田會日暮母爲虎所攖令之一手執母一手執鋤撲虎呼
之曰人共救至百尺許執母愈堅虎乃委去收屍啟家徹夜把屍哭賣衣買棺

_{出來史
纂要}居府南面武蹙里

出府內北乾里

之里人尖校至百歲許親母德堅爲妻去取兒政家微衣把兒哭賣衣貿程

而羡事　聞旌閭 _{出勝覽三網行蹟} 居府東面窮火乊

全佛山性至孝父沒廬墓夜有風兩則必呼哭以待朝脈閭又居三年一不到家事

聞旌閭 _{出勝覽三網行蹟} 居守山縣薥里

魚泳河 _{武靳進士} 事親篤於孝養永順悅豫溫清滫隨靡不曲盡父沒哭泣嘔血幾

至滅性勺水不入口殯後歠粥㡮跣葬居墓終制後遭母喪衰踰前又

廬墓三年其校不出山口終日危坐不脫絰帶拊伏儿遯狀持必起見者出涕脈

閭平晨詣祠堂出告及面子任親戚婚娶生死妘告忌日則涕泣寛々不下一

粒後事　聞旌閭居府西面戯義禮里

柒末孫父沒廬墓三年時母死己二十六年末脈其年幼未脈喪改歷於父塚之

傍又脈喪三年脈閭移居墓下每朝夕瞻拜塋域市　聞旌閭居府出楮代里

曹光益 _{號雲容遯堂} 至誠事親終始不怠遭父妻喪㤱以禮啜衰敗鄉里欽脈

事　聞旌閭 _{出三網行蹟} 公見晝家士文章後魅重試官至年安鄉市府著詩文 _今

行于世公才高志遠吐且傑儁不喜名疎俊侮權貴以故z朝末人輙傍見忘公

之妾芝山公好盖火時配江東故公未為平安都事以疾卒于彼居府西正榜洞

孫起倫〔鄉守英澧之子〕壬亂奉母徐氏避賊於載岳山中一日賊將至母曰吾老不能行英決

且不避母子歲供先有何盖也起倫曰寧為同死何敢捨生遂相扰而坐賊抽刃必至

起倫以身翼蔽其母遂為刃害徐氏得免

突入聲殺一倭並死於父屍得

裴尚綱壬亂與其父憲避賊伏於棄數中賊探得其父的救之尚綱高辭大駡挙杖

申東顯〔松孫春誠五代孫〕事親至孝喪祭盡誠鄉人賢其善居喪子道入享忠壽祠 在新誌

孫君海〔之詩〕壬亂其父仁甲死節後以餘英力戰而死入享忠教祠 在新誌

權仲里事親至孝竭力奉養以其妻之不順於親連黜三妻又母病篤氣絕斷指 在新誌

金有富壬亂負老母入戰陣中斬賊首母子兩全以忠孝事 閭旌閭 作有誌

金有富乱員老母入戰陣中斬賊首母子兩全以忠孝季 閭旌閭誌在前

石守通以父母兩喪六年居廬事 閭給復誌在新

裴永世以事父母盡孝道事 閭 贈戶曹伍郎誌在新

吳英達早失父事母以孝母後廬墓三年恨幼未服父喪因行稅服三年于其
廬事 閭旌閭誌在新

金有軾事父母生以孝養歿以哀慕廬墓三年事 閭給復誌在新

朴陽春性至孝年十六遭父喪廬墓四十里之地夜則守墓晝則觀母不以風
雨苦廢全乱遭母喪草殯山中常伏殯側倭賊見而不屠之時人以為誠孝之感
異類誌在新

孫智識事母以孝能供甘旨母常病劇嘗糞以驗其輕重鄉人莫不欽服誌在新

尹甲生性至孝母疚葬于四十里之地晨昏往哭雖疾風甚雨不廢有獨鶴隨行之
異人歎其孝感誌

尹興業之子其妻因一事見忤於母即難棄之後以母命還之前後父母之喪

呼擗哀毀三年如一日每於朝望上塚奠真至老不衰誌<small>作新</small>

尹善致誠孝出天達一母喪葬祭盡誠其父元尚為居士入山不出善致不忍相難削髮為

僧日夜不離其父勝其婦之守即勸之還家及父歿廬墓三年足跡不及其家誌<small>新</small>

朴之平性至孝早喪父事母盡誠家貧無以為養至於行乞弱自炊爨以供甘旨

老毋大小便昕滌食穪親自浣濯不令其妻代之而余穪中遺矢乾硬嚐糒

之一心奉養至老不衰誌<small>在新</small>

孝婦

魯及史<small>金碩壻妻</small>事舅姑備盡孝道舅姑老且病常本洛余千里李　聞給復<small>在新</small>誌

孫氏女<small>瓶洞人</small>年十六嫁章漢人妛近　綠數日而近屍淳三年親真以禮及殮関祖父及母

烈女

驕其年火欲奪其志孫氏以死拒之祖父威怒偪之孫氏潛到圖內竹林自縊其兄適

見的解之孫氏即欲毀姑家居為朝夕奠先祭夫然後內食年三十二而終閭<small>所志三 出幾儓只</small>

見兩解之孫氏即改嫁家居為朝夕委先奈夫悲後乃食年三十而終 出勝覽三
鄭行案

卿非 玉兵金順 江之妻 後見棄其父母欲改嫁外非號哭曰一月二夫雖死不敢乃自到死事 聞

延間 綱行案三 居中束伐里

鄭氏 女也 良家嫁 年十五嫁未幾良人為役父母憐其年火欲奪其志鄭氏以死自誓其父

不信迎婚入門欲逼之鄭氏臂入復房自縊死事 闢旌閭居府南罄谷里

張氏 祖行女孫起 後之妻也 壬乱賊欲犯之張氏固拒不從賊剼而剮耳過二日而死事 闢旌閭居

府內僧伐里

閔氏 庶女應 寧之女 年十九遭壬乱父曰汝年長未嫁何以屠之否曰女身則自有處地顧父

母善為避乱云俄聞賊入境自縊死

閔氏 朴壽ণ之妻 壬兵三婦女避賊于家此岩穴賊緣崖向雖閔氏知不得免自授崖

下而死居府東偶谷里

李氏 盧盖邦 之妻 其夫死後常抱教授之紅碑避賊于嚴起山賊欲犯之李氏授扵懸崖

下而死

関氏壬亂與其二兄避賊於家北山賊欲犯之関氏固拒不從又以石投俘

賊亂斫之

趙氏一萬曆戊與其夫避賊於琵瑟山中賊欲犯之趙氏至死不從賊抽刃慟

之趙猶不勁心賊亂斫之

安氏壬亂避賊于村北山賊欲擄去之安氏抱樹不從賊斷右臂安氏以左手

益抱不動賊亂斫之

朴召史壬亂與府史朴彦鷗之母避賊于龍頭山岩隙賊舜至二女並投崖

下誅榊叩厄

李召史壬亂與朴召史避賊之餠至與朴召史投洞同厄誌

徐氏夫病沐浴祝天經年不懈大既疤水漿不入口人勸以食之則曰無舅姑

無子女又何盖葵期將迫揩廖葵具自縊同民誌

李氏新嫁未久夫嬰重病口不撈不而睫不交者経年如一日及天疤自刎以從

某氏之妻[壽齡億]　新嫁未久夫嬰重病口不樽柴而瞑不戾者經旬如一日及夫死自刎以從

同氏[誌在新]

尹自花[正兵丁七保之妻]　早喪夫奉姑以孝父母憐其早寡無子欲改嫁終不聽其夫之死娣嫂之約積人皆艶之胝有不義之柴則其將奈何自花大勵曰

我有此手致有此言寧剚此手以誓吾心即以斧斷其右手四指埋于其夫之塚側

事　閔泛問[誌在新]

姜同只之妻　[忠烈]

性行義烈夫死強暴欲汚之斷其于以自誓事　閱給復[誌在新]

孫仁甲[郡守興輔之子]　壬亂官軍敗績無邪付屬自募衣義兵將金沔以中軍力戰於宜

寧鼎岸兵敗投水以死　宣廟贈兵曹判書享忠孝祠

孫若海[守之子]　其父死後欲為復讎以餘兵力戰而死

盧盖邢壬亂以柬業教授奉　聖廟位版入城與府使李慶賢同死　宣廟朝

入享莊忠廟[嗣在東業用三綱行實]　公亨雄翰自齠齔異扵凡兒年繼丁歲博學工文嘗以

- 53 -

詩書繫臂而誦又作曰予一子兩賦兩文健而奇揩語闊而肆夫豹先輩那推其

事親也孝侍反也信臨事而不苟耿介而有守那樹之然迎萬歷戊子登第後因豫

貪親老乞爲束萊敎授壬辰春休告來家閑倭入寇馳赴東萊或止之公曰臨亂不

可避　壬辰不可棄也遂奉安城興府使同死噫炎廷之初棄任而圖書者舉園晉

然而公以白面之士肢冒禍天之賊恩其賊守其取義捐生可出烈士之右其泉倭何間

焉　二公事蹟出　居府西范□里

孫將

孫親訓佐高麗太祖有功進　贈三重大匡司徒封廣理君 御城隍祠神也□□□□ 公勳業拜名冠于

孫孟世傳公毋渡東征有刃官至大將軍

當世而史失其蹟可欽邑人慕其刃德立祠推大山頂享祠至今

孫孟進高麗忠烈王六年以副將從上將朴之亮領軍二萬五千往征日本 出尾

朴成進高麗忠烈王六年以副將從上將朴之亮領軍二萬五千往征日本

朴葳初補方達赤守偶時禽金海府使伴倭于黃山江文倭賊至金海南浦祈黃山江

朴葳初補于達赤辛禑時商金海府使傳倭于黃山江又海愛至金海南浦祈黃山江

真持㛰疾公避佯敗狼狽自刃按水北給盡捷至屢斬虜辱後為慶尚道迎問使

禍攻近時公以元帥從我 太祖四軍復為慶尚道都巡問使傳倭于尚州破之又擊

倭于高靈又以戰艦百艘佯對馬島燒倭艇三百艘及戶舍殆盡搜彼虜民百餘以

還辛昌下教曰卿凌不測之蘇波厥積牙之蟣穴寥固象之阨復臣民之難乙

賜衣服鞍馬銀鏺後以判慈患肩事從我 太祖灵策三刃泰諒拜門下府事

封忠義君 教曰卿以覓於之庶達時庶才委身甃寧其处事之殊

衛上之忠玄陵稱之四為守金陽之利始驗鈞其脈的辭道之被言悉除載對馬

勇在関張之右城于州四金陽之利始驗鈞其脈的辭道之被言悉除載對馬

之役有光辛巳之征 天子責之異姓商王鄉其守門下侍中 李太祖首倡大義

推戴寮勞以安邦家之基以定君臣之分乃无積曰篤不忘 太祖考之號仍

加世宥之恩賜之土田副以臧獲卿其膺此異數盍勵忠誠金宗衍之獄起辭遑公

沈豊州尋辭回軍功 史出麗

朴慶忠 天順□□之子 高麗末從王福介□□ 倭兵復東萊城入 本朝歷戶曹參議出為慶

尚左道都節制使年九十七而卒 葬輿縣日公逆居鬼縣年逾二十而猶射猊為柔 □□□□□□□□□□□□□□□□□□□□□□□□□□□

以考終云朴咸安歟飲以詩哭之曰 □□□□□□□□□□□□□□□□□□□□□□□□

一疋 朴弘信 慶忠之 年十二能射御 既長由檢校中郎將陸司守監正 世宗己亥以左軍兵

東征

馬使徒三軍都體察使 長川君李徒茂徒征對馬島臨發 上幸漢江奪殿之 上

王太宗謂弘信曰予知汝忠勇久矣不圖汝承有武才可謂伯仲矣先僉對馬島力戰

虎徒茂引舟師力逆過密陽迤洞前路朴夫人 □□□之女 呼哭闌簿金女僕等出道

側問以吾父何去徒茂按警蒙秩而行曰非吾罪也諸將輕進之改也願天人勿咎我也行

踏及居隣皆為之流涕 □□□□

金致元 □□□□之子 討李施愛時有功後官至兵馬節度使居府內酊殿浦里

蔣孝範 嘉靖戊子發武科除慶州判官有土賊八龍者嘯聚無賴徒數百人匿於斷

荷季寬嘉靖戊午登武科除廣州判官有土賊八龍□□嘯聚無賴徒數百人匿於山

右山中東西相應禍將難測公遂進英訓業燦氏盡勦賊藪明廟嘉悅之特加通政

後試文熾於平山特 全拜平山府使未幾病卒居府内卅池洞里

金大虛門下登武事為萬曆庚辰登武科全亂以敬官守邨出募集敬卒敢必同盟正寺

力戰荷氏之不無丙左道之次蒙恢復舒公之力也 宣廟嘉旌其功義特如資憲廳

獎之歷拜□防將星州牧使防御丈左左道兵使也清兵使鄭憁當尾衛大將公為資

賀朴風彩嚴毅秉心直柔不修導□□以故位躋二呂人無忌克三為顧□家若聚

士官至中樞府使諡襄武居府閣面賞名洞

允賢

文簡公店軍齋金先生諱辱直辱李显其先羞山人也曾王文恩宥王文瑾考成均司

芸叔潾 贈封爵母朴氏司宰監正孙信之女宣德六年生於密陽大洞村公天分甚

高總角有詩辭日記數千言本夠冠又名大振景泰戊閏中進士天順已卯蔔科

遂補永文正字時焱公世諱有詩名為本院先進見公詩欲□使我執鞭而奴隸當

甘受陟本院校理轉監察通○對州 吉嶽起為蔵閣英馬評 威府前任利門終遷

特遷之士應進者凡數十人會其優遷業幾出守咸郡其治以教学育才安民和衆為

務政成為第一

上曰其治郡負辭共優遷逐拼水文院叅校未幾為教善山斯使母

卒序墓三年喪禮一週 文公家禮哀毀骨立入脈誠祷服闋等晝堂于金山

乜其儔種之連而其堂曰景濂盖慕無稣翁也日吟哦其中無意世事以 文廟應

校微辭以疾不許不得已起行 経造辭約意暢讀讀哉善 春洙俛傾起左副承

青郡承青鈇特 俞授公辭不堪當 放曰卿文章政事足以茬之勿辭尋遷

支曹叅判問知経造事特 賜金帶一腰殊待類此後观察湖南入拜漢城

府尹工曹叅判起刑曹判書己酉秋以两辭移授中樞歐謝病啟請洛東萊

彊井許之因卧洛陽 上將許勿遷前職武勤之疚祿不應三辭不兄至

親製批答賜之元两庋有端慈無儞岸問荊源等語閟其貪食本道賜末七

十石遺內醫賜藥李子八月十九日卒年六十二訃聞輟朝二日太常議謐曰文忠公

十月遷內醫院物故年五十八月十九日卒年五十二訃聞輟朝二日遣禮官致祭謚曰文忠公

娶縣令曺絨門女生三男二女皆夭女長適進士柳世潤次適進士李轍後娶李兒

貞女生一男一女曰崇年今兒居家難嗣盟卿正衣孝友天性至如此亢身職莅

光時司芸公病且痩公憂傷作顙天賦大夫人在堂公未甞安于朝乞外三出

奉養伯氏病離醫云蜻蜉汁良公先甞以進果敢慈孝天性至如此亢身職莅

民居簡以禦煩主靜以制動邪在不露彷徉事理而民不忠歟平時待人接物

渾然和氣非其義不以一介取諸惟眈於經史至老忘倦邪得浩博四方學者

隨其器之大小充然有得叩歧一経便成佳士以文學鳴於世若茫茫世以此益

偉之公邪撰與地勝覽青立風雅東門桿語五經釋義行于世出神道碑文和先生後襲

于府南面無雲院北山後六年戊午禍及泉壌改葬扵眉西大同西山夫人又氏襲

其文翰之反為禍崇盡帙授火是以先生之集只有詩文若干卷而已師筭之間

雜疑呑間道行指南未行于世正德二年丁卯中廟雪冤復其官爵隆慶元年丁

卯以退溪先生之議建院臨陽慈氏山下一名華使許國魏時覓到我周問東方
德峯

孝子節義及孔孟心學之人即邃溪先生所亦州志所撰此以孝子五人忠臣六人烈女五人孔孟心學十

六人以對而先生亦在十六人居其中其撰曰金宗直慶尚道善山人也事 康靖人

主官至刑曹判書學問精粹文章高古為世儒宗誨人不倦前後名士多出此

門稱為佔畢齋先生

逸拙子朴先生諱漢柱号天支訓導敦匕之子天順己卯生于監角縣軺山受

學於生員禹先敬高哥其言語氣像博之以禮及長慨然有大志以古聖賢自期其金潤

纘金慶喧遊學於畢齋門篤信力行博聞強記文章氣節迥出流輩遠方之士

聞風而起者多時人稱之年南一人成化癸卯中生員乙巳金第起授漢城參軍

治戊申拜司憲府監察未幾授承安評事辛亥拜司諫院正言 成廟雅尚儒術

銳意文治公乃入對平喬心聞應如對神明知無不言言無不盡惟以誠意感動人

主曰八 上曰堅俚正言至矣盖以公不阮俚言而多臆五七月除昌寧縣監臨民御

吏細大皆有條法使民愛之如父母畏之如神明癸丑以治勞 特加一資賜表裡以

吏細大皆有條法建氏愛之如父母畏之如神明祭母以治第一特加一資賜表裡以

漿之丙辰[燕山二年]爪薦拜禾簿丁巳拜司諫獻院納諫草累曰文昭延恩殿諸陵興矢

文廟一不親祭而進宴賜宴一不傳序仁政殿前酬歌好舞開咽紫葉甚爲

未使云二日入侍進諫曰自祔太廟後無一親祭卻宴遊無帝至夜以雉書且龍

鳳帳幕乃天使時及大宴時那設卯令也或至累日不撤　殿下之懊遊是事其

枕孝恩如何燕山勃然變色曰龍鳳帳幕是衙之帳幕于公復進曰此帳

幕出由民力而出雖謂之臣民帳幕可也豈君上自私之物乎云而退又

劃論盧信任士洪等事竟爲二奸所陷及枕禍六月遷刑曹正卽有

疑獄衆那未決者皆立斬時人有明鏡之稱時王心日荒國事日非公知

其不可共有爲乃有退去之志求外補爲平海郡守以邑遠親老換授醴泉

郡守政崇治平吏畏民服居八月播紳禍起戊午七月以判齋門徒拿致京師

付處鐵甕郡庚申移配敎安郡丁父憂以遺衣服設位朝夕攀號敗感絶

而復甦者累矣甲子播紳禍月起公年四十六自謚那祇執而去過金駿孫

謂邪僻金要於路微諷於公云ㆍ盖欲其自明也公黙然不答金曰君母在頂史思量

公曰云ㆍ盖不可爲母兄禍之意而不能詳也金黙然而別欸曰公軍好在是吾祀祀

不可及也公臨刑神色不變洋ㆍ如平常矢訣邪相識若曰公軍好在是吾祀祀

之秋五月十二日也是日晝晦大雨烈風雷電如戊子定配之日是年冬十月葬于

咸安蓬山東麓夫人安氏司直孝文之女也自公宛後哀毀骨立乙丑病卒村葬

于公墓左燕山鲁籍役家資配諸子長于鳳巨濟次子霧楽安末子鵬

以知免 中廟初炤故還玉德庚午 贈通政大夫承文院都承旨無經造參贊

頭沉潛經傳政之不輟對棄觀書夜而達孝諸子百象山経地志莊老得層

官春秋黯修撰辭芸文舘直提學尚瑞院正公自出篤好性理之學特ㆍ不回

之說亦皆採討以爲窮理之要至於屬學手木揮卷其言語付止動靜程義

蘇僉年未嘗有疾遍色其事ㆍ親篤於愛敬温凊色養靡不曲盡每ㆍ難

嗚乎盟獅正辰冠者問如禮退而靜处一室終日正坐象人未嘗見其辭容也齋

嗚乎鹽櫛正衣冠者問如禮退而靜處一室終日正坐以臨衆人未嘗見其懈怠也耶

寧昌辱數日不覲則心不自安乃於和會西馬者徒從馳未覲者筴寒待謁

曉即選而人不知之公脇稞洞照徹視無間清介絕俗望之如山岳以吳起斯文焉已

任訓迪不倦隨才成就名士崔山斗等多出其門眉岩柳而韜云湖南學問淵源

啟出於公當危亂之朝所奸邪罔是非面折廷爭君不顧避或止之曰公之耶焉

始非保身之道慎勿如是公曰爲人臣者以道事君忠則生天也豈可自謀

其身而陷於君於不義乎聞者愧服公所善迭甚多而被禍之後夫人懲於史禍

賢之學不爲科舉之習沈潛乎六経之文從事乎小學之書以敬爲存心

耿介蕃莊嚴毅未嘗疾言遽色動靜語黙皆律以規矩自大時有志於聖

松溪申慶士諱秀誠字子誠高麗元勲崇謙之後儇學之子也公姿衣端潔氣度

蓋投大中以故不傳於世

之要以誠爲持敬之本真積力久道精仁熟義理之蘊與事物之巨細曲止

洞照表裏通徹其論說本末辨析是非應接酬酢無纖芥底滯于胷中

僭然有不可禦者矣早從松堂朴先生英學又其寶門金先生又有蘭興諸先生相遊處

有師友漸漬之正學曰名教中自有樂地非膏梁而祀非文繡而美非鍾數而樂

賢聖歎我哉又曰存養熟則氣像高大省久則此心自然誠明事物之來自然

迄應即當又曰顧碓二字吾未嘗忘諸懷又作素屛二幅一書教以直內義以方

外一書民其背不覆其身行尖庭不見共人屬之燕居容至捲去揩章堂于石

後趨松竹林中號召漢粉舍庾廁能舂膝床罇本雅圖書焚香灑此伯子

無簪冠服唯證儼如泥塑望之甚嚴將不可近及待人接物渾然一團和氣也

人有不可者至則接之以禮而正色不言共人慚汗惊慄即辭去于家諸其故曰

鄰人不可逆亦不可拒其未偓待之如是則彼必不復來矣是邪謂不惡而品不

惡而威者也自予嚴以前寢無灯炉食桃不脫冠即對木几整坐擂思黙念

壬夜縣則憑几暫睡旬己四于以後始有寢具然率以三更祀服難啼即起

至易寶然如是乎居甚厭煩撓夫人小子不使之近前豕事付之于豕常淡然默然

至易賣如炎于居甚服煩憫夫人少亦不使之近前屢申以戒亦無然

治疾嚴甫不可于彰雖年止不許外堂對坐問答悉教以禮而卒則必

先人小學使窩溢茶之根本而以踐履爲姤約務至於童僕示莫不待之以嚴不

故有邪故縱故出外人遇之皆知爲某家僮僕與于弟也几人有喪事速則盡

明友之喪限十日不進酒因發親無眼者之喪浙肉一月親爲護喪速則盡其

篤於行義如此人之爲不義者必曰寧受罪扢官願勿使聞扢申某云其絅人

脈如此嘉靖戊午年辛四葵于葵陽長善山公監察訪喪寺鐵奇之女有一男一

女男曰有近有安女過壬人鄭夢菁狀出行南興先生所撰墓碣銘曰吾黨有人申恩

爲最齊莊扢內永藏扢外孫叔諸人松堂之門雖家食吉遺香則閥

代匭

朴慶孚 康城
朴孝臣 文彬之子官 評議事 孫仲堅 中郎將
孫承先 子承仲之 申元元 正言 文彬 金叔滋 司藝號江湖 朴幹 成均 孫壽山
文彬嗣 朴匡 教 子察議 朴匡龍 臣敬判 朴時庸 校理
朴永同 院君 朴巄 正卽官 朴永可 院君 唐誠 衛頭頌叶人九朱 宋永芸掌隷申甲
朴文老 察議 文料 孔文冲 中朗護軍 臣敬判 藝享僉使

- 65 -

妻其弟絢人聞過 ...

朴耆 文科
榮中 監司
閔晤 左尹
安增 司書
姜英叔 文科
孫以恂 兵使
金致亨 水使
李逈 翰林
李光軫 文科翰林
朴大生 兵使
朴天衡 左尹
李丰 文科
孫寬 府使
姜子平 監司
趙孝仝 ...
申儆 府使
李成 水使
承釋 ...
李 ...

孫英濟 文科
禹信仁 判尹
曺光益
柳芬 訓導
成守琛
孫若水
盧瑛 天使
崔灝 文科
金孝給 文科
朴後

遮禮 姜億壽 郡守
朴大孝 府使
朴振翰 兵使
安以道
安璹 郡事
朴亨幹 郡守
金希魯 進士
朴龜元 縣監
朴末柱 文科
朴文孫 文科
朴壽春
柳孝川 提學

金逸駿 府使
成以道
蔣文益
許伸
金守謙 ...

郭世翼 司果
朴至衡
李守惟 府使
孫閭 府使
玄悌閔 府使
朴時久 府使
新增 沈潭

曺挺夏 武科
阿中 龍驤
李守惟 府使
朴莎龍 ...
孫閭 府使
李先智 僉知
金之鏶 府使
金淇 武科

- 66 -

鳳鳴 文科 申維翰 號青泉 能文章 甫扁朝

李命㜢

朴譜 張應辰 趙宇 金克轍 李忠賢 權撥 趙續

鄭磺 姜應台 張籍 焦得江 朴世煦 金勳岭 李慶迪

韓性源 金丙 李慶祐 李圖南 崔孟國 徐九泂 李慶迪

敏 金克一 李慶愉 河晋寶 朴永徤 黃愽 梁

瑛 金遵階 李英 朴慶新 鄭仁寬 金㬎 申磔 李遷

朴乙百 鄭起龍 李璇 金應瑞 李琇 李祥佐 申襄模 李璇

呂稺吉 李璇 崔沂 李應台

丙午下車　金億秋　林

下車　郭孝禧　下車本　元裕男下車　安㓛辛亥
乙卯下車　申景琛下車本　朴啓章下車乙巳　邊濬　韓好問下車
代辰下車　李彦英下車　朴榮下車庚午　李惟達下車丁卯　李安直
乙卯下車　沈器成下車　沈先下車丙申　鄭恭濟下車甲辰　金廷릐
乙巳下車　金應和辛卯　申潚下車壬辰　鄭昌胄下車壬戌　權硈
壬辰下車　黃儋燾下車丁亥　李時喆下車癸亥　李克誠下車丙申
下車　李晟下車乙巳　李東稷丙申　李奎顥巳丙　尹以重乙卯
柳椿下車乙巳　李稦戊午　朴興文己巳本　睦昌明庚申　南益熏庚申
沈益相甲子　洪受疇戊辰　柳以升下車　金鳳至癸卯　洪得禹甲戌
鄭是先辛亥　趙奫老下車辛巳　金弘積甲申　李徵夏丙戌　任墮壬子
壬辰　金是慶丙申　洪重行丁酉　李梃英戊戌　李洙辛丑　李熙疇壬辰
李敎躋下車丁未　鄭赫先下車庚戌　李重恢癸巳　韓德全下車甲寅　洪晉猷甲寅

　　　　　　　　　　　　羅緯素下車辛卯　宣若海戊戌
　　　　　　姜大遂下車丁亥　李士祥下車　鄭斗源丙戌
　　　　鄭昌胄下車　金廈樑乙巳　崔煜
　　洪聖龜丙辰　金鳳下車丙辰
　李孝源辛酉
　　金昌錫
金徵丁酉
趙辰臣己卯
李廷輔下車丙辰

- 68 -

330　국역 밀주지리인물문한지(密州地理人物文翰誌)

李敏躋 下車　鄭赫先 遞　李重收 下車　韓德全 洪晉猷 甲寅 李匡輔 丙辰

任守迪 己巳　尹慤敎 庚申　李玄輔 癸亥　宋文相 甲子　洪九輔 乙丑　李延德 丁卯

申晙 戊辰　李德顯 辛未　趙集命 下車　金相說 甲戌　李昌元 丁丑　趙載選 己卯

李益炫 下車　金仁大 下車　尹象厚 下車　宋晉欽　黄仁謙　金相戊　李塋

金相直　鄭存中　尹光裕　金優妥　洪東殷　金履鐸

국역·주해 권정원(權政媛)

부산대학교 한문학과 조교수. 부산대학교 한문학과를 졸업하고, 동 대학원에서 석·박사 학위를 받았다. 부산대학교 한문학과 BK21 계약교수, 점필재연구소 전임연구원으로 재직하였다. 주요 논문으로는 「이덕무의 명청문학에 대한 관심의 추이 양상」, 「이덕무의 경릉파 인식과 수용」, 「조선신보 한문기사의 계몽적 역할과 의미」 등이 있고, 역서로는 『책에 미친 바보』, 『완역 소년한반도』(공역), 『국역 조선신보』(공역), 『완역 대조선독립협회회보』(공역) 등이 있다.

해제·감수 하강진(河岡震)

동서대학교 미디어콘텐츠대학 교수
동양한문학회 회장
밀양·진주 고전학 저서 및 논문 다수

제자(題字) 남천(南泉) 신진기(辛晉基)

대한민국 서예대전 초대작가

국역 밀주지리인물문한지

© 권정원, 2024

1판 1쇄 인쇄__2024년 02월 20일
1판 1쇄 발행__2024년 02월 25일

국역·주해__권정원
해제·감수__하강진
펴낸이__양정섭

펴낸곳__경진출판
　　　등록__제2010-000004호
　　　이메일__mykyungjin@daum.net
　　　네이버 스마트스토어(홈페이지)__https://smartstore.naver.com/kyungjinpub/
　　　사업장주소__서울특별시 금천구 시흥대로 57길17(시흥동), 영광빌딩 203호
　　　전화__070-7550-7776 팩스__02-806-7282

값 25,000원
ISBN 979-11-92542-79-9 93090